项目资助

安徽省哲学社会科学规划青年项目"安徽省高校人文社科有组织科研的需求分析与路径探索"（课题批准号AHSKQ2023D044）

优秀本科生学习经历研究
—— 图景、互动与收获

陈晨 / 著

中国社会科学出版社

图书在版编目（CIP）数据

优秀本科生学习经历研究：图景、互动与收获 / 陈晨著. -- 北京：中国社会科学出版社，2025.5.
ISBN 978-7-5227-5134-4

Ⅰ. G645.5

中国国家版本馆 CIP 数据核字第 2025ND5031 号

出 版 人	赵剑英
责任编辑	赵　丽
责任校对	夏慧萍
责任印制	郝美娜

出　　版	中国社会科学出版社
社　　址	北京鼓楼西大街甲 158 号
邮　　编	100720
网　　址	http://www.csspw.cn
发 行 部	010-84083685
门 市 部	010-84029450
经　　销	新华书店及其他书店
印　　刷	北京明恒达印务有限公司
装　　订	廊坊市广阳区广增装订厂
版　　次	2025 年 5 月第 1 版
印　　次	2025 年 5 月第 1 次印刷
开　　本	710×1000　1/16
印　　张	18.5
字　　数	294 千字
定　　价	108.00 元

凡购买中国社会科学出版社图书，如有质量问题请与本社营销中心联系调换
电话：010-84083683
版权所有　侵权必究

前　言

　　20世纪90年代以来，随着新自由主义在全球各主要国家的盛行，高等教育管理与评价体系产生了根本而普遍的转变，其标志之一就是基于质量的高等教育问责机制的建立。作为高校教育质量的终端表达，本科生的学习经历受到广泛关注。然而，目前盛行的以学情调查为主的系列研究，在丰富高等教育实践、加强院校质量诊断的同时也忽略了将学习经历作为一项过程性、动态性和情境性的考察活动。为了能够在院校环境和个体能动性的相遇中不陷于结构闭合的悲观主义，以更多可能性、发展性的视角在结构缝隙中寻求学生个体的突破，并同时强调院校培养对于本科生的重要意义，本书的研究对象主要聚焦于学业表现优秀的本科生的学习经历。本书主要探究以下问题：第一，优秀本科生的学习经历是怎样的？第二，优秀本科生学习经历的影响因素有哪些？第三，优秀本科生是如何与院校环境进行互动的？第四，考虑到学习经历内涵的丰富性，这些优秀本科生取得了哪些学习收获？促成其学习收获的形成机理是怎样的？

　　针对上述问题，本书以个案研究法为核心，并采取质与量相结合的资料处理方式对优秀本科生的学习经历进行探究。第一，基于个案采用图像叙事法从时间—空间、个体—社会以及量变—质变三个维度对优秀本科生的学习图景进行全方位的描述；第二，借鉴扎根理论的思维方式，构建优秀本科生学习经历影响因素模型；第三，通过建立优秀本科生个人简历数据库、情感分析数据库等，深入分析优秀本科生学习经历的各个影响因素；第四，采取过程—结构的分析策略，探究优秀本科生与院校环境之间的互动；第五，运用多个案定性比较分析法，进一步探究优秀本科生的学习收获及其形成机理。研究有如下发现。

一、优秀本科生的学习经历呈现出既丰富又同质的生活图景。本科生在院校环境中的行动轨迹与活动场景类似于一个被"圈定"的"菱状区域"。他们在固定的"菱状区域"内同时面临着"能力性"与"综合性"的双重约束，并根据学习任务的重要性将个体活动进行差别化的筹划。他们不仅是"在路上的学习者"，而且在互动向度上、接触方式上及交往规则方面都呈现出类型化特征。

二、不同院校结构的差异体现为院校环境中的资源和规则之差。这群本科生之所以在学业上表现优秀，在于他们并不是一群完全由地理位置、学校层次或类型等不同院校资源差异限制的个体，而是能够根据个人需要对外将行动理性化，对内通过反思性监控来驱动和调整自己的学业目标和行动的个体。他们会充分利用院校结构中的促进性资源和规则，并规避与最小化院校结构中的制约性资源和规则，在发挥能动性的过程中不断达成目标并实现个人能力的增长。

三、优秀本科生的学习收获呈现出不同层次的样态，其根本缘由在于大学的培养机制与模式。当今大学对本科生的培养更多采取的是行为主义的刺激—反应模式/控制者—受控者模式。基于此，本科生呈现出不同的行动理性和反思性水平，从而决定了其实践同一性的差异，最终呈现出不同层次样态的学习收获。

此书是在笔者的博士学位论文修订的基础上完成的，很多经验与现象重复产生，但诠释却是暂时的，永远处于未完成的状态，研究亦是。故书中疏漏或谬论部分难免，敬请各位读者不吝指教！

目　录

第一章　绪论 ………………………………………………………… (1)
　第一节　选题缘由及研究意义 ………………………………… (1)
　第二节　文献综述 ……………………………………………… (6)
　第三节　核心概念界定 ………………………………………… (54)
　第四节　研究思路与结构 ……………………………………… (58)

第二章　优秀本科生学习经历的图景 ……………………………… (65)
　第一节　研究设计 ……………………………………………… (65)
　第二节　理论分析维度 ………………………………………… (69)
　第三节　学习经历的三维图景 ………………………………… (85)
　本章小结 ………………………………………………………… (108)

第三章　优秀本科生学习经历影响因素模型的构建 ……………… (110)
　第一节　研究设计 ……………………………………………… (110)
　第二节　个案模型的探索与构建 ……………………………… (112)
　第三节　影响因素模型结构的检验 …………………………… (125)
　本章小结 ………………………………………………………… (131)

第四章　优秀本科生学习经历的影响因素分析 …………………… (132)
　第一节　研究设计 ……………………………………………… (132)
　第二节　各节点的描述性分析 ………………………………… (133)
　第三节　模型阐释及影响方式分析 …………………………… (150)

本章小结 ………………………………………………………… (180)

第五章　优秀本科生学习经历与院校环境的互动考察 …………… (181)
　　第一节　研究设计 ………………………………………………… (181)
　　第二节　院校结构性因素的呈现 ………………………………… (184)
　　第三节　嵌入结构的能动性 ……………………………………… (207)
　　本章小结 ………………………………………………………… (215)

第六章　优秀本科生学习收获的组合机理 ………………………… (217)
　　第一节　研究设计 ………………………………………………… (217)
　　第二节　学习收获的不同样态 …………………………………… (219)
　　第三节　促成学习收获的因素组合 ……………………………… (227)
　　本章小结 ………………………………………………………… (260)

第七章　研究反思与启示 …………………………………………… (261)
　　第一节　研究反思 ………………………………………………… (261)
　　第二节　研究启示 ………………………………………………… (265)
　　第三节　不足与展望 ……………………………………………… (274)

附　录 ………………………………………………………………… (276)

参考文献 ……………………………………………………………… (281)

后　记 ………………………………………………………………… (290)

第 一 章

绪　　论

第一节　选题缘由及研究意义

一　选题缘由

（一）以"学"为本的高等教育质量观的盛行

目前中国高等教育的规模和结构已步入新的发展阶段。截至2023年，高等教育的毛入学率已达到60.2%，进入了国际公认的高等教育普及化阶段。显然，高等教育已经成为中国"现代社会的基础教育"[①]。随着中国高等教育的不断发展，中国高等教育质量观从以声誉和资源作为最主要的评价标准，逐步转向和回归到学生学习质量的提升上，其内涵包括学业挑战度、学生能力建构、学生成功等话题。究其原因，"学生才是高等教育质量的生成主体，理所当然地也是高等教育质量体现的主体"[②]。在高等教育普及化时代来临之际，如何实现高等教育的内涵式发展，提高人才培养质量成为中国社会各界共同关注的热点话题。

在高等教育的改革中，教育界的同行从未停止过对人才培养、教育教学方式的探索，也愈加关注大学生学习经历的研究。但目前国内对于大学生学习经历的研究多基于学情调查，一方面反映了国内学界对于大学生学习成果与培养质量的重视度不断提高，但另一方面也反映了其评估手段与评估标准的同一化。"大学生的学习与发展水平是人才培养质量

[①] 史静寰：《走向质量治理：中国大学生学情调查的现状与发展》，《中国高教研究》2016年第2期。

[②] 史静寰、王文：《以学为本，提高质量，内涵发展：中国大学生学情研究的学术涵义与政策价值》，《华东师范大学学报》（教育科学版）2018年第4期。

的核心体现，也是高等教育内涵式发展的重要基石"①。当代大学已经超越传统的"自治"而进入一个质量"共治"的新时代②，对本科生的学习生活进行评估，并将它当作一个严肃的目标，不仅成为当前高等教育研究领域的一个新热点，也高度契合了"以学为本"的治理理念，回应了当下中国高等教育追求内涵式发展的现实需求。

（二）本科生学习经历是教育教学改革的重要依据

在"双一流"建设背景下，中国高等教育发展进入新时代，一流本科教育作为一流大学的重要基础和重要特征被纳入国家、地方和高校的"双一流"建设规划。③ 早在2018年在6月，时任教育部部长陈宝生在成都召开的"新时代全国高等学校本科教育工作会议"上强调："本科教育是高等教育的立命之本、发展之本，要坚持以本为本，加强一流本科教育"。这是改革开放以来教育部首次召开的专门研究部署本科教育的会议，其传递了一个明确的信号，即本科教育是大学的"根"和"本"④，同时反映出当前本科生的教育教学改革面临的严峻挑战。

随着《"十四五"规划和2035年远景目标纲要》（以下简称《规划》）的发布，国家进一步明确了高等教育改革和发展的方向。《规划》强调，要全面推进一流本科教育，深化产教融合，提升学生的创新能力和实践能力。早在2018年教育部发布的《普通高等学校本科专业类教学质量国家标准》也提出，要加强课程思政建设，落实立德树人根本任务，全面提升本科教育质量。本科生的学习经历是本科生教育教学改革实施的重要参考和依据，也是高校人才培养改革中不能回避的现实问题。了解本科生的学习经历，不仅能体现本科教育与高等教育质量的有机结合，还能全面审视本科生的学习行为、学习过程和学习收获等综合表现。只有在全面了解本科生学习经历的基础上，才能更好地服务于当前本科教育教学改革的需要，为其提供理论支持与实践参考。

---

① 史静寰、王文：《以学为本，提高质量，内涵发展：中国大学生学情研究的学术涵义与政策价值》，《华东师范大学学报》（教育科学版）2018年第4期。
② 王建华：《高等教育质量管理：文化的视角》，《教育研究》2010年第2期。
③ 柳友荣：《"一流本科教育"辨正》，《中国高教研究》2016年第7期。
④ 唐景莉：《坚持"以本为本"推进"四个回归"——新时代全国高等学校本科教育工作会议述评》，《中国高等教育》2018年第Z2期。

（三）高等教育对培养拔尖创新人才使命的追求

一直以来，中国大力强调拔尖创新人才的培养。2020年中共中央、国务院发布的《深化新时代教育评价改革总体方案》提出，要完善拔尖创新人才的培养机制，推动基础学科拔尖学生培养计划2.0的实施。2021年，教育部发布的《关于加快构建高水平本科教育体系的意见》进一步强调培养适应国家发展需要的创新型人才。在2023年全国两会上，"新质生产力"被首次写入政府工作报告，进一步凸显了国家对创新驱动发展的重视。这些政策文件的背后，彰显了经济转型与技术革命带来的劳动力市场对拔尖创新型人才的强烈需求。在培养拔尖创新人才的过程中，高等教育机构肩负重要使命。本书聚焦于优秀本科生的学习经历，通过深入探究优秀本科生的学习行为、学习过程与学习收获，重新反思"优秀"与"拔尖"的内涵，审视现行高等教育体系在培养优秀乃至拔尖创新人才方面的不足，从而更好地服务于国家宏观战略的发展。

二 研究意义与创新点

（一）研究意义

关于本科生学习经历的研究与日俱增。相比之下，对于某一群体类型的本科生，例如优秀本科生群体的相关研究相对较少。本书区别于以往研究，其独特的研究价值和意义来自理论与实践两个方面。

1. 理论意义

首先，通过了解优秀本科生的学习经历，有助于丰富和拓展大学生学习的相关理论。本科生的学习经历目前成为大学生学习诊断与高等教育学情评估的关注点，愈来愈成为高等教育学者青睐的话题。然而，对于具有群体特征的本科生的相关研究却相对不足。本书以个案研究法为主，并采用质与量结合的资料处理方式聚焦于优秀本科生的学习经历，不仅能丰富本科生学习经历的内涵，弥补有关大学生学习与发展的研究空白，对于本科生学习经历的研究方式与研究路径也能够有所启发。

其次，有助于反思和促成西方社会科学理论与中国本土教育经验的"回转对话"。社会科学的本土化建设一直是学界乃至思想界倡导和孜孜以求的目标。但就科学与学术研究本身，提倡本土化并非一个充满对立抗衡的辩证过程（如透过"反抗"或否定），因为人们无法对西方现代化理论以及诸多的学术体系、理论轴线进行否定和抹杀，不顾已有的学术脉络和根基空建起纯粹的、基于本土经验的理论大厦，而是思考如何在西方社会科学理论与中国本土的教育经验之间进行"回转对话"。① 本书在对优秀本科生的学习经历进行研究和现象阐释时，虽借鉴和参考了时间地理学、吉登斯的结构二重性等诸多西方理论，但并非一味地"拿来"和"借用"，而是紧贴中国高校学生日常的学习与生活经验，并注重本土话语以及原始编码的生成，如"试水""摸清套路"等概念的呈现和描述，力求扎根于本土教育实践，形成更具情境性的生成性理论。又如学生在校期间的行动轨迹规律、学习历程的阶段性特征、影响其学习经历的要素、导致不同收获的诸多情境因素的组合及其形成机理等，在某种程度上有助于促进西方社会科学理论与中国本土教育经验的"回转对话"。

2. 实践意义

首先，从学生视角来看。目前对于学业表现优秀的学生会存在诸多的刻板印象，如他们可能只擅长学习或者考试，不善于社交、他们是"独行侠"等。这些刻板印象都会继而影响到学生的学习态度和选择。甚者，一些学业优秀或脱颖而出的本科生还会被认为"天生如此"，即不需要付出过多努力就可以轻易达成此成就。本书通过对来自不同类型院校、处于不同优劣环境条件的本科生走向优秀这一动态性、过程性进行探究，揭示其与院校的互动过程和形成机理，能够加强本科生的自我诊断和自我认知，有助于广大本科生的自我反思与教育。

其次，对于院校发展以及高教政策制定者而言。只有更好地了解学业表现优秀的学生的学习行为与特征等，才能合理地发挥其在学业上的榜样作用，对于塑造大学良好的学风建设具有重要意义。而且通过对优秀本科生的学习经历进行研究，能够折射出当代普通大学生的学习体验和学习诉求，从而辅助和完善以学情诊断为主的评估设计和活动，为高等教育的管理者及政府部门提供相关的政策建议，对院校人才的培养具

---

① 叶启政：《社会理论的本土化建构》，北京大学出版社2006年版，第91页。

有较强的实践参考价值。

最后，从国家与社会发展的角度而言。大学生是国家重要的人力资源，受过高等教育的大学生将来能为社会带来较大的收益。高等教育的质量至关重要，突出表现在人才培养的质量。探究优秀本科生为何优秀、形成优秀的诸多条件以及影响因素，不仅可以对优秀的价值意涵进行反思（什么是优秀，我们应追求怎样的优秀），包括实现优秀的路径以及存在的利弊，对于国家和社会后备优秀人才的储备和建设也具有一定的实践价值。

（二）研究创新

相对于以往研究成果，本书所具有的创新点主要体现在以下三个方面。

1. 在研究视角方面

以往研究者虽都能够意识到本科生的学习经历是一个动态的循环或与环境互惠的过程，但在实际的研究中却更多地以静态的视角进行研究和设计。本书尊重学生作为一个鲜活的生命体验，不仅在理念上将本科生的学习经历看作一种动态的、发展性的活动，也将其付诸到具体的教育研究实践中。在"院校结构"和"个体能动性"关键性相遇中，本书也未陷于结构闭合的悲观主义，以更多可能性和发展性的视角在结构性缝隙中寻求学生个体的突破，并强调院校资源以及教育供给对学生培养的重要意义；在探究促成优秀本科生学习收获的组合机理时，研究又基于复杂社会科学中"等结果"的方法论假设，即不同的构成因素可以产生同一个结果或现象，一个现象构成因素的组合可能有多种方式[1]，这些都在研究视角上都具有一定的创新性。

2. 在研究方法方面

学术界对质性与量化研究方法合理性的争论似乎从未停止过，但其本质上都是研究者对于这个世界、对于周围事物和现象不同的理解方式和思维范式之别。研究方法本身并无好坏与优劣之别，质性与量化研究方法之间也并非一条不可逾越的鸿沟，要根据研究问题的不同而有所取

---

[1] Rihoux B. and Charles C. R., *Configurational Comparative Methods: Qualitative Comparative Analysis (Qca) and Related Techniques*, Newbury Park, CA: Sage, 2009, pp. 120-140.

舍和侧重。

目前关于本科生学习经历的研究主要以学情调查为核心、以量化研究居多,这种基于大数据的学情调查或者心理测量一方面会平均化掉许多特殊性的群体;另一方面,由于学习经历本身是一个兼具动态性、情境性和过程性的学习活动,以大型问卷调查为主的研究方法并不能深入挖掘和揭示本科生学习经历的特征及其影响因素。本书根据研究问题和目标,以案例研究法为核心,采取质与量结合的资料处理方式和研究设计,如基于案例的叙事研究、对案例进行复合式顺序分析,以及使用定性比较分析(QCA)将案例定量化处理等,不仅丰富了以往研究中单一的资料处理方式和研究方法,还旨在打破学界对于质性与量化绝对二元分割的偏见。

3. 研究内容方面

目前学界对于优秀本科生群体的学习经历关注度较低,本书主要对优秀本科生群体的学习经历进行探究,并且深入挖掘优秀本科生的学习历程以及学习特征、学习收获等,不仅关注了影响其学习经历的诸多复杂因素,并对其与院校环境的互动过程和学习收获的组合机理进行了深入探究,这在一定程度上丰富了当前中国本科生学习与发展的理论与实践。

第二节 文献综述

一 全球视野中大学生的学习经历

(一)备受关注的大学生学习经历

20世纪90年代末,随着新自由主义在全球各主要国家的盛行,高等教育的资助、管理与评价体系产生了根本而普遍的转变,其标志之一便是各国教育管理部门纷纷建立了针对高等院校教育质量的问责机制。作为高校教育质量的终端表达,大学生学习与发展的状况备受关注。许多国家都在世纪之交建立或强化了针对高校教学或学生学习与发展的质量保障机制。甚至有学者建议,应该将"治理"与"质量"联系起来,提倡"质量治理",将本科生学习作为院校以及国际高等教育质量保障体系的核心目标。① 加拿大多伦多大学的琼斯教授在其报告《质量治理：将学生学习作为院校和系统层面治理的核心目标》② 中表示，当前所开展的高等教育管理工作中面临的突出矛盾是一个"没有定论的问题"，即不同国家和地区所运用的高校管理方式迥异，各个国家的政府部门都在进行着角色的转变，从传统的治理者以及直接控制者角色逐渐转换成政策的制定者，同时对各个高校的治理给予更多的自主权力，这种管理以及治理方式转换切实体现了新自由主义思想。政府部门将新自由主义思想融入高等教育质量管理工作中，其作为主导者为各个高校提供各种管理方案及指导方针，最终形成了高校问责式的新型质量保障形式。琼斯教授对于盎格鲁—撒克逊国家高校质量管理以及评估标准和质量治理核心进行综合分析后提出，当前各个国家在开展高等教育院校教学质量管理过程中应当结合时代发展需求以及高校教育教学能力，逐步将强调高校的资源、品牌以及质量这三个传统衡量标准落实到高校给大学生带来哪些切实的变化、提高和收获上，这都密切关系着大学生的学习与发展，也注重将本科生的学习与发展放置和落实到院校这一实体的培养单位上。由于近些年来国际大学生学习与发展的研究理念、研究范式的转换，及时了解国际研究的最新动态、把握国际研究的前沿，从全球视野中探究有关本科生学习与发展的研究，可以为国内的相关研究提供国际化的视角和全球定位。

为更好地从全球视野出发探究本科生的学习与发展，本书利用CiteSpace信息可视化软件对有关本科生学习经历相关文献数据进行可视化分析。以"Article"和"Review"为检索项，将"university""college""undergraduates"与"academic experience""experience""engagement or development"等检索词放入Web of Science数据库进行主题检索（时间2005—2024年5月），从年度发文量与发文期刊、发文国家（地区）、发文主要作者及其研究领域、目前的研究热点这四个方面对目前国外本科

---

① Jones G. A., "Governing Quality: Positioning Student Learning as a Core Objective of Institutional and System-level Governance", *International Journal of Chinese Education*, Vol. 2, No. 2, Feb. 2014.

② Jones G. A., "Governing Quality: Positioning Student Learning as a Core Objective of Institutional and System-level Governance", *International Journal of Chinese Education*, Vol. 2, No. 2, Feb. 2014.

生学习经历、学习发展等相关研究做一全景概览。

1. 年度发文量与发文期刊

对图1-1进行分析后发现，当前对国外高校大学生在校期间学习经历的研究发文量总体趋势增多（除2024年信息尚未完善），自2012年之后增长幅度日益提升，这也意味着国外这一领域的相关研究较为活跃。对表1-1中的期刊发文数量进行统计和分析，能够看出高等教育领域核心期刊的发文量以及所占比例相对较高，如《大学生发展期刊》《高等教育研究》等。部分期刊之所以发文量比较大，一个原因在于诸如《大学生发展期刊》这类属于大学生学习与发展主题的专刊的出现。其中影响最大的莫过于《高等教育评论》杂志（*Review of Higher Education*）在2011年第1期上发表的一组专辑论文，专门围绕本科生学习参与的理论来源、产生背景、测量特点等进行了颇具深度的争鸣和探讨，在国际学术界产生了较大影响。[①]

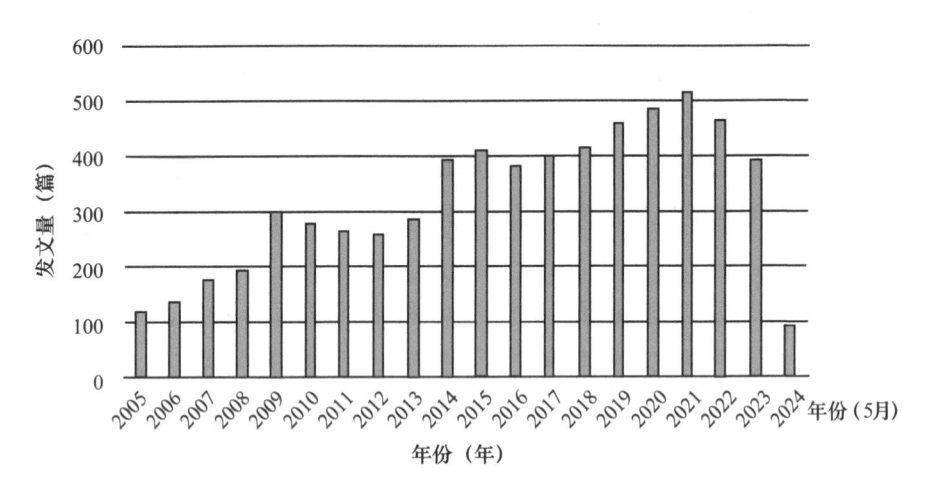

图1-1 本科生学习经历研究主题文献年度发文量详情

---

① Olivas M. A., "If You Build It, They Will Assess It（Or, an Open Letter to George Kuh, with Love and Respect）", *Review of Higher Education*, Vol. 35, No. 1, Sep. 2011.

表1-1　　　　本科生学习经历研究主题发文期刊详情

排序	期刊名称	发文量（篇）	占比（%）
1	JOURNAL OF COLLEGE STUDENT DEVELOPMENT 《大学生发展期刊》	93	1.91
2	RESEARCH IN HIGHER EDUCATION 《高等教育研究》	74	1.58
3	STUDIES IN HIGHER EDUCATION 《高等教育探究》	55	1.17
4	COMPUTERS IN HUMAN BEHAVIOR 《人类行为中的计算机》	40	0.85
5	HIGHER EDUCATION 《高等教育》	40	0.85
6	HIGHER EDUCATION RESEARCH DEVELOPMENT 《高等教育研究与发展》	35	0.74
7	EDULEARN PROCEEDINGS 《高等教育评论》	31	0.66
8	COMPUTERS EDUCATION 《计算机教育》	28	0.60
9	JOURNAL OF DIVERSITY IN HIGHER EDUCATION 《高等教育多元化期刊》	24	0.51
10	FRONTIERS IN PSYCHOLOGY 《心理发展前沿》	17	0.36

2. 发文国家（地区）

图1-2呈现了发文量最多的国家（地区）和机构，其中不难发现美国是发文量最多的主要国家和地区，随后是英国和澳大利亚（主要是英格兰地区）。这是因为自20世纪50年代起，世界各发达国家的高等教育逐步迈入大众化和普及化阶段，高等教育质量及质量评价问题引起了人们的高度重视，如何科学有效地对高等教育质量进行评价已经成

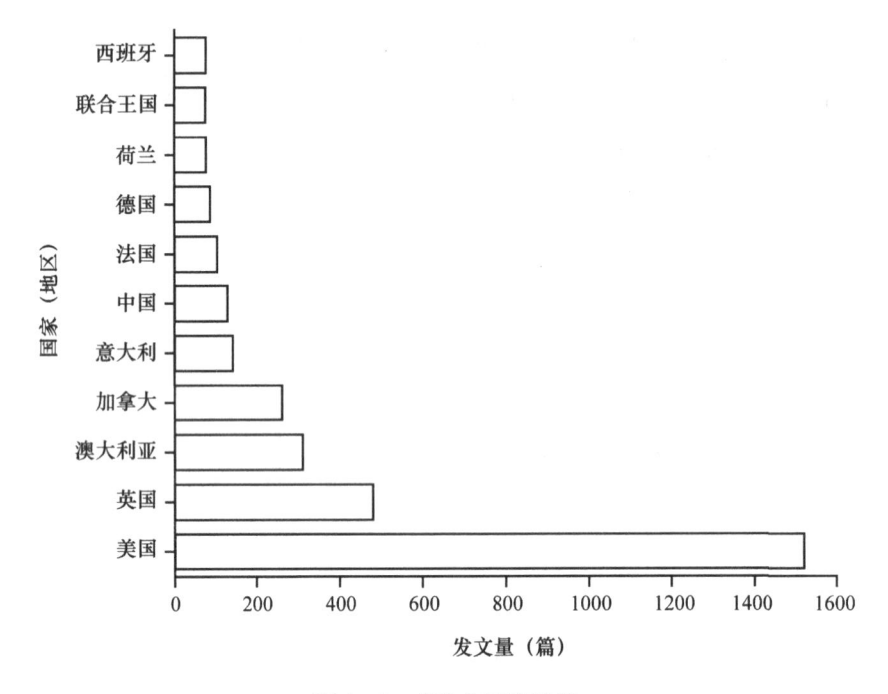

[图表：高发文国家详情，各国发文量（篇）条形图]
- 西班牙：约 60
- 联合王国：约 60
- 荷兰：约 70
- 德国：约 80
- 法国：约 100
- 中国：约 120
- 意大利：约 140
- 加拿大：约 260
- 澳大利亚：约 310
- 英国：约 470
- 美国：约 1520

图 1-2 高发文国家详情

注："高发文国家"：指大学生学习与发展主题研究的发文量大于 30 篇的国家。

资料来源：Zhihui Gong, "Current Situation and Coping Strategies of College Students Academic Stress Based on Internet Background", *Journal of Physics: Conference Series*, Vol. 1533, No. 4, April 2020.

为众多高校研究中的重点难点问题。21 世纪以来，传统的以主观经验为依据、一味地寻求教育资源投入和以"效率中心"为主导的高校评估模式逐渐式微，新型的以评价学生学习过程和结果为重点的、体现"学生中心"的评估方式应运而生。这种评估方式以学生作为主要的评估主体，对学习过程以及学习结果予以综合评价。随之，以测量大学生学习投入为基础的各种评价项目逐渐被重视和采用。要全方位地收集大学生学习与发展的数据，科学合理的调查与测量工具是最基本的前提条件。20 世纪 80 年代，美国众多高等教育研究者逐渐提升了对高校学生学习体验的分析及评价力度。目前众多国家所开展的对大学生学习与发展的调查和测量工具多得益于自美国。虽然"全美大学生学习投入调查"（*National Survey of Student Engagement*，NSSE）不是第一个类似的调查工具，但是自 2000 年实施调查以来到目前为止，这一调查不仅引领了美国国内同类型的学生学习调查并独占鳌头，还被广泛运用在加拿大、澳大利亚、中国等多个国家的高等教育领域中，并被大多数国际组织（比如经合组织、教科文组织和世界银行等）所认可。NSSE 调查的第二任负责人麦考米克教授强调，NSSE 调查的价值不在于收集数据，而在于通过收集数据并基于对数据的分析促进院校在教师的教和学生的学方面做出改变，以真正提高院校教育质量。[1]

目前国际上影响较大的大学生调查项目不仅有"全美大学生学习投入调查"（NSSE），还有"研究型大学学生就读经验调查"，澳大利亚的"课程体验调查"和英国的"全国大学生调查"等。这些大型国际研究项目进一步唤起了人们对大学生学习与发展的广泛关注。此外，在 2004 年和 2017 年，教育与心理研究领域三大文献述评类刊物之一《教育心理评论》分别出版了两期针对大学生学习的专刊："测量大学生学习——概念与方法议题"（2004 年第 4 期）与"大学生学习：理论关联、方向与歧路"（2017 年第 2 期）[2]。另外，在 2020 年之后，人工智能与信息技术迅速发展，在 2020 年人工智能与信息技术国际会议上，号召学者探讨对于大学生在人工智能与网络影响之下的学习表现。二十年间，在这一顶级综述刊物中能够对这一主题进行深入分析，并且专门发表两次专刊，足见学术界对此议题的重视。

3. 发文主要作者及其研究领域

表 1–2 展示了本科生学习与发展领域的高发文作者及其所在的机构和研究领域。发文最多的乔治·库是"全美大学生学习投入调查"项目创始人，美国国家学习成果评估研究所高级学者，美国印第安纳大学荣誉教授。乔治·库既是学习投入度概念的提出者，也是"全美大学生学习投入度调查问卷"（NSSE）的主要开发者。作为 NSSE 项目的研究者之一，乔治·库非常关注院校环境对学生发展的影响，并提出了颇具影响

---

[1] 郭芳芳、史静寰：《全球化时代高等教育质量保障的特点和发展趋势——基于"全球化时代大学生学习与发展研究"国际研讨会的分析》，《比较教育研究》2015 年第 2 期。

[2] 尹弘飚、史练等：《中国大学生学习与发展研究（2015—2019）：主题、方法与评论》，《华东师范大学学报》（教育科学版）2020 年第 9 期。

表1-2　　　本科生学习与发展研究主题的发文作者

序号	作者名称	被引频次	序号	作者名称	发文量（篇）	占比（%）
1	KUH GD	315	11	KUH GD	29	0.98
2	ASTIN A W	313	12	BOWMAN NA	18	0.61
3	ERNEST PASCARELLA	308	13	PIKE GR	15	0.51
4	TINO V	233	14	MURPHY JG	13	0.44
5	BANDURA A	205	15	SALAMONSON Y	11	0.37
6	COHEN J	204	16	DENSON N	10	0.34
7	HURTADO S	152	17	HU SP	10	0.34
8	PINTEICH PR	148	18	PASCARELLA ET	10	0.34

注："高发文作者"：指大学生学业主题研究的发文量大于10篇的机构。

资料来源："高被引作者"；"高被引者"：根据 Citespace 软件数据，被引排名前5的文献作者。

力的"高影响力教育活动"（High-Impact Practices）理念，关注"高影响力教育活动"对大学生学习与发展的重要意义。根据 NSSE 的研究结果，"高影响力教育活动"可以归纳为以下11条：大一新生研讨、通识和整合学习、学习共同体、精读和写作课程、合作性项目、探究性和创造性活动、多元文化和海外学习、社区/服务性学习、实习、顶点课程和项目、电子档案袋。[①] 亚历山大·阿斯汀就职于加州大学洛杉矶分校，他是加州大学洛杉矶分校的高等教育荣誉教授及高等教育研究所的创办主任。作为高等教育领域高被引作者之一而著名，他主要关注大学生的心智发展、精神以及个人发展。阿斯汀建构了著名的"投入—环境—结果模型（简称 IEO 模型）"。输入变量除了包括学生的人口学变量因素如性别、种族等，还包括学生进入大学前所具备的天赋、技能和其他潜能；环境变量包括学校的政策、课程、硬件设施、教师教学和同学交往等因素；结果变量包含学生的学业成就、知识和技能等方面的收获以及价值观、态

---

① Kuh G., O'Donnell K., Schneider C. G., "HIPs at Ten", *Change*: *The Magazine of Higher Learning*, Vol. 49, No. 5, Nov. 2017.

度情感方面的转变。① 帕斯卡雷拉提出了"大学生变化通用评估模型。"在该模型中，帕斯卡雷拉区分了影响学生发展的直接因素和间接因素，直接因素包括学生的社会性互动和学生的努力质量；间接影响因素包括院校的结构、组织特征、学生背景、入学前特征和院校环境。② 派克的研究则包括院校的资金投入与学生的学习投入度及学习结果的关系③；参与学习共同体对大一和大四学生的学习投入度的影响④；全美大学生学习投入度调查问卷的建构效度和区分效度的检验等。⑤

4. 目前的研究热点

为深入探究本科生学习与发展的研究主题，本书引文聚类分析采用Citespace可视化软件（版本号：5.5.R2.64-bit），具体设置：以"Reference"作为分析字节，选择top20为分析样本，修剪方式选择"Pruning"，并选择Timeline自动聚类，最终得到三个聚类标签。

其中，第一大聚类的标签名称是"support"（支撑），活跃文献是约翰·克雷斯韦尔⑥等在2016年发表的定性的探究与研究设计：五种方法的选择（Qualitative inquiry and research design：choosing among five approaches），探讨了五种定性探究方法的哲学基础、历史和关键要素：叙事研究、现象学、基础理论、民族志和案例研究。作者比较了方法，并以一种高度可访问的方式将研究设计与每种传统的调查联系起来。第二大聚类的标签名称是"COVID-19"（新冠疫情），活跃文献是由艾莉莎·莱

---

① Astin W. A., *Assessment for Excellence*：*The Philosophy and Practice of Assessment and Evaluation in Higher Education*, Rowman & Littlefield Publishers, 1991, pp. 18 – 45.

② Pascarella E. T., *College Environmental Influences on Learning and Cognitive Development*. *Higher education*：*Handbook of Theory and research* (*Vol 1*), New York：Agathon Press, 1985, pp. 50 – 52.

③ Pike G. R., Kuh G. D., Mccormick A. C., et al, "If and When Money Matters：The Relationships among Educational Expenditures, Student Engagement and Students' Learning Outcomes", *Research in Higher Education*, Vol. 52, No. 1, Feb. 2011.

④ Pike G. R., Kuh G. D., Mccormick A. C., "An investigation of the contingent relationships between learning community participation and student engagement", *Research in Higher Education*, Vol. 52, No. 3, May. 2011.

⑤ Pike G. R., "The Convergent and Discriminant Validity of Nsse Scalelet Scores", *Journal of College Student Development*, Vol. 47, No. 5, Sep. 2006.

⑥ Creswell J. W. and Poth C. N., *Qualitative Inquiry and Research Design*：*Choosing Among Five Approaches* (3rd ed.), Thousand Oaks, CA：SAGE Publications, 2016, pp. 35 – 42.

德勒等[1]在2019年发表的"提高教师对大学生健康计划的参与度"(Improving faculty engagement in college health initiatives: Insights from current faculty with a college health background),教师可以在支持大学卫生专业人员努力提高大学生健康和福祉方面发挥关键作用。另外,艾莉莎·莱德勒还探讨了在新冠疫情下,美国大学生经历了严重的心理健康问题,并面临着日益严重的住房和粮食安全、经济困难问题。缺乏社会联系和归属感以及对未来的迷茫阻碍着他们的学业进展和幸福感的获得。作者建议参与数据驱动的决策,向学生提供清晰和信息丰富的信息,优先考虑和扩大学生支持服务。[2] 第三大聚类的标签名是"belonging"(归属感),活跃文献是凯瑟琳·雷尼等[3]在2018年发表的"种族和性别差异的归属感如何影响STEM专业的决定"。该研究表明在大多数STEM领域,女性和有色人种学生的代表性普遍不足,留在STEM专业的学生比离开STEM专业的学生有更强的归属感,而来自代表性不足群体的学生归属感较低。第四大聚类的标签名是"inequality"(不平等关系),活跃文献是斯科特·弗里曼等[4]于2014年发表的"主动学习可提高学生在科学、工程和数学方面的表现",研究发现主动学习会导致学生考试成绩的提高,而传统讲课模式下的失败率比主动学习下的失败率高出55%。而在表1-3中,共被引聚类中的活跃文献一方面关注大学生的学习动机、学习参与以及学生收获相关的模型,另一方面则关注课堂以及院校环境对大学生的影响。共被引聚类结果如表1-3所示。

---

[1] Lederer A. M., Menefee S. E. I., Burwell C. B. & Oswalt S. B., "Improving Faculty Engagement in College Health Initiatives: Insights from Current Faculty with a College Health Background", *Journal of American College Health*, Vol. 67, No. 4, Nov. 2019.

[2] Lederer A. M., Hoban M. T., Lipson S. K., Zhou S. and Eisenberg D., "More than Inconvenienced: the Unique Needs of U. S. College Students During the Covid-19 Pandemic", *Health Education & Behavior*, Vol. 4, No. 1, Feb. 2021.

[3] Rainey K., Dancy M., Mickelson R., Stearns E. and Moller S., "Race and Gender Differences in How Sense of Belonging Influences Decisions to Major in Stem", *International Journal of Stem Education*, Vol. 5, No. 1, Apr. 2018.

[4] Freeman S., Eddy S. L., Mcdonough M., Smith M. K., Okoroafor N. and Jordt H., et al, "Active Learning Increases Student Performance in Science, Engineering, and Mathematics", *Proceedings of the National Academy of Sciences of the United States of America*, Vol. 111, No. 23, Jun. 2014.

表 1-3　　　　　　　　　共被引聚类结果（Top 4）

聚类号	标签	引用年份均值	活跃文献
0	大学科学课程	2011	学校活动中的行为参与和不满：探索动机促进因素和学习收获的模型（2015）
1	文理学院	2001	美国大学生的参与类型（2005）
2	目标导向	1998	课堂环境、成就目标和学习收获的感知研究（2001）
3	相互关系	2007	基于学生的大学间效应的重新思考（2013）

通过对国外大学生学习经历的相关研究进行全景的概览发现，国外研究者对大学生学习经历的探究既有从个体健康、学习行为等层面对大学生进行研究，也有从心理学层面关注大学生个体归属感、学习动机与方式等，并且涌现出一批大学影响力理论模型，其更为关注大学整体环境与学生个体发展的相互影响以及不同类型、不同人种文化的大学生的学习经历研究。总之，有关高等教育阶段的学习经历被纳入西方国家高等教育政策议程中的一项重要内容。这不仅和西方国家内部高等教育体系改革息息相关，也涉及诸多国家的政治改革。从20世纪60年代开始，西方国家的高等教育得到了迅速发展，高等教育机构的类型、学生数量迅速增多。众多西方国家的高等教育逐渐打破传统精英化模式向大众化乃至普及化迈进。伴随着高等教育规模、结构以及内涵的发展，高等教育在课程设置、教育方式、学习方式等方面都发生了巨大转变。在高等教育蓬勃发展之际，高校也面临着经费压力、市场压力、大学生个性化需求、学习质量提升等诸多问题。从更宏观的视角看，西方国家重视大学生的学习经历与其强调高等教育要促进经济社会发展、高等教育的市场化以及疫情背景下的公共服务改革有关。这些改革要求高等教育具有更大的灵活性、强调质量保障、问责和学生对高等教育成本的分担。

在中国，高等教育的学习经历研究道路虽有差异却又殊途同归。20世纪90年代末实施的高校扩招政策将高等教育阶段学生的学习与发展置于聚光灯下。2000年，中国的高等教育毛入学率只有12.5%，低于15%，尚处于高等教育精英化阶段。而在2023年，国内高等教育毛入学率高达60.2%。① 这也意味着进入高等教育体系的口径在不断拓宽，中国高等教育普及化的时效和发展速度已跻身于世界前列。随着国内高等教育的高速发展，众多高校也逐渐面临着场馆不足、教学师资力量不足、办学定位不明晰等诸多问题，各个高校在发展和教学过程中所面临的压力不断提升，导致学术界以及社会各界对中国高校的教学质量、培养质量等予以高度关注。此外，中国高校长期存在的学术管理僵化、教学缺乏创新、学生学习动力不足等痼疾也加重了人们对学生学习与发展状况的疑虑。2014年10月，有着三十余年教龄、在北美等地均有任教经历的何友晖②在《南华早报》撰文就提出，中国的大学需及时意识到自身的不足，加大高校创新力度，不然与国际高校之间的差距只恐越来越大。可见，近二十年中，中国的高等教育似乎处于这样的一个窘境之中：一方面，得益于高校扩招政策，中国的高等教育规模有了史无前例的蓬勃发展；另一方面，伴随着高等教育的飞速发展，中国高等教育质量也面临严峻考验，迫使高校管理部门与学术界都必须重视大学生的学习与发展。

与国际趋势极为相似，中国的大学生学习与发展的相关研究自2000年来也是备受瞩目。正如研究者所言，"各类大型的大学生学情或就读经历调查是'常规教育与学习经历'研究最主要的构成部分"③，受大学生发展理论、院校影响等理论的启发，在借鉴美国大学生学习投入调查（NSSE）、美国大学生学习国家调查（NSSE）、澳大利亚的大学课程体验调查问卷（CEQ）的基础上，清华大学④、北京大学⑤、华中科技大学⑥、

---

① 此处所有数据均出自中华人民共和国教育部门户网站"教育发展统计公报"（http://www.moe.gov.cn/jyb_sjzl/sjzl_fztjgb/）。

② He D., "Chinese Universities must Wake Up and Modernise or be Left Further Behind. South China Morning Post"（https://www.scmp.com/comment/insight-opinion/article/1623815/chinese-universities-must-wake-and-modernise-or-be-left）。

③ 尹弘飚、史练等：《中国大学生学习与发展研究（2015—2019）：主题、方法与评论》，《华东师范大学学报》（教育科学版）2020年第9期。

④ 罗燕、海蒂·罗斯等：《国际比较视野中的高等教育测量——NSSE-China工具的开发：文化适应与信度、效度报告》，《复旦教育论坛》2009年第5期。

⑤ 鲍威：《未完成的转型——普及化阶段首都高等教育的人才培养与学生发展》，《北京大学教育评论》2010年第1期。

⑥ 张俊超、李梦云：《过程性学习评价如何影响大学生学习投入及学习效果》，《高等工程教育研究》2015年第6期。

厦门大学①、南京大学②、西安交通大学③的研究者以及机构纷纷开发了大学生学情测量工具，并先后发布了有关学情调查的分析报告和学术研究成果，成为诊断学生学习与发展，探究其学习经历的重要途径。这些学情调查，不仅关注大学生在校学习体验的过程性指标，也深刻意识到学生学习影响的复杂性。此外，自2009年起，清华大学研究团队对NSSE调查进行了逐步修订和发展，并于2011年将其更名为"中国大学生学习与发展追踪研究"（China College Student Survey，CCSS），对中国高校大学生的学习投入和学生发展情况开展了年度调查，并取得了丰硕的研究成果。④

除学情和就读经历调查外，值得关注的是，以南京大学一些学者⑤⑥为代表，发起的聚焦于中国学习者的思维特征和学习动机的系列研究。一方面，研究扎根本土学生的课堂沉默现象，结合中国文化背景，利用访谈和问卷调查的方式总结出中国学生保守的学习倾向，以及中国学生在思维和沉默两个维度上的学习特征和学业表现⑦；另一方面，他们还将中国学生与世界各国学生作了比较，回溯"中国学习者悖论"，挖掘中西方学生在课堂投入、课外投入、思维特征、人际互动上的水平差异，验证文化背景对学生学习塑造的独特性。⑧ 此类研究进一步提升了中国大学生学习经历相关研究的理论高度和国际视野。

---

① 史秋衡、邢菊红：《国家大学生学习质量2013年度报告》，《中国高等教育评论》2014年第00期。
② 吕林海、龚放：《中美研究型大学本科生学习经历满意度的比较研究——基于SERU调查的实证分析》，《清华大学教育研究》2016年第2期。
③ 陆根书、胡文静等：《大学生学习经历：概念模型与基本特征——基于西安交通大学本科生学习经的调查分析》，《高等教育研究》2013年第8期。
④ Guo F. and Shi J., "The Relationship between Classroom Assessment and Undergraduates' Learning within Chinese Higher Education System", *Studies in Higher Education*, Vol. 41, No. 4, Dec. 2016.
⑤ 吕林海、龚放：《中美研究型大学本科生学习经历满意度的比较研究——基于SERU调查的实证分析》，《清华大学教育研究》2016年第2期。
⑥ 吕林海、张红霞：《中国研究型大学本科生学习参与的特征分析——基于12所中外研究型大学调查资料的比较》，《教育研究》2015年第9期。
⑦ 吕林海：《中国大学生的课堂沉默及其演生机制——审思"犹豫说话者"的长成与适应》，《中国高教研究》2018年第12期。
⑧ 吕林海、张红霞：《中国研究型大学本科生学习参与的特征分析——基于12所中外研究型大学调查资料的比较》，《教育研究》2015年第9期。

而在有关大学生学习经历的研究主题方面，有研究者[1]对国内中文刊物发表的大学生学习与发展的实证研究进行综述，归纳近年来相关研究浮现的主题，发现"大学生在高校常规情境下的学习经历"是诸多研究者近年来较为关心的议题之一，具体涉及"常规教育与学习经历""课余经历与学生健康发展""生涯规划与发展""非传统式教育与教学""创新创业教育与学生经历""科研与学术经历"等研究主题。研究者[2]也开始关注大学生学习经历的阶段性特征。总之，大学生的学习经历不仅是大学生学习与发展议题的组成部分，也是大学生学习与发展的核心内容，大学生学习经历的高质量也关系着中国高等教育能否走向"质量时代"。[3]

（二）学习经历的内涵

关于学习经历的内涵，由于其牵涉范围非常广泛，研究者选取的研究层面、思考角度的不同，对其内涵的理解也有差异。在一些政策文件中，学习经历的概念常常缺乏清晰的界定。[4] 此外，不同学者对于学生投入的学习经验或活动的不同，使用的措辞也不尽相同。以下是国内外一些学者对学习经历内涵的理解。

张迪[5]认为"学习经历"一词常常与"学习经验""就读经验""就读经历""学习投入""校园投入"等词语替代使用，这些用语与"学习经历"表达的意义基本一致。研究者也试图从不同的理论视角对大学生的学习经历进行研究。美国和中国一些学者主要是从学习经历的内容维度来分析大学生学习经历的理论内涵。例如将学习经历分成两类，第一类是硬件环境，是指与物理环境有关的经验，如教室、图书馆、实验室、

---

[1] 尹弘飚、史练等：《中国大学生学习与发展研究（2015—2019）：主题、方法与评论》，《华东师范大学学报》（教育科学版）2020年第9期。

[2] 文雯、史静寰等：《大四现象：一种学习方式的转型——清华大学本科教育学情调查报告2013》，《清华大学教育研究》2014年第3期。

[3] 吕林海、龚放：《求知旨趣：影响一流大学本科生学习经历质量的深层动力——基于中美八所大学SERU（2017—2018）调研数据的分析》，《江苏高教》2019年第9期。

[4] Higher Education Academy, "Strategic Plan 2005 – 2010. Higher Education Academy" (https//HEA website).

[5] 张迪：《大学生学习经历差异及其形成机制研究——基于学科地位差异化的视角》，硕士学位论文，陕西师范大学，2020年，第12页。

体育馆、电教中心等。① 第二类是指学习机会，如与教授的接触、同学互动、参加学生社团、参与一些非正式的交谈等。研究者②将学生的投入作为学习经历的重要构成，并把学生校园投入的方式分成四种：课程学习时间的投入、师生互动、同学互动、学生个人处境等。文森特·汀托则根据其交互影响理论，指出学生学习经历主要包括学术投入与人际投入两个方面的整合。③ 帕斯卡雷拉则认为学习经历主要包括教学质量、师生及同学间的交往程度与性质、学生事务工作的有效性、学术经验的专一与强度，以及学生参与校内活动的整体水准等。④ 乔治·库等人在其研发的全美大学生学习投入与调查问卷（NSSE）中，将学生学习投入分为丰富的教育经验、学术的层级或水平、师生交往、协同的学习、支持的校园环境五项指标。⑤ 而林梅琴则将学习经历区分为图书馆体验、同学互动、科学活动、社团或学生组织、师生互动、运动及健身设施、个人经验等十项。⑥ 还有学者⑦将学生学习经历区分为同伴互动、师生互动、主修科系学习投入、社团经验、住宿、打工经验等。

与国外学者不同的是，中国学者更侧重从学习发展的层次来解析学习经历的内涵。其中，比较有代表性的便是岑逾豪⑧提出的关于中国大学生成长的概念模型。她在两项针对中国大学生学习与发展的实证研究基

---

① Robert Pace C., "Quality, Content, and Context in the Assessment of Student Learning and Development in College" (https：//files. eric. ed. gov/fulltext/ED338696. pdf).

② Alexander W. and Astin, "What Matters in College：Four Critical Years Revisited", *The Journal of Higher Education*, Vol. 22, No. 8, Jan. 1993.

③ Vincent Tint, *Leaving College：Rethinking the Causes and Cures of Student Attrition* (2nd ed), Chicago：University of Chicago Press, 1993, pp. 85 – 86.

④ Pascarella E. T., *College Environmental Influences on Learning and Cognitive Development. Higher education：Handbook of Theory and Research* (*Vol.* 1), New York：Agathon Press, 1985, pp. 49 – 50.

⑤ Kuh G., O'Donnell K., Schneider C. G., "HIPs at Ten", Change：The Magazine of Higher Learning, Vol. 49, No. 5, Nov. 2017.

⑥ 林梅琴：《大学生投入学校生活之各项学习活动与其全人格发展之教育收获间的关系——以某大学进修部学生为例》，《社会、人文与全人教育学术研讨会论文集》2003 年。

⑦ 黄玉：《大学学生事务的理论基础——台湾大学生心理社会发展之研究》，《公民训育学报》2000 年第 9 期。

⑧ 岑逾豪：《大学生成长的金字塔模型——基于实证研究的本土学生发展理论》，《高等教育研究》2016 年第 10 期。

础上，结合中国高等教育的特定情境提出的这一模型。她将学生的成长看作为向上攀登的过程，根据攀登的高度不同将大学生学习与发展划分了四个不同的阶层：第一，学生能够参与到学习之中，即高等教育阶段的学生参与到课程学习、课外活动以及人际交往等多个方面之中。第二，学生的投入，通常表现为情感投入、行为投入以及认知投入三个方面。第三，学生所取得的学习结果，这一学习结果包含学生高校教育中涉及的多个方面，例如，知识、技能、社会交往以及个人意识等。第四，学生所获得的发展，这一发展是动态、过程性的发展变化，具体表现在学生的认识论、个人内在以及人际三个维度方面。和西方学者所提出的概念框架不同，这一模型中不仅能够反映出大学生学习与发展的不同阶段、不同层次，也兼顾到了中国当前高等教育的文化土壤和社会情境。不仅如此，中国学者会明确地从学生个体以及院校资源和教育的供给两个视角对学习经历的内涵进行解读。例如徐波[①]使用"大学整体就读经历"概念表示大学生的学习经历，他认为"大学整体就读经历"是指学生投入学校设计的结构化教育方案，实现全面发展而形成的学习经历。这一概念包含三个核心要素：全面发展、学生投入、结构化教育方案。他提出，"大学生整体就读经历"是对传统人才培养方案内涵和外延的突破，二者的区别主要表现在要素、形态和主体三个方面。第一是在要素上，人才培养方案依附于原来的教学计划，仅强调从课堂到课外，从理论到实践的教育环节。但是没有囊括大学的全空间、全时间，也就是说，学生在校期间的很多其他时空点都未引起关注。"大学生整体就读经历"在时间上，应包括课堂时间与非课堂时间，其可能经历的所有场域包含课内课外、校内校外等。在内容上，包括学校提供的教育服务（各种环境、资源、课内外一体化方案等），以及在此基础上学生的参与和投入。第二是在形态上，相对于大学生整体就读经历，人才培养方案是静态的，已被提前制定和规划了的。但大学生整体就读经历是动态的，是一个过程性的概念，它不仅体现在大学生日常的学习行为和学习投入中，也在与教师、同伴等进行的社会互动中得以表现。第三是在主体方面。人才培养方案是学校提供给学生的教育方案，是自上而下的教育供给，凸显的是

[①] 徐波：《大学生整体就读经历建构研究》，《江苏高教》2020年第8期。

院校的主体地位，而强调大学生整体就读经历，其视角则回归到学生自身，强调学生在高等教育中的主体性地位。陆根书等①则认为大学生的学习经历可以从两个方面加以界定：首先，从学生自身的角度，它可以从学生参与学习活动的情况和学生通过学习活动获得的认知与情感发展结果的情况两个方面加以考察。它表明了学生在学习或与学习相关的活动中所付出的努力及其个人发展的状况。其次，从学生感知的学习环境的角度，分析高校是如何支持和鼓励学生积极投入学习与发展活动中去的。学生自己投入学习与发展活动的状况及其感知的学习环境之间的相互作用，构成了学生整体的学习经历。

综合以上学者的观点可知，不同的研究者对于大学生的学习经历的视角、研究目的不同，其相应的理解会存在一定的差异，但就学生群体而言，学习经历的内涵如果从学生自身的角度出发，主要被划分为两大部分，首先是正式的学术系统，主要包括与学生专业或学业密切相关的活动；其次是非学术系统，例如课外学习、社团参与等非专业性活动。但院校主体作为教育资源的供给方，其对学生学习与发展的支持和鼓励不仅决定着大学生学习经历的质量，也对经历的各种可能性给予一定的规制。所以当探究本科生的学习经历时，不仅需要考虑到学生的学习行为和参与活动，也要考虑到学生感知到的院校环境，并且对学生发展的不同层次也要给予关注。

（三）学习经历的影响因素

本科生的学习经历不同于中学时代，其影响因素复杂繁多。高等教育阶段的学习经历贯穿、负载以及烙刻了学生过往的生活印记和教育痕迹。研究者总是在错乱繁杂的现象中窥探其中的若干。当前，研究者多从学生和院校这两个主体源头探究其影响因素。

1. 在学生影响因素方面

研究者多关注学生的家庭状况、性格特质、生源结构等对其学习经历的影响。研究证明，学生家庭在经济、文化、社会资源等方面的差距都会对学生学习经历产生重要影响。家庭文化结构、父母受教育程度等

---

① 陆根书、胡文静等：《大学生学习经历：概念模型与基本特征——基于西安交通大学本科生学习经历的调查分析》，《高等教育研究》2013年第8期。

对学生学习的参与和学业发展水平会产生一定的作用。[1] 廖奇[2]、熊静等[3]从社会学的角度考察家庭背景对大学生学习经历的影响，发现来自农村贫困家庭的大学生的学习参与过程会受到家庭文化与经济上的制约，并且大学生的学习经历总体上表现出与家庭背景一致的结构性特征。陆云和吕林海[4]、夏菁[5]等从性别、年级、学科、有无学生干部经历以及家庭背景等人口学特征对学生的学习经历进行了研究，发现女生的学习经历优于男生，高年级学生的学习经历低于低年级学生，来自高收入家庭学生的学习经历满意度相对较高，以及有学生干部经历的学生感知的满意度要高于无学生干部经历的学生。王伟宜等[6]学者在借鉴国内外已有大学生学习投入量表的基础上，编制了《家庭文化资本与大学生学习投入问卷》来探究家庭文化资本与大学生在校期间的学习投入之间的关系。除了家庭的经济、文化资本外，家庭的社会资本也被研究者逐渐关注。常晨[7]发现家庭社会资本中双方互动对于大学生的学习有着积极影响。此外，还有地区、生源结构上的差异都会对大学生的学习经历产生不同程度的影响。[8]

在学生个体的性格特质方面，国内研究者关注更多的是大学生的心

---

[1] 熊静：《第一代农村大学生的学习经历分析—基于结构与行动互动的视角》，《教育学术月刊》2016年第5期。

[2] 廖奇：《精英大学中农村学生的学习经历——对再生产理论的省思》，《高等教育研究》2016年第11期。

[3] 熊静、余秀兰：《研究型大学贫困生与非贫困生的学习经历差异分析》，《高等教育研究》2015年第2期。

[4] 陆云、吕林海：《研究型大学本科生学习经历满意度的实证研究——基于南京大学SERU调查的数据分析》，《高教发展与评估》2015年第6期。

[5] 夏菁：《南京大学本科生学习经历满意度研究——基于SERU调查》，硕士学位论文，南京大学，2013年，第45—46页。

[6] 王伟宜、刘秀娟：《家庭文化资本对大学生学习投入影响的实证研究》，《高等教育研究》2016年第4期。

[7] 常晨：《家庭背景对研究生学习投入的影响研究》，硕士学位论文，山西财经大学，2017年，第44—45页。

[8] 李灿、胡浪等：《地方院校大学生学习投入的影响因素研究》，《高等理科教育》2015年第6期；刘健：《地方高校大学生学习动机现状与对策——以广东为例》，《高教探索》2007年第3期。

理资本、人格特质对学习经历的影响。例如丁奕[1]认为高学习投入的大学生具有与学习、科研和就业相关的持久的积极情感和认知心理状态，愿意在学习中付出努力且保持旺盛的精力，大学生心理资本对学习投入具有正向作用。而在刘湘玲[2]看来，心理资本并不是一个中性的心理学术语，认为只有积极的心理资本才能对学习投入产生正向的促进作用。对于学生的人格特质方面，学者较为关注学生的坚韧人格、前瞻性人格等对大学生学习的影响。例如，张信勇、卞小华等[3]对大学生的坚韧人格和学习投入的关系进行了初步的探讨。接着，蒋文等[4]对大学生的坚韧人格和学习投入的关系做了进一步的探讨，认为在控制性别、年龄的影响后，坚韧人格能够正向预测学习投入以及学业成就。与此同时，研究者也关注大学生的先赋性因素与学习投入和学习成果之间的关系。例如学生的性格特质、家庭文化资本，以及院校特征等因素通过学生的学习投入而产生的一系列学习成果上的差异。[5][6]

福拉沃[7]还就两年制与四年制院校对美国非裔男性学生的学术发展和社会整合的不同影响做了对比研究，结果显示，在四年制高校中学习的学生有更好的表现。此外，来自院校方面的影响在不同院校类型的学生中的表现也不同。研究发现，中国研究型大学的本科生在学习经历的满意度上明显低于美国同类大学，并且在整体学术经历满意度和整体社交经历满意度上的差距最为显著。在影响学习经历满意度的过程性变量中，

---

[1] 丁奕：《大学生心理资本对学习投入的影响——基于专业承诺的中介机制研究》，《教育与教学研究》2015年第3期。

[2] 刘湘玲：《高职生积极心理资本与学习投入的关系》，《中国健康心理学杂志》2016年第8期。

[3] 张信勇、卞小华等：《大学生的学习投入与人格坚韧性的关系》，《心理研究》2008年第6期。

[4] 蒋文、蒋奖等：《坚毅人格与学业成就的关系：学习投入的中介作用》，《中国特殊教育》2018年第4期。

[5] 蒋文、蒋奖等：《坚毅人格与学业成就的关系：学习投入的中介作用》，《中国特殊教育》2018年第4期。

[6] 张玉婷：《不同家庭背景学生的高等教育经验——基于学生投入理论的质性研究》，《教育学报》2016年第6期。

[7] Flowers L. A., "Effects of Attending a 2-year Institution on African American Males' Academic and Social Integration in the First Year of College", *Teachers College Record*, Vol. 108, No. 2, Feb. 2006.

"师生互动"是最关键的影响因素,而"深层学习""课堂讨论""学习努力"和"不良习惯"等也对满意度有着显著影响。① 还有研究者通过《大学生学习经历调查问卷》对不同学科的大学生进行调查研究发现,"优势学科大学生的学习经历优于非优势学科大学生的学习经历,两类大学生群体的学术经历、课程体验、师生互动和整体教育经历总体表现出与学科地位发展趋势一致'强者恒强,弱者愈弱'的结构性特征。"② 此外,史秋衡等③研究发现,以学习结果质量的表征要素受学习前置要素的影响比受学习过程要素的影响要大。

2. 在院校影响因素方面

学校的环境特征对学生的学习活动参与以及自身的发展情况均会造成不同程度的影响。④ 从感性认知层面来说,具体的影响因素既有宏观层面的教育政策、规章制度等,也有来自教育教学层面的因素;既有院校环境中社会性互动因素,也有学生利用院校资源进行的学习投入和参与活动等。但在实际的研究中,很少有研究者会将大学生的学习置于逐级嵌套的个体、院校与政策这一层级脉络之中,从而凸显大学生学习与发展和不同层次影响因素之间的关联。

首先,研究者认为不同院校的课程学习要求、校园环境条件、师资条件等是影响学生教育经历的重要因素。⑤ 大学教师无疑是学生学习经历中出现的关键人物。有研究⑥表明教师对学生指导影响着大学生的学习与

---

① 吕林海、龚放:《中美研究型大学本科生学习经历满意度的比较研究——基于 SERU 调查的实证分析》,《清华大学教育研究》2016 年第 2 期。

② 张迪:《大学生学习经历差异及其形成机制研究——基于学科地位差异化的视角》,硕士学位论文,陕西师范大学,2019 年,第 75 页。

③ 史秋衡、王芳:《国家大学生学习质量提升路径研究》,厦门大学出版社 2019 年版,第 345 页。

④ Wang M. T. and Jacquelynne S. E., "School Context, Achievemen Motivation, and Academic Engagement: A Longitudinal Study of School Engagement Using a Multidimensional Perspective", *Learning and Instruction*, Vol. 2, No. 28, Dec. 2013.

⑤ Akane Z., "Toward an Integrated Model of Student Learning in the College Classroom", *Educational Psychology Review*, Vol. 29, No. 2, Jun. 2017.

⑥ Heather D., Sara E. G. and Timothy W. C., "Factors Influencing Student Gains from Undergraduate Research Experiences at a Hispanic-serving Institution", *CBE Life Sciences Education*, Vol. 15, No. 3, Aug. 2016.

发展，具体表现在教师指导的质量与数量上。陆根书①通过对西安交通大学本科生的调查数据发现，课堂学习环境与校园氛围对大学生学习经历有重要影响，这主要取决于学生的主观感知：学生感知的学习环境和校园氛围越好，学生对于自身的学习经历的满意度就越高。利兹奥等人运用课程体验问卷（CEQ）进行调查发现，学生所采用的学习方法也与院校环境和周围的学习氛围呈正相关。②

其次，诸多基于高校生学习经历的学情调查，不仅关注大学生在校学习体验的过程性指标，也更多地反映了院校环境的诸多影响因素。例如，派克、库恩等人曾依据卡内基基金会所做的院校分类、学生参与度和学习结果之间的关系做了研究讨论，他们指出学生在不同类型的高校里会拥有不同的学习经历和生活体验，这主要表现在他们在学术和社会活动的参与程度，而这些又会对学生的学习结果产生一定的影响。③当然学生的参与或投入本身不仅是学习经历的重要构成，也影响着大学生学习经历的质量。例如王纾④采用"中国大学生学情调查"（NSSE-China）2009年数据，建构了包括大学生教育过程"输入""过程""输出"三大类变量的因果关系模型，重点考察研究型大学里学生学习性投入对学习收获的影响机制。其结果表明，大学生在校期间的投入对学生学业的影响比院校环境和学生家庭背景等"输入"因素的影响更大；学生学习性投入的各维度对学生学习收获的作用机制及影响大小也各不相同。杨立军等⑤学者在基于"中国大学生学情调查"数据的基础上同样也得出了大学生个体的学习投入因素对于教育收获的作用大于环境因素的作用结论。

---

① 陆根书、胡文静等：《大学生学习经历：概念模型与基本特征——基于西安交通大学本科生学习经历的调查分析》，《高等教育研究》2013年第8期。

② Keithia L. W., Alf L. and Paul R., "The Development, Validation and Application of the Course Experience Questionnaire", *Studies in Higher Education*, Vol. 22, No. 1, Jan. 1997.

③ Pike G. R., Kuh G. D. and Gonyea R. M., "The Relationship between Institutional Mission and Students' Involvement and Educational Outcomes", *Research in Higher Education*, Vol. 44, No. 2, Apr. 2003.

④ 王纾：《研究型大学学生学习性投入对学习收获的影响机制研究——基于2009年"中国大学生学情调查"的数据分析》，《清华大学教育研究》2011年第4期。

⑤ 杨立军、韩晓玲：《基于NSSE-CHINA问卷的大学生学习投入结构研究》，《复旦教育论坛》2014年第3期。

而白华和周作宇[①]通过中国大学生就读经验调查（CCSEQ）发现，学生家庭背景因素对大学生学习的影响甚小，以家庭背景、校园环境以及学校资源利用构成的外部因素，以及学生参与的学术活动与社会活动为主的内部因素，对学生学习与发展所产生的影响效应各占一半。赵晓阳[②]的研究表明，大学生对学校环境的感知通过学生参与能够对学习经历产生正向影响。随着增值评价理念的兴起，杨立军等[③]学者又在"中国大学生学习与发展追踪研究"（CCSS）调查数据的基础上，探究学生在大学期间学习成果增长的轨迹和规律。研究发现了处于不同年级阶段的学生的成长存在个体差异性，但研究只涉及学习收获变量的增值变化量，并未涉及对其影响因素的增值变化情况。

总之，因研究者使用的调查工具不一、面临的研究问题不同以及研究情境等方面的差异，故对学习经历影响因素的结果也不尽相同。但各影响因素之间的关系以及不同的影响因素之间是如何作用于大学生的学习经历的，以及影响因素自身的特性等都有待作进一步的探究。

二 优秀本科生的学习经历

一直以来，研究者对于优秀生的研究较为有限，其关注度不够。[④][⑤]研究者[⑥]认为大学教育的教育对象是处于成年早期的那一群体，且认为讨论天才和有才能的成年人的有限文献常常把对成年人的解释留给读者。

[①] 白华、周作宇：《大学教育如何影响本科生的学习收获——基于CCSEQ实证调查数据分析》，《教育学报》2018年第3期。

[②] 赵晓阳：《基于学生参与理论的高校学生发展及其影响因素研究》，博士学位论文，天津大学，2013年，第103页。

[③] 杨立军、张小青等：《大学期间学生学习成果增值轨迹：一项潜变量增长模型分析》，《教育发展研究》2016年第17期。

[④] Abeysekera, "Researching Gifted and Talented in Tertiary Education: Issues and Directions" (https://www.aare.edu.au/08pap/abe08844.pdf).

[⑤] Moltzen, "Roger Moltzen-Tertiary Teaching Excellence Profile" (https://akoaotearoa.ac.nz/community/ako-aotearoa-academy-tertiary-excellence).

[⑥] Abeysekera I., "Giftedness and Talent in University Education: A Review of Issues and Perspectives", *Gifted & Talented International*, Vol. 29, No. 1-2, Mar. 2014.

《简明牛津英语词典》[1] 提供了两个定义,一个是社会定义:"完全成熟和发展的人";另一个是法律定义:"已成年的人"。但对于成年群体尤其是以大学教育中表现优秀的成年人的研究变得非常重要。[2] 即使从经济效用的角度而言,大学教育已成为促进社会生产、经济增长的关键力量,确定和培养有才华的大学生对社会生产力的建设与发展也是极为重要的。人力资本是一项主要的国家资产,通过发展知识经济在促进经济增长和保持竞争优势方面具有比较优势。[3] 而高校里的优秀生是潜在的人力资本,是高等教育中珍贵的人力资源。目前围绕优秀本科生及其学习经历的研究集中在以下三个方面。

(一) 优秀本科生的类型

从认知层面,研究者无疑都会认为"拔尖创新人才""复合型人才"等属于优秀的人(才)。但对于高校里拔尖创新人才等方面的研究,部分研究者[4][5]更倾向于通过考察这些学生的学习成就,以此研究相关政策或计划——例如"珠峰计划"[6] "强基计划"[7] 等落实的政策效果。例如于海琴等[8]人对这个问题的研究以重点大学拔尖实验班学生为研究对象,通过实验班的学业成就发现本科拔尖创新教育措施大部分得到了落实,并

---

[1] Oxford Dictionary, *Concise Oxford English Dictionary* (11*th* ed.), New Delhi: Oxford University Press, 2004, pp. 18 – 19.

[2] Abeysekera I., "Giftedness and Talent in University Education: A Review of Issues and Perspectives", *Gifted & Talented International*, Vol. 29, No. 1 – 2, Mar. 2014.

[3] Benjamin R., "The Environment of American Higher Education: A Constellation of Changes", *The Annals of The American Academy of Political and Social Science*, Vol. 585, No. 1, Jan. 2003.

[4] 吴永源、李硕豪:《"拔尖计划"学生学业成就及其影响因素的实证研究》,《复旦教育论坛》2019 年第 1 期。

[5] 于海琴、代晓庆等:《拔尖大学生的学习特征与类型:与普通班的比较》,《复旦教育论坛》2016 年第 5 期。

[6] "基础学科拔尖学生培养试验计划"简称"珠峰计划",是国家为回应"钱学森之问"而推出的一项人才培养计划。2009 年,教育部启动了国家"基础学科拔尖学生培养试验计划"(简称"珠峰计划"),主要在数学、物理、化学、生物和计算机科学与技术 5 个学科进行探索和试点。2018 年,教育部印发《关于实施基础学科拔尖学生培养计划 2.0 的意见》(简称"珠峰计划"2.0)。

[7] 2020 年 1 月 13 日,《教育部关于在部分高校开展基础学科招生改革试点工作的意见》印发,决定自 2020 年起,在部分高校开展基础学科招生改革试点,主要是为了选拔培养有志于服务国家重大战略需求且综合素质优秀或基础学科拔尖的学生。

[8] 于海琴、代晓庆等:《拔尖大学生的学习特征与类型:与普通班的比较》,《复旦教育论坛》2016 年第 5 期。

依据实验班里学生的表现将其分为"老鹰型"学生、"海豚型"学生和"考拉型"学生。陆一等[1]学者基于对全国 7 所一流大学 1543 名拔尖学生的调查,识别出"领袖型""专家型""功利型"与"疏离型"这四类价值倾向的拔尖生。而更多的研究者[2]则关注双一流背景下拔尖创新人才等的培养模式问题。但真正对那些表现突出或优秀的学生的分类鲜有涉及。

与国内研究不同的是,阿贝塞克拉[3]在总结以往研究者相关研究的基础上,对一些学业表现突出的本科生的学习与发展特征进行了概念归类。他将这些学生一共归为六类:第一类为传统且独立型学生。这类大学生符合社会所熟知的对于优秀以及才能的认定,他们具有自我激励和创造性。这些本科生不仅很好地掌握了教育制度,并且能利用教育制度创造和积极争取各种机会来发展自我。第二类是传统非独立型的学生。根据贝茨和纽哈特[4]的相关研究,他们在整个学校的教育体系中占比最高,并熟知和掌握了教育系统,知道如何利用这个系统服务于自身,使自身受益。然而这群学生需要依赖于他人的帮助与指导,例如父母、教师、同学等。他们较为擅长听取有经验或权威人的指导与经验。但这类学生缺乏自我激励和创造力,这可能会阻碍他们在离开大学后迎接生活变化的挑战的能力。第三类属于偏离型人才。这些学生可能很有创造力,但不太擅长遵循指示和程序,显然他们与传统的教育体制与社会观念相悖,因此,他们可能在大学环境中学习不好,与周围环境可能存在冲突。所以,他们会变得不被社会所接受。离开大学后,如果他们的创造力被同龄人低估,可能会受挫。第四类属于隐蔽型的人才。该类学生实际上拥有较强才能,但为了不使自己被群体孤立便选择刻意隐藏。第五类属于选择型的学生。该类大学生在非教育课程中表现极为突出。例如他们

---

[1] 陆一、冷帝豪等:《从优胜到兼济:拔尖学生志趣形成中的价值倾向》,《教育研究》2024 年第 4 期。

[2] 马廷奇:《一流学科建设与拔尖创新人才培养》,《国家教育行政学院学报》2019 年第 3 期。孙维、马永红:《"双一流"建设背景下拔尖创新人才培养模式——源于跨学科博士生团队培养的思考》,《中国电化教育》2019 年第 4 期。

[3] Abeysekera I., "Giftedness and Talent in University Education: A Review of Issues and Perspectives", *Gifted & Talented International*, Vol. 29, No. 1-2, Mar. 2014.

[4] Betts G. T. and Neihart M., "Profiles of the Gifted and Talented", *Gifted Child Quarterly*, Vol. 32, No. 2, Feb. 1988.

可能是出色的运动员或者社区领导人，但由于学业并不理想，可能也会较为自卑，这种低自尊在以后的工作生活中也可能会产生不利影响。第六类属于无助型人才。这类学生缺乏传统大学教育体系所期望的功能领域。例如他们可能在写作或者口语上能力欠缺，导致无法很好地表现自己，影响了他们在大学的生活质量与体验。具体见表1-4。

表1-4　　　　　　　　　优秀生概念状况

类型	学习行为	缺点	没有支持机制的结果
1. 传统且独立型	运用教育系统为自我服务 为自我创造机会 良好的社会适应力和接受力	无	现在与今后表现都较好
2. 传统非独立型	运用教育系统为自我服务 良好的社会适应力和接受力	用较少的努力寻求解决方法 没有兴趣为自己创造新机会 不能很好地适应生活中不断变化的挑战	在以后生活中表现并不佳
3. 偏离型	高创造力	不能有效地利用教育体系发展自我 人际冲突 消极的自我概念	在以后生活表现不佳
4. 隐蔽型	他们知道自己擅长课程学习，但却不利于这个系统为自身谋利	屈服于普通同龄人的压力 消极的自我概念	在大学以及以后生活表现都不佳
5. 选择型	他们知道自己对于课外学习方面很擅长。	对课程学习不感兴趣 课程之外的天赋与才能不被认可	在大学表现不佳，在以后的生活中可能表现良好
6. 无助型	他们可能知道也可能不知道自己在课程学习方面的才能	不能用课程提供的传统方式来表达他们的能力	在大学以及以后生活表现都不佳

资料来源：《天才和才华横溢的人物简介》，https：//digitalcommons.sacredheart.edu/ced_fac/82；《双重分化：满足学习障碍的天才学生课程需求的方法》，https：//digitalcommons.sacredheart.edu/ced_fac/82/。

(二) 优秀本科生的学习特征

大学里学业优秀的学生与普通的学生相比，确实会表现出不同的特征。[①] 根据舒博特尼克、库比留斯和沃尔雷[②]的研究，某些心理社会技能可以作为人才发展的促进因素或限定因素。这些心理技能包括能够抓住人才发展的最佳动机，设想一个更好的未来和提高自我效能感、具备良好的社交技能、有一个积极乐观的心态使他们努力实现目标，帮助他们克服实现目标的潜在障碍，包括确保他们组织良好，能够与同龄人和同事进行有效合作等。相反，某些心理社会因素也会阻碍和限制人才的发展。这些阻碍性的心理社会因素包括低动机、低效率的心态、低水平的心理力量以及较差的社交技能等。舒博特尼克[③]等发现优秀生表现出较强的心理社会技能，并且展现出较强的情感力量、早期心理独立、智力冒险和相当的适应力。还有研究[④]发现，理科优秀生具有较高水平的学业自我概念，其学习投入的时间和精力更多，并且学习行为更主动。

除了心理社会技能上的差异，优秀生在学习方式、学习表现和行为等方面都与普通生存在诸多差异。葛操[⑤]等对"学优生"和"学困生"进行了比较研究，发现不同的学习方式对于这两个群体的影响不同：学业表现优秀的学生在外显学习、协同学习方式下的成绩显著高于学困生，而在内隐学习方式下，二者成绩差异不显著。程化琴[⑥]等为了探究国家奖学金获得者的能力素质，对20位优秀学生的核心能力进行了提炼，发现

---

① Millward P., Rubie-Davies C. and Wardman J., "Characteristics of High-Achieving Students and the Effectiveness of a Low-Cost Program in Three New Zealand Universities", *International Journal of Teaching and Learning in Higher Education*, Vol. 30, No. 3, Jun. 2018.

② Subotnik R. F., Olszewski-Kubilius P. and Worrell F. C., "Rethinking Giftedness and Gifted Education: A Proposed Direction forward Based on Psychological Science", *Psychological Science in the Public Interest*, Vol. 12, No. 1, Sep. 2011.

③ Subotnik R. F., Olszewski-Kubilius P. and Worrell F. C., "Rethinking Giftedness and Gifted Education: A Proposed Direction forward Based on Psychological Science", *Psychological Science in the Public Interest*, Vol. 12, No. 1, Sep. 2011.

④ 刘玉新、姚本先：《我国超常儿童教育实验研究的省思》，《教育研究与实验》1994年第3期。

⑤ 葛操、沈德立：《学优生与学困生内隐与外显协同学习的比较研究》，《心理发展与教育》2009年第1期。

⑥ 程化琴、魏戈等：《他们何以如此优秀？——国家奖学金获得者能力素质结构研究》，《教育学术月刊》2016年第3期。

他们在处己力、处人力、处事力和处学力上有着突出的表现特征。还有研究者[1]发现，相比普通班学生，处于拔尖实验班的学生在学习环境、学习方式和学业成就表现上都具有显著优势。当然，也有针对优秀的硕士研究生群体的研究，最后发现他们在学习上具有一些共性：对学术的认知更加成熟；情感更加成熟；抗挫折能力加强；意志逐渐加强；行动更加有效。[2] 总之，对于表现优秀的大学生及研究生，无论在心理社会技能上，还是学业表现与行为方面都与普通学生有着较为明显的差异。

（三）影响优秀形成的因素

有关如何形成"卓越"或"优秀"的议题目前已经形成了众多理论。早期一些研究者认为，基于遗传学可以揭示幼儿特殊的发展能力，但另一些研究者却提出证据表明，那些后期表现卓越的人在成长早期并未表现出任何高技能水平。[3] 其中，天赋与才能发展的区别模型是最常被引用的人才发展理论之一，它描述了一个将才能或天赋转化为杰出的、系统发展的技能的过程，这些技能指的是一个特定职业领域的专长或天赋。[4] 换句话说，一个人如果没有天赋就不能成为天才。但这样一个天生的能力需要通过个人的内在发展和外在的环境交互催化（例如社会结构因素、心理印象或特定项目培养）才能转变为人才，并且这种交互作用很大程度上因人而异，并没有一定的因果关系。但这一相关理论肯定了学习过程是内在和环境催化剂相互作用的产物，并有助于个体实现优秀或卓越。弗朗索瓦·加涅[5]指出那些有天赋并且表现积极的学生，他们的学习收获更大且能取得更高的分数。因"帕累托效率"，这种学生能够得到父母以及老师更多的关注和培养，更易享有更多、更优质的教育资源和发展机

---

[1] 于海琴、代晓庆等：《拔尖大学生的学习特征与类型：与普通班的比较》，《复旦教育论坛》2016年第5期。

[2] 高瑶：《优秀硕士生学习特点及影响因素分析——以B大学国家奖学金获得者为例》，《煤炭高等教育》2019年第5期。

[3] Howe M. J. A., Davidson J. W. and Sloboda J. A., "Innate Talents: Reality or Myth?", *Behavioral and Brain Sciences*, Vol. 21, No. 3, Jan. 1999.

[4] Gagné F., "Transforming Gifts into Talents: The DMGT as a Developmental Theory", *High Ability Studies*, Vol. 15, No. 2, Dec. 2004.

[5] Gagné F., "Transforming Gifts into Talents: The DMGT as a Developmental Theory", *High Ability Studies*, Vol. 15, No. 2, Dec. 2004.

遇，从而进一步提高他们的学习表现。这便呈现出一种螺旋的递进关系，研究者①认为这种关系可能是积极，也可能产生逆向的消极作用。

专家绩效理论②消减了先天能力的重要性。这些方法指出，专家和非专家之间的差异是通过不断实践的结果，而不是由基本的认知过程决定的。这种深思熟虑的实践活动通常是在早期的参与之前进行的，在这个过程中，个人在一个特定的领域发展出动机和成就感。实践表明了这是一种超越简单机械化或任务自动化的活动；相反，它意味着通过结构化、有目的活动能够改变原有事物的性能。③ 根据这一观点，即使所谓的"神童"也不是天赋的产物，有天赋的人只是暴露在特殊的环境—精神条件下，这使他们能够享有丰富的条件来发展自身。因此，专家绩效理论揭示出几乎任何人都可以取得卓越的成就或绩效，只要他们能从必要的环境条件中受益，并有意识地朝着持续进步的方向不断实践。

尽管有理论上的论据——一个支持天赋，另一个强调经验和实践的作用—但目前仍然普遍缺乏经验证据来充分支持以上辩论双方所提供的论据。天赋和才能的发展模型认为卓越或优秀的表现依赖于先天就存在一组较强的能力倾向，但却没有足够的证据表明高成就的个体曾经都是具有先天能力的儿童。④ 反过来，专家绩效理论很难从经验上支持这样一种观点，即具有高成就表现的人并没有天生的特殊技能倾向。

以上每种理论都有其局限性，不同的人才卓越模型之间也存在差异，但研究者也尝试将不同的研究范式结合起来，以优化我们对才能或实现优秀的认识。⑤ 这些理论模式的一个共同点就在于它们都关注情境性因素

---

① Gagné F., "Transforming Gifts into Talents: The DMGT as a Developmental Theory", *High Ability Studies*, Vol. 15, No. 2, Dec. 2004.

② Ericsson K. A., Nandagopal K. and Roring R. W., "Toward a Science of Exceptional Achievement", *Annals of the New York Academy of Sciences*, Vol. 1172, No. 1, Sep. 2009.

③ Monteiro S., Almeida L. S., Vasconcelos R. M., et al, "Be (com) ing an Excellent Student: a Qualitative Study with Engineering Undergraduates", *High Ability Studies*, Vol. 25, No. 2, Oct. 2014.

④ Ericsson K. A., Roring R. W. and Nandagopal K., "Giftedness and Evidence for Repro-ducibly Superior Performance: An Account Based on the Expert Performance Framework", *High Ability Studies*, Vol. 18, No. 1, Jul. 2007.

⑤ Heller K. A., "Identification of Gifted and Talented Students", *Psychological Science*, Vol. 46, No. 3, Jan. 2004.

对学术语境中卓越的发展和维持的重要性。事实上,在资优教育领域的文献中,情境性因素的重要性已经得到了深入的讨论。阿尔伯特·齐格勒和肖恩·菲利普[1]已经开始改变天才教育领域中的必要性讨论,转而重点探究学生认知和非认知因素的相互作用,以及对系统理解的不同而导致的诸多例外。研究者普遍认为情境性因素会影响人的发展,在个体不断走向发展和卓越的历程中,个体因素(如个性特征、学生从事任务的方式、实践和动机)和环境因素(环境对个人发展和实践的积极或消极影响或经验)总是相互交织,相互影响。当然,这种强调情境性依赖的观点并非人才发展观所独有。在社会认知的学习观中,学生的个体特征和情境特征作为两组变量被呈现出来,学习过程被描述为一组行为、环境和个人变量之间的相互作用。[2]

而在具体的教育实践中,随着资优教育理念与评估范式的转变,教育可塑性的观点逐渐深入人心。智商、天赋等对于塑造人的重要性不再被刻意强调和放大,转而对教育过程中的可操作性因素进行探究。就目前来看,对表现优秀的大学生的成因呈现出三条研究路径。

第一条路径植根于心理学研究,着重探索个体心理层面的含义和结构。但这一研究路径也存在一定的缺陷与不足,其研究视角更多地关注学生的心理动机,不利于考查学生与院校环境的互动历程。在教育情境中,学生的学习经历必然要受到学生个体与环境两个方面的影响,并通过二者的互动才能实现。若缺失对环境及个体—环境互动关系的考察,就无法全面理解学生的学习体验,也不能为改善外部环境提供参考。[3] 针对这一问题,研究者常常在学生自评报告之外增设教师问卷、课堂观察表等一系列的测量手段以考查学生在具体情境中的表现。[4] 但是,这些辅助措施只是在测量层面增加了对影响因素的考察,并未在理论层面建立

---

[1] Ziegler A. and Phillipson S. N., "Towards a systemic theory of gifted education", *High Ability Studies*, Vol. 23, No. 1, Jun. 2012.

[2] Locke E. A., "Social Foundations of Thought and Action: a Social-cognitive View", *Academy of Management Review*, Vol. 12, No. 1, Jan. 1987.

[3] 史静寰、王文:《以学为本,提高质量,内涵发展:中国大学生学情研究的学术涵义与政策价值》,《华东师范大学学报》(教育科学版)2018年第4期。

[4] 曾家延:《指向大规模测量建构的学生参与研究评析》,《比较教育研究》2017年第4期。

解释个体与环境互动的逻辑。

第二条路径沿袭着社会学的人文关怀,关注家庭背景在内的经济资本、文化资本、教育方式等先赋性因素的影响作用。例如为了更好地理解为什么高等教育的分层同样发生在最好的学生群体中,雷德福[1]证明,即使控制其他变量,同样高的学术成就和大学准备也不会抵消社会经济地位(SES)对学生大学进程或入学结果的影响。郑雅君[2]在参照"文化再生产理论"与"文化流动理论"的基础上,通过个案研究探究文化资本与学业成就之间的关系。研究发现,在家庭社会以及经济地位各不相同的背景下,学生所拥有的文化资本会出现断层式差异。加拿大新布伦瑞克大学对男女生学业生涯中学业成绩状况进行了长期的研究和分析后得出,在学业生涯中女生的学业成绩分数往往要高于男生。这一状况是20世纪以来长期存在的,而男女之间存在的分数差距从20世纪末开始不断增大。形成这一现象的主要原因是女生在高年级学生过程中所获得的家庭鼓励相对较多,因此在学习中投入的时间以及精力也相对较多。但是,女生一旦步入大学校园之后,家庭对其产生的监督和管理能力随之降低,与此同时大学时期学习环境的宽松,易导致女生在学业上的疏忽,对于学习投入的精力和时间也会随之减少,学习成绩因此逐步下滑。[3]

第三条路径则体现着教育学实践性的学科色彩,该路径不仅看到家庭环境以及学生个体因素,更强调学生与院校环境之间的社会互动,关注院校层面对学生培养质量诊断和提高。例如,蒙蒂罗[4]等研究者通过访谈的方式对33名优秀工程专业的大学生进行研究发现,我们需要对诸如"优秀""卓越"等概念采取多维度和动态的观点,并且他们认为存在各种可能的途径和环境条件以实现大学生的卓越,在这个过程中,个人不

---

[1] Radford A. W., "Top Student, Top School? How Social Class Shapes where Valedictorians Go to College" (https://press.uchicago.edu/ucp/books/book/chicago/T/bo15506888.html.).

[2] 郑雅君:《谁是90后名校优等生——文化资本与学业成就关系的个案研究》,《甘肃行政学院学报》2015年第5期。

[3] Grace S., "Differences in School Performance between Boys and Girls" (http//www.educationnews.org/k-12-schools/report-differences-in-school-performance-between-boys-girls/).

[4] Monteiro S., Almeida L. S., Vasconcelos R. M., et al, "Be (com) ing an Excellent Student: a Qualitative Study with Engineering Undergraduates", *High Ability Studies*, Vol. 25, No. 2, Oct. 2014.

断与家庭环境、学校环境进行互动,共同作用于学生的发展。谢爱磊[1]通过研究发现,在优秀大学生成长的过程之中,大学教育和生活中的诸多因素都会对他们产生一定程度的影响,具体表现在学校目标、学校规模、与教师间的关系、与朋友及同辈群体间的关系、课程与教学以及为学生发展所开列的相关计划与服务上。不仅如此,谢爱磊还认为优秀大学生的发展是其与大学教育与生活中的环境持续、多方位互动的结果;优秀大学生在这一过程中是能动的,既被环境所改变,同时也在改变着环境;优秀大学生对环境的个性化理解与解释同其发展结果间存在紧密的关联。随后谢爱磊[2]又专门从社会资本的视角来探究优秀大学生的成长之路。他通过对部分优秀大学生进行深度访谈发现,社会资本视角下大学生生活在由朋友、同班同学以及教师等人组成的关系网中,这种关系网能为他们提供即时的情感性与工具性支持,在此过程中大学生为了获得更好的发展,也会采取不同的投资策略与使用方式。赵琳等[3]通过探究大学生入学前的教育经历发现,获致性因素(学生的高中教育经历)比先赋性因素(学生的家庭背景)对高等教育质量产生更大的影响,其作用在大学的高影响力教育活动中更为突出。与表现优秀的大学生进行对比的是,一些研究者[4]也关注学业表现不佳的学生,即所谓的"学困生",其形成的因素不外乎来自学校、家庭以及个人。此外,也有研究者[5]开始从社会政治及文化等更广阔的社会视角,例如政策立法以及实用主义潮流、个人心理复杂模式与社会整体的两难困境等探究优秀的学生为何最终落入"平庸"。

三 总结与评论

纵观上述,有关本科生在内的大学生学习经历的研究主题丰富和研究

---

[1] 谢爱磊:《通往成才之路——优秀大学生成长过程中的大学教育与生活》,硕士学位论文,华东师范大学,2007年,第38页。
[2] 谢爱磊:《优秀大学生的成长之路:一种社会资本的新视角》,《中国教育:研究与评论》2009年第9期。
[3] 赵琳、王文等:《大学前教育经历对高等教育质量的影响机制研究——兼议教育领域综合改革》,《清华大学教育研究》2014年第3期。
[4] 顾王卿、赵镇:《低成就资优生的成因分析及干预措施》,《现代中小学教育》2017年第12期。
[5] 张睦楚:《学优生何以沦为平庸?——以加拿大安大略省为例之理性探析》,《外国教育研究》2017年第2期。

视角逐渐丰富,且研究者开始表现出日益清晰的方法论意识,但中国本科生学习经历的实证研究仍然存在很多不足,以下从研究内容与主题、研究视角与路径、研究方法与理论意识三个方面对以往文献进行总结和评论。

(一) 研究内容与主题

随着学习经历内涵的不断丰富和发展,有关本科生学习经历的研究主题日益丰富。从全球视野来看,既有从微观的个体的学习参与或投入、学习策略、学习行为层面对大学生的学习经历进行研究,也有从心理学层面关注本科生个体的学习动机、目标定位等,并且涌现出一批大学生发展和大学影响力的理论模型。世界不同国家的大学生学习状况和就学经验调查,也都试图揭示学生作为学习主体在学习过程中发挥作用的程度,以及院校为提高学生投入有效教育活动的政策及实践的成功度。伴随着研究机构的不断扩大,发文作者背后依靠的调查组织和团队影响力的增强,这种认识和做法也引起国内研究者和研究团队的高度关注。伴随着中国高等教育普及化的推进,向高等教育要质量的需求更为迫切,这意味着不仅将"以学为本"作为一种理念,还要具体落实在教育教学实践中,体现在日常的学习行为和评价中。这就导致了国内以大学生学习经历为基础的各种学情调查的兴起和发展。在具体的研究主题上,既有常规的以课堂为主的学习经历,也有学生的课外学习经历;既有学生的生涯规划与发展,也有非传统式教育与教学等各个方面。随着对这一议题的逐渐聚焦,研究者的目光也逐步扩展至不同群体、不同文化背景下的大学生学习。就优秀本科生这一群体而言,来自不同国家的研究者就优秀生的理论渊源、表现类型与形式上都给予了一定的关注和探讨。与"是怎样"这一系列问题相比,研究者也更为关注影响学业表现突出或成功的诸多影响因素,即"为什么"及"如何是"的问题。最后,有关本科生学习经历和宏观层面政策脉络之间关系的研究还是少数。考虑到大学生学习经历的复杂性和实证研究的渐进性,我们无法寄望于毕其功于一役。然而,只有通过诸多研究的共同努力,我们才更有可能揭示大学生学习经历的内在机理和影响机制,才更有可能对本科生的学习与发展有更多的内在了解。总言之,有关优秀本科生学习经历的研究不论在数量上还是深度上都有待进一步扩展和深化。

(二) 研究视角与路径

研究发现，有关优秀本科生的学习以及影响因素的研究主要存在三种研究路径及视角：植根于探索个体心理层面的含义和结构的心理学研究、关注公平以及内部资本再生产在内的社会学研究，以及体现实践性学科色彩的教育学研究。后者则由于可干预性和可塑性，成为学校教育评价发现和诊断问题进而改革学校教育的重点。但研究者往往会将大学生的学习行为等在内的学习经历与其得以发生的学校情境和社会情境孤立起来，没有看到它们彼此之间的嵌套关系和互动关系。尽管有许多研究试图系统审视学生个体、家庭和学校对学生发展的联合影响作用，但一方面受研究视角的影响，各类视角之间缺乏"视域融合"。另一方面研究也未公平对待各类因素的影响作用。我们知道，每一类因素都可能对本科生的学习经历产生重要的影响，但这些因素的影响作用有没有边界？是否随着研究群体的变化而变化？又是否随着他们年纪的增长而发生改变？如何判断影响本科生发展的各因素的影响强度？各因素对本科生发展的影响过程和结果可能是怎样的？我们不仅要考虑本科生学习经历的不同层次，还要将个体水平上的学生成长放在特定的情境与脉络之中。只有这样，本科生学习与发展研究才能回答埃文斯等人[1]提到的四个问题：高校修读期间本科生发生了哪些变化？哪些个体因素导致了这些变化？院校环境如何促进或阻碍了学生的成长？高校应该追求的学习与发展结果是什么？

当然，现有的研究视角与研究路径也较少地从微观着手对优秀本科生发展的过程、对他们所身处的大学教育与生活环境间的互动关系予以分析，而这正是从本土语境出发窥视中国大学生学习与发展的良好路径。探索中国高校语境下学生的学习与发展，在与院校的生成的互动中探究各个影响因素之间的关系，而不是用彼时彼地的框架来套中国的现实，才能获得本真的认识。而这一视角和路径的缺乏，无论是对整个本科生学习经历研究还是对个体的研究者来说，都是相当不利的，它也在一定程度上限制了中国大学生学习与发展研究的深刻性以及中国学者在国际学术领域的影响力。

---

[1] Evans N. J., Forney D. S., Guido F. M., et al, *Student Development in College: Theory, Research, and Practice* (2nd ed.), San Francisco, CA: Jossey-Bass, 1998, pp. 5–10.

(三) 研究方法与理论意识

研究方法是支撑实证研究过程合理性和结论可靠性的程序保障。以往文献回顾表明，中国大学生学习经历的实证研究总体上表现出路径多元、方法多样的特征，并且展现出日益清晰的方法论意识。大体而言，教育实证研究可分为量化研究、质性研究与混合研究三种研究路径。[1] 尽管中国的大学生学习经历研究涵盖了量化、质性与混合三种路径，但这些研究路径之间及其内部的发展是极不均衡的。近年来，一些较为新颖的研究方法也开始应用于大学生学习经历的研究之中，例如历史横断元分析、词语联想、行为地理学等[2]，这在一定程度上丰富了大学生学习经历的研究，但研究者对近年来相关文献的梳理和统计后却发现，在诸多的文献中，仍有"超过80%的文献采用了量化研究方法，而其中超过90%的量化研究采用的都是问卷调查法"[3]。这不难推测与想象针对某一类型的大学生的研究现状。总之，"同西方高教学界相比，中国仍需要更深入、多方法、多视角的实证研究，尤其需要建构本土学生发展理论"[4]。

实证研究不仅要强调方法意识，也要强调理论意识，因为实证研究是理论与方法的统一。方法是帮助实证研究者解构经验世界，获得可靠证据，进而丰富我们理论认识的工具。但也正如研究者所言"尽管不乏理论线索清晰、根基稳固的实证研究，但仍然有大量文献缺乏必要的理论意识"[5]。相对来说，"质性研究论文在理论意识方面表现更佳，一些研究者有意识地从研究发现中提炼概念和解释模型"[6]。然而，许多文献，

---

[1] Lopez-Fernandez O. and Molina-Azorin J. F., "The Use of Mixed Methods Research in the Field of Behavioural Sciences", *Quality & Quantity*, Vol. 45, No. 6, Oct. 2011.

[2] 尹弘飚、史练等：《中国大学生学习与发展研究（2015—2019）：主题、方法与评论》，《华东师范大学学报》（教育科学版）2020年第9期。

[3] 尹弘飚、史练等：《中国大学生学习与发展研究（2015—2019）：主题、方法与评论》，《华东师范大学学报》（教育科学版）2020年第9期。

[4] 岑逾豪：《大学生成长的金字塔模型——基于实证研究的本土学生发展理论》，《高等教育研究》2016年第10期。

[5] 尹弘飚、史练等：《中国大学生学习与发展研究（2015—2019）：主题、方法与评论》，《华东师范大学学报》（教育科学版）2020年第9期。

[6] 尹弘飚、史练等：《中国大学生学习与发展研究（2015—2019）：主题、方法与评论》，《华东师范大学学报》（教育科学版）2020年第9期。

特别是量化研究论文既不能阐明本书所依据的理论基础,又无法超越本书的情境,对其研究发现进行必要的理论解读。这类理论根基不稳、指向不明的实证研究的存在,自然会招致学者对教育实证研究的误解和偏见。因此,在对本科生学习经历的研究中,研究者还要自觉地强化理论意识。"教育实证研究者首先要对所感受到的经验世界的复杂性与完整性持有充分的尊重,同时在其探究经验世界的行动中坚持应有的理论立场,从而使所获得的知识与理论既源于实践、又高于实践"[1] 对于优秀本科生学习经历的研究,其经历过程性、情境性与动态性特征就需要一种超越质与量的混合研究设计,以此更深入地探究优秀本科生学习经历的影响因素及其形成机制。

四 相关理论模型的启示

学习经历与其他诸多概念一样具有抽象性。艾蒂约·温格[2]认为个体的经历通常有五种轨迹:第一,边缘性轨迹,也就是说个体位于某种共同体的边缘处,其并未深入融入共同体各项实践之中。然而这种轨迹却可以为个体提供某种渠道进入共同体之中,个体在共同体边缘处形成的参与度也使个体具备了某种身份。第二,入站轨迹,新的个体初步融入共同体各项实践之中,这是个体可能随着时间以及事件的发展更加深入地融入共同体中成为参与者之一,随着未来的不断发展,这些个体的身份可能逐渐转变成为参与者,但此时这些个体仍处于共同体的边缘地带。第三,内部的轨迹,个体很好地融入共同体各项实践之中,并且对共同体予以充分参与,虽然在这一时刻个体已经成为共同体中的参与者身份,但随着时间的推移以及事件的发展,各种影响因素会对共同体造成多种影响,个体所具有的参与者身份也会随之发生改变。第四,边界轨迹,即个体所涉及的共同体相对较多,各个共同体都存在一定的发展规律,而多个共同体的共同参与导致参与者本身面临的挑战和压力也随之提升,

---

[1] 尹弘飚:《教育实证研究的一般路径:以教师情绪劳动研究为例》,《华东师范大学学报》(教育科学版)2017年第3期。

[2] Wenger E., *Communities of Practice: Learning, Meaning and Identity*, Cambridge: Cambridge University Press, 1998, pp. 131 – 132.

想要维持参与者自身的身份和状态,就需要表现出一定的张力和能力。第五,边界外的轨迹,个体由于多种原因需要离开某一共同体时,个体就应当寻求新的共同体,建立和新的共同体之间新的关联,找到和个体当前状态相一致的合适位置,从全新角度来分析世界以及个体之间的关系。可见,学习经历具有明显的个体属性,学习的经历和体验只有当事人才具有发言权,也只有身处其中的个人才能对个人轨迹进行清晰地回溯。换言之,我们所研究的学习经历并不是被放在载玻片上的,或者只是试管中的泡沫,"语言是大量概念的集合,这些概念包括事物、感受以及观念的名称,它们是人们在彼此互动中产生或者习得的。"[1] 从字面上看事实意味着"过去时"——已经完成的事情。既已完成就应该无可置疑,但问题在于"已经完成的事情"并不是由某个中立的全能观察者万无一失地记录下来的,而是要诉诸和回归到人的语言,这就是经验描述的意义所在。但如果我们只是从经验描述的角度来理解一个理论概念,尽管会对于解释现象和分析问题有一定的帮助,若从操作或者实践层面来讲,该理论概念的价值潜能可能就会受到一定的约束和限制。故接下来探究相关理论模型的发展史,并选取与本书议题相关的理论模型,借此同时提供经验以及理论上的借鉴,以寻求对优秀本科生学习经历探索的重要启示。

(一) 人才发展理论

1. 天赋与才能发展的差异模型

因为本书关注的是优秀本科生的学习与发展,优秀人才相关的理论模型不可被忽略。这些模型确定了表现卓越以及代表天赋及人才的一系列因素。齐格勒[2]将它们归为三种类型的因素:第一类模型建立在狭义的天赋以及人才观上的,例如通过语言、非语言以及定量的能力;第二类模型包括非认知的内部因素,例如动机、信念以及焦虑等;第三类模型指代外部因素,如家庭环境、朋友关系、教室氛围等。其中,弗朗索

---

[1] [美] 肯尼斯·赫文、拖德·多纳:《社会科学研究的思维要素》,李涤非译,重庆大学出版社 2008 年版,第 8 页。

[2] Shavinina L., *International Handbook on Giftedness*, Amsterdam: Springer, 2009, pp. 925 - 944.

瓦·加涅[①]提出的天赋与才能发展的差异模型是较早的也是经典的人才发展理论之一。它描述了一个将才能或天赋转化为杰出的、系统发展的技能过程，即由天赋转为人才的过程。在 DMGT 模型中，加涅对天赋和才能这两个基本概念做了明确区分。天赋被定义为至少在一个能力领域拥有和使用未经训练和自发表现出来的出众的自然能力（称为资质或天赋），并且这项能力至少在同龄人中名列前 10%。可见这种优秀的概念是建立在遗传禀赋论的基础上。此外，他还着重提出天赋的四个能力倾向领域：智力、创造性、社会情感和感觉运动。而人才则不同，加涅认为所谓的人才是要掌握系统发展的某项能力和技能或至少在某一知识领域中，其优秀的程度也必须至少在同龄人中处于或一直活跃在该领域的前 10%。在加涅看来，从天才到人才的转换过程就如 DMGT 所定义的，是那些本来就具有高资质的人逐渐转化为训练有素、系统发展的过程。模型中含有的要素有天赋、人才、发展过程、个体内在因素、外部环境以及机会。具体见天赋与人才发展的差异模型（DMGT），如图 1-3 所示。

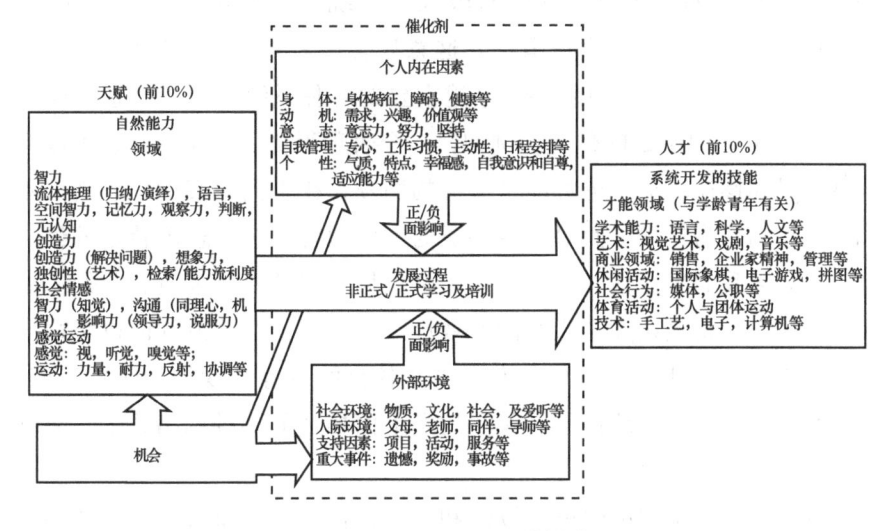

图 1-3　天赋与发展的差异模型

资料来源：Gagné F.，"A Differentiated Model of Giftedness and Talent"，https：//files. eric. ed. gov/fulltext/ED448544. pdf。

---

① Gagné F.，"A Differentiated Model of Giftedness and Talent"（https：//files. eric. ed. gov/fulltext/ED448544. pdf）.

作为一个发展性理论，DMGT 模型不仅关注了人在走向成功，成为人才道路上的先天的遗传基础，也意识到外在环境以及机会的重要性，但总的来说，有关外在环境以及机会的描述更为被动，更多地带有先天被约束的以及限制的条件下的环境和机会。在齐格勒[1]看来，在当前的范式中，教育研究的重点是确定一系列能够支持卓越发展的变量。这些变量包括兴趣、创造力和归因。齐格勒等[2]认为如果想要理解人才的发展，就要转换以往的研究范式，他认为要采用系统的思维去研究天赋以及人才的发展，并提出了人才的行为活动模型。

2. 行为活动模型

齐格勒[3]等学者根据系统理论的中心概念，列出了其六个关键特征。(1) 等结果性。一个相同的结果可以从不同的起点得到，并且可以采用多种不同的轨迹。(2) 背景依赖。背景的不同会对不同的环境系统有着不同的反应。(3) 相互依赖。相互依赖意味着行为和变化的表现不会孤立地发生。单个系统组件的行为所产生的影响不是局部的；组件中的每个事件的发生总是能够对较大的系统产生影响。(4) 互联性。相互联系补充了相互依存的概念。这意味着行为的表现不是在"真空"中发生的。(5) 对于发展优秀/卓越重要的各种系统层次：元素只能在系统中思考它们所处的位置。例如，一个表现很优秀的学生，也可以是姐妹、是体操运动员、也可能是最好的朋友，在不同的案例中表现出不同的典型的行为特征。而对这些特征的本质理解取决于理解特定的组成系统。如果我们想评估一个人在某一个领域取得的卓越表现，我们需要关注的不仅仅是他认知子系统的有效性，还要包括在他或她的班级内所达到的教育质量水平，学校、家庭以及各自的教育制度等。(6) 相变。与线性模型不同，系统性思维关注的是上面描述的那种网络化的、典型的非线性过程。

基于以上系统理论的核心概念和特征，行为活动模型是人才的一个

---

[1] Shavinina L., *International Handbook on Giftedness*, Amsterdam: Springer, 2009, pp. 925–944.

[2] Albert Z. and Shane N. P., "Towards a Systematic Theory of Gifted Education", *High Ability Studies*, Vol. 23, No. 1, Jun. 2012.

[3] Albert Z. and Shane N. P., "Towards a Systematic Theory of Gifted Education", *High Ability Studies*, Vol. 23, No. 1, Jun. 2012.

系统概念。首先，它解释了一个优秀系列行为是如何产生的；其次，它是如何被使用的；最后，提出了哪些措施最能激励高成就的发展。行为活动模型的定义是由行为的个体和他/她在行为中所处的环境组成。该模型中有四个组件，见图1-4。分别为：第一，动作库。动作库是指一个人能够在任何特定时间点表现出来的所有动作的总和。向优秀的发展可以被理解为一个学习过程，在这个过程中，一个人通过动作库，走向优秀乃至卓越。第二，目标。每个人如果想满足自己的需求和欲望并要实现，设定目标的活动就必不可少。第三，环境。系统方法假定个人及其（社会）行为背景不能彼此孤立地进行有意义的考察。一个社会场景提供了一个客观定义的行动空间；换句话说，每个社会环境都包含了一组特定的可能行为。制度化的行为通常反映了场所的性质和被批准的活动之间的某种逻辑联系，例如图书馆内不允许大声喧哗、教室里一般用来上课或者研讨、操场是用来放松和锻炼的场所等。在社会化过程中，个体形成了丰富的社会可接受的行为体系，这些行为与特定的社会情景相联系，他们还学会了在某些情况下抑制其他可能的行为比如上课迟到、上课时捣乱等。第四，主观行动空间。主观行动空间被认为是一种认知空间，在这种认知空间中，个体可以产生并做出关于行为可能性的决策。齐格勒还认为行动活动模型反映的是系统的总体结构。人们会有意寻找有利于个人目标实现的环境，并且在一个人的主观行动空间里，行动往往是被选择出来的也是受特定环境制约的。如果一个系统的结构在很长一段时间内保持稳定（例如在学校），那么我们就更易观察由行动指令、目标、环境和主观的行动空间这些组件构成的系统。

（二）全视角学习理论

学习蕴含于学习经历中，学习经历通过有关的学习活动得以体现。在有关学习的理论模型的构建中，克努兹·伊列雷斯（Kund Illeris）的全视角学习理论具有较强的借鉴价值。伊列雷斯认为所有学习都应该包含个体与环境之间的互动，并且内部心智的获得和加工包含其中，这个过程是通过源自互动的冲突被整合进先前学习的结果之中而得以进行的，从本质上来说，互动的前提是历史性与社会性的。由于获得过程总是包含着内容与动机，因此伊列雷斯认为所有的学习都包含了内容、动机和互动这三个维度，如果要分析任何一个学习情境，这三个维度就必然要

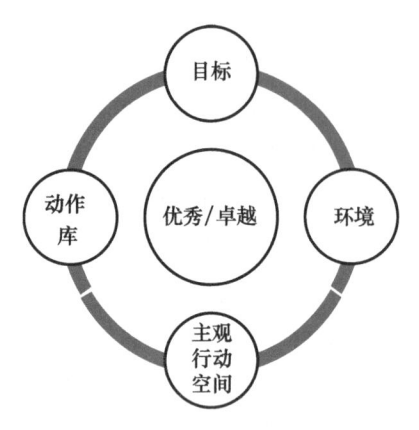

图 1-4 行动空间模型

资料来源：Albert Z., Shane N. P., "Towards a Systematic Theory of Gifted Education", *High Ability Studies*, Vol. 23, No. 1, Jun. 2012。

被涉及，并且这三个维度是相互联系、不可割裂的，由此构成了全视角学习理论的核心。

1. 学习的内容维度

学习的内容维度是有关学习"什么"的。[1] 所有的学习都有内容，否则学习便无所指和意义。而学习的内容在教育领域中盛行的传统观中常常指代知识与技能，即使像彼得·贾维斯（Jarvis Peter）这样的当代学习研究者，依旧将学习定义为"将经验转化为知识、技能和态度"[2] 但在伊列雷斯认为，需要对学习的内容维度进行开放性的扩充，尤其在现代社会中，学习的内容需要在一些更为深远的种类中加以理解，诸如理解、洞见、批判、意义、态度等都应属于学习的内容。除此之外，诸如个人身上的个性素质，例如自信、责任心以及灵活性等也在很大程度上通过学习加以发展和强化，它们也能够被纳入学习的内容维度。

2. 学习的动机维度

伊列雷斯认为动机是学习中不可缺少的要素，它以动力、情绪、态度以及意志模式出现，它们的重要性与学习内容同等重要，"这是个体恰

---

[1] ［丹］克努兹·伊列雷斯：《我们如何学习：全视角学习理论》，孙玫璐译，教育科学出版社2014年版，第77页。

[2] Jarvis Peter, *Adult Learning in Social Context*, New York: Croom Helm, 1987, pp. 8-9.

当地、在社会中有目的地发挥功能的能力"①，正是这种动机也被称为"情绪智力"。当前，我们生活在一个知识社会中，知识生产模式的变化，学习已经成为个人得以在社会上生存、立足和竞争的重要参数。人们越来越意识到个人的发展与学习之间的紧密关系，并感受到日益增长的压力。尤其在教育体系中，以学生为主体的学习者会发现自己或多或少地处于这样一种状态：动机更多的源自压力。当然这并不是否认学习的其他维度不存在压力，只是在动机维度尤为明显。在伊列雷斯看来，与学习有关的挑战要与学习者自身的兴趣与资质要一致，并且要相互平衡，压力的存在并非不合理，而要在学生可承受能力范围内。压力如果太小，起不到促进学习的重要意义；压力倘若过大，面对诸多的挑战，则会导向逃避策略。

3. 学习的互动维度

学习的互动维度包含诸多层面。一直以来学习的获得过程更多地受到普遍关注，直至20世纪80年代之后，当把学习作为一种社会化过程的观点时，学习的互动过程变得越来越受到学者的重视。如果将学习的过程分为学习的个体层面与社会层面，那么学习的内容维度与动机维度更多地属于学习的个体层面，而学习的互动维度则属于学习的社会层面。英国学习研究者贾维斯强调学习的社会性，他认为人类总是生活在社会环境当中，虽然他们获得的社会文化先于他们出生，导致了一些文化行为模式是遗传的产物，但每个人的经历却是独一无二的，这也是社会系统开放的体现和结果。② 学习的社会性由人在社会互动中完成，而互动离不开交往，学习的互动维度蕴含着人际交往以及社会属性，依赖于特定的社会环境。

图1-5系统地展示了所有学习都包含的两个过程：个体与环境之间的互动过程，以及内部心智获得与加工的过程。正如伊列雷斯所认为，在对学习情境进行深入了解和分析时需要从学习的内容、动机以及

---

① ［丹］克努兹·伊列雷斯：《我们如何学习：全视角学习理论》，孙玫璐译，教育科学出版社2014年版，第101页。

② Jarvis Peter, *Paradoxes of Learning: On Becoming an Individual in Society*, San Francisco, CA: Jossey-Bass, 1992, pp. 14–15.

互动三个维度进行综合分析。其中,互动得以进行的前提条件包含着历史性以及社会性两个维度,而内部心智获得与加工过程的发生基础需要追溯至人类上百万年的进化和发展历史。通过对图 1-5 进行分析能够发现,从纵向角度来说互动过程出现在个体以及环境之间,而环境是互动的基础,更是学习能够发生的保障。而学生个体应置于互动的顶端,互动一头连接着个体,一头连接着社会,个体与环境之间的联结实际上是学习发生的基本条件,并且互动也是在个体与环境之间进行的。内容与动机属于学习获得的过程,这意味着我们学习什么、能够获得什么和理解什么,以什么样的方式知晓这些事情总是处于能够被包含在内容(如知识、技能、理解力等)或动机(动力、情绪、意志等)的两极之中,并且双箭头表示两个维度在以整合的方式发生着互动。由此可见,获得过程和互动过程的关系很自然地构成了一个学习的三角区域,如果对这个图形稍加补充,我们会发现三个"角"或"极"——即动机、互动以及内容三个维度。其中内容以及动机维度与个体获得过程息息相关,而动机以及互动这两个维度与个体环境互动息息相关。这个三角形的外部区域也被看作学习所处的社会情境,由此可以看出社会情境是对学习造成主要影响的相关因素,无论何种类型的学习都需在社会情境中产生。

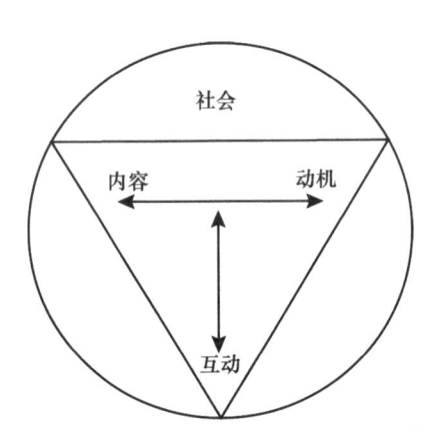

图 1-5 学习的三个维度

资料来源:[丹]克努兹·伊列雷斯:《我们如何学习:全视角学习理论》,孙玫璐译,教育科学出版社 2014 年版,第 26 页。

（三）院校影响理论

对本科生学习经历的研究也离不开一系列的院校影响理论。许多院校影响理论模型都假设学校环境与学生的学习成果相关。[1] 学院或大学的环境包括学生在校园互动的项目、政策、教员、同伴和教育经历。[2] 从组织的角度来看，学生所感知的制度环境、主导的规范与塑造的价值观都会影响学生的归属感或对学校的"契合度"，也影响着学生从事的教育活动、对院校机构的满意度以及专业承诺等。[3] 各种实证研究表明，创造一个支持和吸引学生的环境对学生在大学的成功至关重要。[4] 院校环境可以直接影响学生的学习和发展，但更重要的是通过学生投入而间接地影响学习。[5] 学生的参与反映了学生如何将大学环境以及院校资源等进行吸收和利用。[6] 因此，学生的学习深受学习环境的影响。[7] 当学生处于有吸引

---

[1] Lenning O. T., "Measuring Outcomes of College: Fifty Years of Findings and Recommendations for the Future", *Journal of Higher Education*, Vol. 53, No. 4, Jul. 1982; Franklin M., "The Effects of Differential College Environments on Academic Learning and Student Perceptions of Cognitive Development" (https//doi.org/10.1007/BF02207785).

[2] Pascarella E. T. and Terenzini P. T., "How College Affects Students: A Third Decade of Research", *Journal of College Student Development*, Vol. 47, No. 5, Feb. 2005; Magolda M. B. B. and Astin A. W., "What Matters in College: Four Critical Years Revisited", *Journal of Higher Education*, Vol. 22, No. 8, Jan. 1993.

[3] Kuh G. D. E., Kinzie J. E. and Buckley J. A., et al, "Piecing Together the Student Success Puzzle: Research, Propositions and Recommendations", *Ashe Higher Education Report*, Vol. 32, No. 5, Jan. 2007.

[4] Reason R. D., Terenzini P. T. and Domingo R. J., "First Things First: Developing Academic Competence in the First Year of College", *Research in Higher Education*, Vol. 47, No. 2, Mar. 2006.

[5] Hu S. and Kuh G. D., "Maximizing What Students Get Out of College: Testing a Learning Productivity Model", *Journal of College Student Development*, Vol. 44, No2, Apr. 2003; Lambert A. D., Terenzini P. T. and Lattuca L. R., "More Than Meets the Eye: Curricular and Programmatic Effects on Student Learning", *Research in Higher Education*, Vol. 48, No. 2, Mar. 2007.

[6] Kuh G. D. E., Kinzie J. E. and Buckley J. A., et al, "Piecing Together the Student Success Puzzle: Research, Propositions and Recommendations", *Ashe Higher Education Report*, Vol. 32, No. 5, Jan. 2007.

[7] Hu S. and Kuh G. D., "Being (Dis) Engaged in Educationally Purposeful Activities: The Influences of Student and Institutional Characteristics", *Research in Higher Education*, Vol. 43, No. 5, Oct. 2002. Franklin M., "The Effects of Differential College Environments on Academic Learning and Student Perceptions of Cognitive Development" (https://doi.org/10.1007/BF02207785). Pascarella E. T. and Terenzini P. T., "How College Affects Students: A Third Decade of Research", *Journal of College Student Development*, Vol. 47, No. 5, Feb. 2005.

力的学习环境中，教师给予支持，人际关系氛围积极时，学生就会更有可能投入学习任务，从而获得更好的学习成果。①② 阿斯汀认为任何教育实践的有效性都与实践增加投入的能力直接相关。③ 同样地，帕斯卡雷拉和特伦兹尼认为大学的影响主要取决于学生个人的努力和在校园里在学术、人际和课外活动方面的投入。④ 之前的研究也表明，对大学环境的认知直接影响了学生在有教育目的的活动上的努力程度，从而产生了各种各样的结果。⑤

1. 学习参与模型

学习参与⑥是反映大学生学习内在过程和外在特征的重要概念。多年来，围绕大学生学习投入的研究层出不穷，形成了诸多理论。从最初学生个体发展到对院校影响与个体互动的关注。其中，比较著名的就是阿斯汀提出的"投入—环境—结果"的学习参与模型，这也是美国影响最为深远的院校影响理论模型。⑦

从图1-6我们可以看到，该模型由投入、环境和产出三部分组成。参与主要包括三个方面：首先为学生的个体背景特征如性别、种族等；其次为学生的家庭背景如父母亲职业、教育程度、家庭经济状况等；最后为学生进入大学之前的学习和社会经历。大学环境实质指的就是院校

---

① Hu S. and Kuh G. D. , "Being (Dis) Engaged in Educationally Purposeful Activities: The Influences of Student and Institutional Characteristics", *Research in Higher Education*, Vol. 43, No. 5, Oct. 2002.

② Kuh G. D. , "The National Survey of Student Engagement: Conceptual and Empirical Foundations", *New Directions for Institutional Research*, Vol. 141, No. 5, Apr. 2009.

③ Astin A. W. , "Student Involvement: A Developmental Theory for Higher Education", *Journal of College Student Development*, Vol. 40, No. 5, Jan. 1984.

④ Pascarella E. T. and Terenzini P. T. , "How College Affects Students: A Third Decade of Research", *Journal of College Student Development*, Vol. 47, No. 5, Feb. 2005.

⑤ Hu S. and Kuh G. D. , "Maximizing What Students Get Out of College: Testing a Learning Productivity Model", *Journal of College Student Development*, Vol. 44, No2, Apr. 2003; Hu S. and Kuh G. D. , "Being (Dis) Engaged in Educationally Purposeful Activities: The Influences of Student and Institutional Characteristics", *Research in Higher Education*, Vol. 43, No. 5, Oct. 2002.

⑥ 对于"student engagement"的翻译参照吕林海《大学生学习参与的理论缘起、概念延展及测量方法争议》。

⑦ Astin A. W. , "Student Involvement: A Developmental Theory for Higher Education", *Journal of College Student Development*, Vol. 40, No. 5, Jan. 1984.

环境，这也是为何诸多研究者将大学是如何影响学生投入和发展的理论统一称为"院校影响理论"。大学环境就是在院校环境中，能够对学生的学习和发展产生影响的因素，具体包括课程设置、教学效果、学习资源支持、人际环境以及学生就读期间在校内外所经历一切的要素，这包含了高等教育机构对学生产生影响的方方面面。产出实质是"学习成果"的经济学层面上的表达，它与学习成果一样是一个非常复杂的概念，需要从不同层面、不同视角和不同情境等多个维度来理解。[①] 学习产出不仅仅指学生在学校期间获得的知识、技能，取得的成就，还包括价值观、态度、愿望等方面的转变。如图1-6所示，阿斯汀通过三角模型把投入、环境和产出之间的关系直观地表达出来。他发现前人有关院校影响学生发展的研究主要分析大学环境对学生产出的影响，即图1-6中的B影响路径。这显然忽视了学生包括个体以及家庭等在内的先赋性因素。所以阿斯汀提出的学生投入中考虑到了学生所拥有的性别、民族等个人信息以及家庭特征、社会背景和经济状况等多种因素，具体可参考图中C影响路径。各种背景的学生在进入高校以后也会对高校环境造成一定影响，具体可参考A影响路径。通过对三种不同影响路径进行综合分析，最后可得出两种影响路径的相互作用会给大学生的学习产生一定影响。其中第一种学习投入作为基础不仅会给大学环境造成影响，也会影响学生的学习产出，换言之，会对A以及C两种不同的路径都造成一定影响。第二种为学生投入对大学环境产生影响，而大学环境又对学生产出产生影响，即A影响路径加B影响路径。第二种交互影响路径是进行院校影

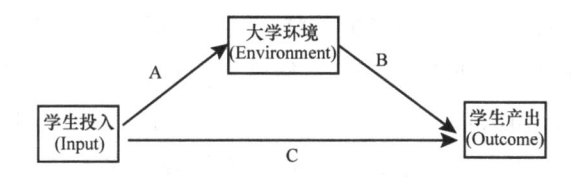

图1-6 阿斯汀的I-E-O理论模型

资料来源：Astin A. W., "The Methodology of Research on College Impact"（https：//eric. ed. gov/? id = ED041948）。

[①] Ewell P. T., "Accreditation and Student Learning Outcomes: A Proposed Point of Departure"（https//files. eric. ed. gov/fulltext/ED469482. pdf）.

响研究的主要分析思路。① 可见，阿斯汀认为，大学生的发展是学生自身与大学环境互动的结果，学生产出需要学生投入和大学环境的共同作用。

2. 学习参与的因果模型

继阿斯汀的学习参与模型之后，乔治·库恩等在此基础上又提出了"学习产出模型"，帕斯卡雷拉通过对该模型"投入""环境""产出"中不同变量的调整，构建出了学生发展综合因果模型。虽然学者关注于学生发展的不同层面，但他们都立足于这样一个思想，即学生的发展不只是大学影响的结果，而是要靠学生参与到学校提供的环境和各种支持性条件之中。图1-7是卡胡等②在2013年提出的学习参与的因果模型，这一模型是在借鉴以往学习投入的理论的基础上完善而成的。它不仅描述了影响学生参与的复杂因素，还将这些现象和过程嵌入更广泛的社会文化背景中，从而使得学生个体经验的独特性质变得更加清晰。该框架的一个重要特征是认识到影响因素与投入之间是双向的，包括它的前因和远端后果，如框架中的双向箭头所示。该模型以学生为中心，有六个要素：社会文化背景；院校结构性影响；社会心理；学习参与；近端和远端的结果。根据弗雷德里克斯等③学者的综合评论的建议，心理学视角明显包含了参与的三个维度：情感、认知和行为。维度的不同方面也得到承认，例如，情感被认为既是对参与活动的热情，又包含对机构的归属感。为了突出学生参与不仅仅是一种内部静态，个人经验也被嵌入到社会文化背景中，并且表现会受到学生和学校特征的影响。

这个理论框架也表明，提高学生对自身可控范围内变量的认识，以及这些因素对学习参与和学业成就的潜在影响更具有实践价值。大学内部的结构性影响，如课程和评估，对学习投入有着公认的影响力。教学和学习因学科而异，通常在"软"学科之间进行区分，例如人文学科，强调历史语境，知识共识较少，以及"硬"学科，如自然科学和工程学，追求普遍规律、累积式发展，这些差异不仅表现在不同的学习方法上，

---

① 屈廖健：《美国大学院校影响因素理论模型研究》，《比较教育研究》2015年第4期。

② Kahu and Ella R., "Framing Student Engagement in Higher Education", *Studies in Higher Education*, Vol. 38, No. 5, Aug. 2013.

③ Fredricks J. A., Blumenfeld P. C. and Paris A. H., "School Engagement: Potential of the Concept, State of the Evidence", *Review of Educational Research*, Vol. 74, No. 1, Mar. 2004.

也体现了不同的参与文化。"生命负载"是学生一生中所有压力的总和，包括大学，是影响学生参与的关键因素。卡胡认为就业、家属的需求、财政和健康虽然都被认为对学习投入的影响是显著的，但这些外部因素的影响可能不是持续的，只是在特殊时刻才会产生影响。① 学生参与的远端后果不仅包括更明显的学术效益，还包括长期的社会影响。而不仅仅是内容学习。

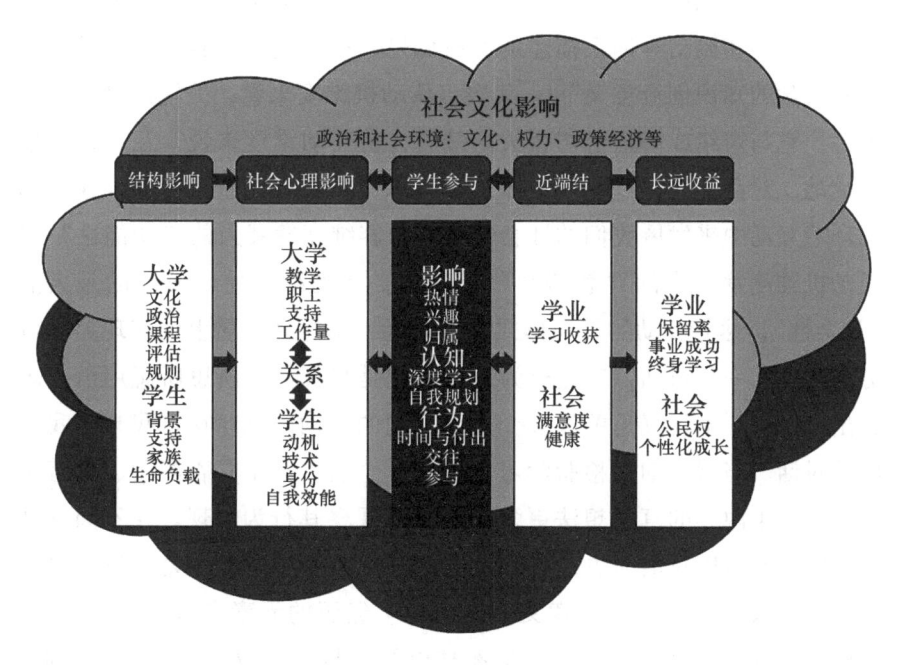

图1-7 学习参与的因果模型

资料来源：Kahu E. R., "Framing student engagement in Higher Education", Studies in Higher Education, Vol. 35, No. 5, Aug. 2013。

（四）理论模型对本书的启示

通过对相关的人才发展理论、全视角学习理论以及院校影响理论进行梳理发现，在人才发展理论中，系统论的一个重点是扩大和改进每个系统中可用的资源和能力，学生在一定的活动环境中重要的是可以获得

---

① Kahu and Ella R., "Framing Student Engagement in Higher Education", *Studies in Higher Education*, Vol. 38, No. 5, Aug. 2013.

那些有利于自身发展的资源，这与院校影响理论中强调院校环境和改进如出一辙。并且在院校影响理论中，更为强调院校环境与学生参与之间的互动。而在全视角学习理论中，内容维度首先是对认知层面而言的，除了认知方面的要素，在现实中还需要对学习内容维度进行开放性的扩充，即内容不仅仅单指内容本身，学到的事物的本身，我们更为关注的是其背后所蕴含的意义层面的东西，正如伊利雷斯所言"学习——以及特定程度上的顺应学习和转换学习——也关注我们诸如理解、洞见、意义、连贯性和概括等词汇描述的所有课题……我们会很自然地，试图对我们所学的知识创造意义"[1]；其次，从动机维度来看，关注的是学习的动力，它与情绪或情感密切相关。最后，从互动维度来说，互动维度包含活动、对话和合作。更多地体现在人际交往与社会整合方面，在与周围环境互动中来发展我们的社会性。与内容维度发展人的"功能性"以及动机维度发展人的"敏感性"相对应，互动维度主要发展的是人的"社会性"。尽管互动的表现形式非常多元，不过其本质上的实现路径可分为两种：一是对话，二是行为。对话就是将我们的所思所想用语言表达出来，对话不仅仅是关涉多个主体之间的互动，也存在自我与自我之间的对话。当然行动是检验学习内容的试金石，学生是否习得、是否接受以及学生内心的真实想法更多的是通过观察其行为表现。在不同互动学习中，有时以对话为主，有时以行动为主，有时两者兼之。故从以上理论中提取到的具有启发意义的分析学生经历的元素有认知感、意义、动机与情感、话语与行为、学生参与以及院校环境这六个方面。由此，可初步建立本书对本科生学习经历探索的要素图，以作为后续对学生进行访谈、观察等系列研究的切入点。在该要素分析图中，学习经历处于正方体的内部核心的位置，而正方体的六个面分别对应来自相关理论中提取的分析元素。因此，对学生学习经历的理解与分析，我们可以通过认知感、动机和情感、意义、话语和行为、学生参与以及院校环境这几个方面来理解。具体见图1-8。

从学习经历分析要素图的呈现方式来看，学习参与处于图像的最底

---

[1] ［丹麦］克努兹·伊列雷斯：《我们如何学习：全视角学习理论》，孙玫璐译，教育科学出版社2014年版，第77页。

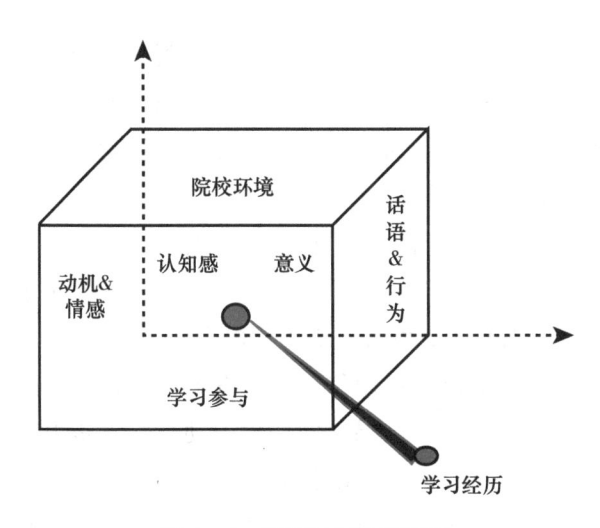

图1-8 学习经历分析要素

层，意味着学习参与是学习经历构建的基础和前提，正如大厦与地基的关系一样，学生的投入和参与是地基，否则其他外在条件再好，也无法铸就稳固而坚实的大厦，它是学生发展的基本原料。当然学习参与的内涵也较为丰富，它可以是一个事件，一种活动一种行为，例如上课、自习或者参加某个比赛，也可以是与人交流的过程或是一个完整的故事，它包含了个体在学习中的行为、动机以及情感投入，反映了学生在不同学习活动中的话语和行为。

而与之对应的，处于模型分析图最顶层的是院校环境，可以看出，其他几个要素都处于被院校环境所覆盖之下，这暗示了院校环境的影响无处不在。随着院校环境的变化，其他诸多要素会有不同的反应，可见院校环境时时刻刻影响着学生的认识、动机与情感等其他要素，故将其放在模型图的最上层。

认识感处于分析要素图的最前方，它代表着最为直接的感知，是个体对外界最直接的感知，如学生进入大学后，他最直接的感知可能就是"我现在是一名大学生了"，在刚刚入学的阶段，学生潜意识里对于大学生应该做什么，怎么做以及与高中时代有什么不同也许并不是特别清楚，但他们会对刚入学的自己产生最直接的感知，就是要与以往（高中时期）的自己不同。认知往往可以通过某种外在的或显性的方式得以展示，比如当他们在某一科研小组活动中担任组长的职责时，他对于个人的科研活动以及职责的认知就会与小组内其他成员明显不同。而当他担任某个社团部门的组织者和策划者时，他就会对社团的活动规划、组织以及时间管理有着不同的感知，并且面对不同的任务，感知的聚焦点也会不同。正如刺激与反应的条件反射一样，感知是个人面对外界事物的最直接和最初反应。与之对应的是意义，不同的学习活动和任务对于学生的意义是不同的，在某种程度上，意义是更为深层次的认知感。

动机和情感以及话语与行为位于要素图的两侧，它们既是学习的动因，也是学习的外在表现和结果。例如学习动机，它是引起和激发个体从事学习活动的动力，有时也可以作为一种学习目标，并呈现在学习的结果之中。话语与行为不仅是意义的载体，也是动机与情感的体现。相对于动机和情感的内隐性，话语和行为更多的是从外显的视角发挥着作用，同时也是意义的载体。总言之，认知感、动机和情感、意义、话语和行为、学习参与以及院校环境这六要素是相互关联、相互支撑的，在对优秀本科生的学习经历进行探究时，既需要关注这些学优生的话语和行为，也要关注其情感状态和动机，并且对于院校环境与之的互动和影响也是亟待进行的观察点。

第三节　核心概念界定

一　学习经历

《现代汉语词典》中对"经历"的定义如下：亲身见过、做过或遇到过；亲身见过、做过或遇到过的事。[①] 不难推论，"学习经历"就是指学生在学校里做过或体验过的事情。大学是为实现教育目的有意安排的环境，它提供学习与机会，以便使个人内在潜能得到充分激发。大学四年，对每个学生而言，可以说是奠定一生成长的重要时期。在学校里有正式的组织、有计划的方案与有结构性的活动，还有更多非正式的活动及影响学生的力量。"经历"是指个体在活动中所体验到的历程，通过自身或他人的经历可总结出直接经验或间接经验，经历并不限于别人刻

---

① 《现代汉语词典》第 7 版，商务印书馆 2016 年版，第 686 页。

意地提供或教导。① 学习经历即学生在大学学习生活中，所体验到的历程和经验，凡是学生在学校中所体验与经验到的每件事情、活动，都可称作是学习经历的一部分。可见，作为经历，就是尝试，通过与外在的环境交互。中国学者周作宇也认为，所谓大学生学习经历，指的是"学生对其自身与大学环境中的人、事、物所发生的交互作用的认识和体验。具体说来，大学生学习经历是指学生在大学期间参与课内、课外活动的经验"。②

在高等教育研究领域，不同学者对"学习经历"使用的措辞不尽相同，常常与"大学经历""就读经历""学术经历"等词替代使用，同时对学习经历内涵的理解也是见仁见智。例如，周琼[3]认为，经历作为名词是指体验过的事情，学习经历则是指人类个体在认识与实践过程中获取经验和知识、掌握客观规律、使身心获得发展的过程中所体验过的事情和活动。在他的研究中，本科生的学习经历是指高校本科生在高校就读期间所接受的人才培养模式，所处的学习环境，所感受到的学风现状以及对学校教学质量的认识。陆根书[4]则强调学生的投入学习活动及其与感知到的院校环境之间的相互作用一同构成学习经历。刘海燕[5]认为，学习经历是指学习者参与活动，获得知识或技能，并对其思考与情感上产生影响，指向学习经验的形成、积累和建构的过程与结果。

可见，学习经历一方面是指学生的投入或参与的每件事情，另一方面还与源于其中的院校环境息息相关，且与感知到的院校环境时刻发生着互动，是与外界环境互动中产生的感知、体验以及结果。本书把学习经历定义为学生在校期间亲身参与、体验和感知过的事情、活动以及结

---

① 刘海燕：《本科教育质量提升研究——基于就读经验的视角》，高等教育出版社2017年版，第18页。
② 周作宇、周廷勇：《大学生就读经验：评价高等教育质量的一个新视角》，《大学（研究与评价）》2007年第1期。
③ 周琼：《甘肃省高等学校本科生学习经历调查研究》，硕士学位论文，兰州大学，2012年，第9页。
④ 陆根书、胡文静等：《大学生学习经历：概念模型与基本特征——基于西安交通大学本科生学习经的调查分析》，《高等教育研究》2013年第8期。
⑤ 刘海燕：《本科教育质量提升研究——基于就读经验的视角》，高等教育出版社2017年版，第17页。

果,此定义至少包括三个基本特征:其一,学习经历发生在学习过程之中,并以个体的主观学习参与或投入为基础;其二,它表现为个体对院校环境的感知和评价,并由此产生的行为互动;其三,它还包括学生经验生成后的结构,即学习收获等。

二 优秀本科生

在对优秀本科生定义之前,要对"优秀生"进行界定。国外研究者很早就对那些具有天赋异禀、表现突出的儿童和学生给予关注,这群学生被称为"资优生"。国内学者经常还会使用"资优生"来探究和描述那些学习表现优秀、出色或卓越的学生。《教育大辞典》对资优儿童的英文解释为"gifted children",[①]《凯氏现代英汉同义词近义词辞典》中认为"genius""gift""talent"等都蕴含一种先天或者卓越的能力。[②] 姚本先认为超常儿童也可以用"gifted and talented children"表示,可见,尽管在汉语中的表述是不同的,但在英文中有相近的含义("gifted and talented children")。[③] 有研究者认为 gifted 和 talented 这两个词本身的含义既有相同之处,又有不同之处。相同点在于,二者均有天资、禀赋的意思。不同点在于,gifted 的词源是礼物(gift),由此可知是神或是天降的才赋,即是与生俱来的素质,强调先天的因素,指智能方面具较高层次的表现者,而 talented 的词源是才干(talent),是指在各项才能方面具有较特殊优异表现,有后天培养的含义。[④]

伴随着天赋和才能的领域已经被拓宽,研究者对优秀的定义或对其原因的追溯也不会局限在先天禀赋或智力本身。考虑到中国高校的现实语境,能考入普通本科的学生的智商绝大多数都处于正常的范围内。伴随着以学生中心、学习成果为导向的评估理念的盛行,对于优秀的评判

[①] 顾明远主编:《教育大辞典:第二卷》,上海教育出版社,1990年版,第344页。
[②] 林德金主编:《凯氏现代英汉同义词近义词辞典》,延边大学出版社1989年版,第184—185页。
[③] 刘玉新、姚本先:《我国超常儿童教育实验研究的省思》,《教育研究与实验》1994年第3期。
[④] 刘玉新:《高中理科资优生学业自我概念的特点及影响因素的研究》,博士学位论文,吉林大学,2012年,第7—8页。

标准不论从理念还是从实践上，都从原来的受中小学应试教育思维习惯的成绩标准转向真实的任务绩效，即你能做什么，实际上做了什么以及有哪些表现和效果，这是当下教育者眼中更为看重的优秀。中国汉语中，形容某个人以及群体表现突出或非常好，往往用"优秀""卓越""出色"等积极正面的词汇，这些语词表达的是一种客观差异，泛指某人或某类群体某一特质突出而给予充分的肯定。人们也认同"优秀"或"卓越"的大学生一定也是学业成绩或表现很好的学生。通过相关文献发现，研究者的标准和出发点不一，故对优秀生概念的界定也是莫衷一是。根据已有研究者的定义，"优秀生"指的是学业表现优秀的学生[1]，与"优秀生"对应的英文词汇有"excellent student""outstanding student""top student""high achieving student"等。总体来看，"资优生"与"优秀生"之间既有共性，又有不同之处。"资优生"更多地强调具有天资禀赋的学生，且后天表现同样优秀，由此可见，优秀生群体中不能排除资优生的存在，但并非仅限于天资禀赋的学生。

通过对相关概念的梳理和辨析，既然"优秀生"指的是学业表现优秀的学生，那么"优秀本科生"指的就是学业表现优秀的本科生，在本书中也简称"学优生"。但这里的学业不仅仅指代学业成绩，而是一个较为宽泛的概念，指的是学生在校期间的综合表现。由于本书要确定具体的研究对象，故需将优秀本科生（简称"学优生"）的学术性定义进一步转化为操作性定义。根据教育部、财政部关于印发《本专科生国家奖学金评审办法》的通知（教财函〔2019〕105号）中，对国家奖学金的申请条件作了规定，除了党政思想、规章制度等基本条件外，还对学生的学业成绩及综合考评做了如下规定：学习成绩排名与综合考评成绩排名均位于前10%（含10%）的学生；学习成绩排名和综合考评成绩排名没有进入前10%，但达到前30%（含30%）的学生，如在其他方面表现非常突出，例如道德风尚、学术研究、学科竞赛、创新发明、社会实践、社会工作、体育竞赛、艺术展演等某一方面表现特别优秀者也可申请，

---

[1] 葛操、沈德立等：《学优生与学困生内隐与外显协同学习的比较研究》，《心理发展与教育》2009年第1期。

获奖比例仅为 0.2%。可见，从国家奖学金的评选机制上看，这些大学生的综合表现要较为突出才能在诸多评选中脱颖而出，拿到国家奖学金这一荣誉。故将大学期间荣获过国家奖学金的本科生作为"优秀本科生"的操作性定义。

第四节 研究思路与结构

一 研究问题

本科生学习经历不仅是"当前西方国家高等教育政策议程中的一项重要内容"[①]，也成为中国高等教育质量保障与问责的需要。本书主要对学业表现优秀的本科生（简称"学优生"）群体的学习经历进行探究，主要研究问题包括：

第一，优秀本科生的学习经历是怎样的？

第二，优秀本科生学习经历的影响因素有哪些？

第三，优秀本科生学习经历的影响因素有哪些具体特征？

第四，优秀本科生是如何与院校环境进行互动的？

第五，这些优秀本科生取得了哪些学习收获？其优秀形成的机理是什么？

二 方法与结构

（一）研究方法

本书是以个案研究法为核心，并采取质与量相结合的资料处理方式而展开的系列研究。案例研究法是一种通过研究典型案例建构新理论的方法，其最大的价值在于建构新理论。罗伯特·K.殷认为，现有案例研究的目的、功能或用途可能是探索、描述和解释其中的一种或多种，各种研究方法之间也有交叉和重叠，重要的是要持有多元和包容的观念。[②]

---

① 陆根书、胡文静等：《大学生学习经历：概念模型与基本特征——基于西安交通大学本科生学习经的调查分析》，《高等教育研究》2013年第8期。

② [美]罗伯特·K.殷：《案例研究：设计与方法》（第三版），周海涛等译，重庆大学出版社2004年版，第5页。

凯瑟琳·艾森哈特指出,案例研究具有产生新理论的潜质。① 故对于案例研究而言,就有三种案例研究的分类,即探索性案例研究、描述性案例研究和解释性案例研究。这三者不存在等级性的区别,而主要服务于个人的研究意图。当然,人们时常会混淆个案的代表性和个案特征的代表性。对于个案研究,至今引起争论最多的就是它的代表性问题。研究者研究的是个案特征,而非个案。② 换句话说,个案可以是非常独特的,甚至是偏离正常状态的,但它体现出的某些特征却具有重要的代表性。

本书之所以选择以案例研究为核心,在于能够对优秀本科生的学习经历和学业生活进行深入的探索,能够更好地考察个体与院校互动的过程,尽可能地对影响本科生学习经历的过程与状态进行深描,并解释各种因素之间可能存在的诸多联系。本书是一系列案例研究的组合,主体案例主要纳入同一批被研究者即30位优秀本科生个案作为每一章节的核心和主要分析个案,根据研究问题对这30个核心个案在不同时间和地点进行了多次的访谈、调查等研究资料的收集,同时结合研究需要,后续分别纳入诸多的简历文本类型的个案80份等,在保持主体个案一致性的同时,也兼顾了个案资料来源的丰富性。

(二)结构安排

本书主要采取案例研究方法,旨在探究优秀本科生的学习经历以及与院校环境的互动过程,具体而言,本书章节结构安排如下。

第一章,绪论部分。首先交代了选题缘由,并从全球视野出发对本科生学习经历的相关研究进行综述,其次对优秀本科生的类型、学习特征以及影响因素和相关的理论模型等进行了梳理,对以往的研究成果进行了述评,最后对优秀生以及学习经历的内涵和概念进行了界定,切入本书的创新之处以及本书在理论和实践中的价值与意义等。

第二章,主要对优秀本科生学习经历的图景进行全方位探究。首先是对该章节进行总体的研究设计,其次是理论层面从时间—空间、个

---

① 李平、曹仰锋主编:《案例研究方法:理论与范例——凯瑟琳·艾森哈特论文集》,北京大学出版社2012年版,第2页。

② Clive S., Giampietro G., Jaber F., et al (eds), *Qualitative Research Practice*, Newbury Park, CA: Sage Publications, 2004, pp. 452 – 455.

体—社会以及量变—质变的三个维度对优秀本科生的学习经历进行合理性分析,并基于这三个维度对优秀本科生的学习经历进行实证探究,目的是通过本科生日常的学习行为与交往活动多方位呈现优秀本科生的学业与生活状态。

第三章,主要探索和构建优秀本科生学习经历影响因素的模型。本章借鉴扎根理论的思维对纳入的个案访谈资料进行编码,依次建立类属、属性以及维度,最终建构出优秀本科生学习经历影响因素的模型。接着检验编码结构的丰富度、整体框架以及信度,对影响因素模型的构建进行验证。

第四章,对优秀本科生学习经历的影响因素进行深度分析。主要通过分析优秀本科生学习经历影响因素模型中的主要类属——学习特征、院校环境、学习参与以及家庭背景及其下的各个节点,以此探究优秀本科生学习经历影响因素的诸多特征。在对各个类属及其下的编码节点进行频次分析和交叉矩阵分析后,结合访谈文本、个人简历文本,并建立情感数据库等对优秀本科生的学习特征、学习参与、院校环境家庭背景进行深度的挖掘和阐释分析。

第五章,主要探究这些优秀本科生是怎样与院校环境进行互动的。主要采用过程—结构的分析策略,分析了院校结构中的制约因素(规则性制约和资源性制约)和促进因素(规则性促进和资源性促进)是如何影响本科生,而他们又是如何在嵌入的院校结构中发挥个体能动性,不断实现优秀的。

第六章,优秀本科生学习收获的形成机理。首先通过对案例的编码进行总结和归纳发现优秀本科生学习收获的三个层次——专业知识与技能、内/外社会心理发展、道德价值观。其次探究不同情景因素组合下的学习收获,并且对不同情景因素的组合样态(组态)进行对比和解析。最后在对大学的培养性质和类型进行探究后,通过合成案例对优秀本科生学习收获的组合机理进行了探究。

第七章,结论与启示部分。这一章主要涉及两个部分,一是对以上所有章节进行总结和概括,据此提出了未来优化本科生学习经历的可能方向;二是提出本书的不足以及未来展望。

具体研究思路见图1-9。

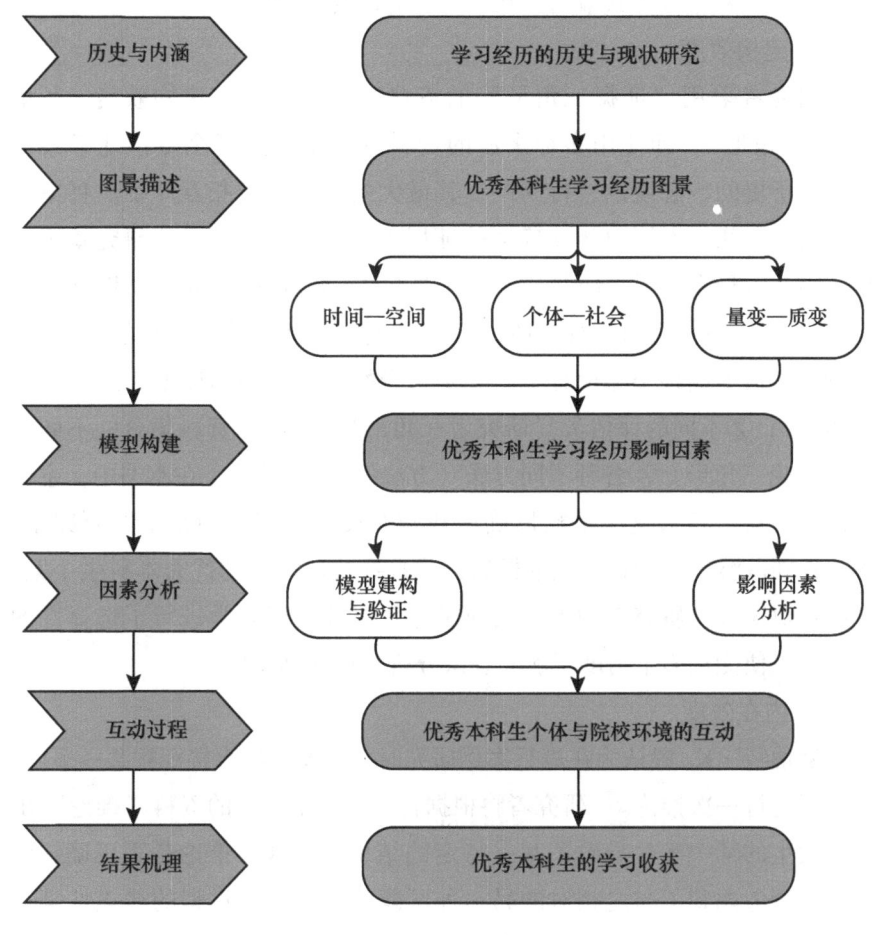

图 1-9 结构思路

三 质量评价与伦理

(一) 质量评价

要评定社会性的实证研究，需要其进行质量评价。本书主要参考和借鉴罗伯特·K. 殷[①]提出的对案例研究进行检验时所采取的策略。主要从建构效度、内在效度、外在效度以及信度检验对本书的案例进行评定，

[①] [美] 罗伯特·K. 殷:《案例研究：设计与方法》(第三版), 周海涛等译, 重庆大学出版社 2004 年版, 第 38—39 页。

并且"这四种检验方式被用于几乎所有的社会科学中"。[1]

1. 建构效度

研究者采用"证据三角形"的策略以提高研究的建构效度。所谓"证据三角形",即使用多种来源的资料有利于研究者全方位地考察问题——历史的、态度的、行为的,其最大的优点在于相互印证。将案例研究建立在几个不同但相互确证的证据来源上,研究结果或研究就更有说服力与解释力。因为证据三角形解决了建构效度（construct validity）的问题,因为多种证据来源在对同一现象进行了多重说明。迈克尔·帕顿[2]讨论了评估中四种类型的证据三角形,分别有：①不同证据来源（资料三角形）；②不同的评估员（研究者三角形）；③同一资料集合的不同维度（理论三角形）④各种不同方法（方法论的三角形）。在本书中,主要采用了资料三角形这一策略以确保建构效度的等级,即在个案研究中,不仅伴随着滚雪球和目的性抽样的方式来寻找所需要的优秀本科生个案,同时也对这些被研究者的辅导员或班主任以及同班同学进行了选择性的访谈,以便能从多个角度了解和确认分析资料的真实性。

2. 内在效度

罗伯特·K. 殷认为在进行案例研究时,只要无法直接观察某一事件,就需要进行一次推论。[3] 研究者将根据自己所搜集而来的资料"推论"出先前发生的某一事件导致了某一特定的结果。但这种推论是否正确、研究者是否考虑到了与之相对的另一种可能性以及论证过程的严谨性等都需要给予一定的考虑。只有事先预计并能够回答这些问题的研究设计,才能保证推导、论证过程严密,并具有内在效度。本书采用证据分析的策略以保证内在效度,即将每一个类属以及属性的归纳和推论过程都在个案分析的过程中进行了呈现。

---

① ［美］罗伯特·K. 殷：《案例研究：设计与方法》（第三版）,周海涛等译,重庆大学出版社 2004 年版,第 38 页。

② Patton M. Q., "How to Use Qualitative Methods in Evaluation" (https：//cmc. marmot. org/Record/. b17671826).

③ ［美］罗伯特·K. 殷：《案例研究：设计与方法》（第三版）,周海涛等译,重庆大学出版社 2004 年版,第 41 页。

3. 外在效度

主要解决的是研究成果的外推性问题。对于这一问题，研究者常常批评单个案例研究的证据不充分，不足以进行科学的归纳。但罗伯特·K. 殷认为，这些批评者实际上是以统计调查的标准看待个案研究……在案例研究中用样本类推总体是错误的。统计调查依据的是"统计性归纳"，而案例研究依据的是"分析性归纳"。在分析性归纳中，研究者也会尽力从一系列研究结果中总结出更抽象、更具概括性的理论。① 基于此，本书的案例研究是建立在前期理论分析和优秀本科生现实的生活经验的基础上展开的。为了提高优秀本科生学习经历影响因素理论模型的外在效度，本书在依次纳入基础个案、辅助性个案、"同类现象"中的反例个案以及"非同类现象"后，又进行了矩阵资料的丰富度的检验和确认。

4. 信度检验

其主要目标是降低、减少研究中的错误和偏见。这就要求研究者本人要详细记录研究过程中的每一步骤和程序，建立研究的数据库，以便自己能够重复自己做过的工作。笔者在结合本领域另外三位高等教育学者评估意见的基础上，对本书个案分析质量进行评级等级的估量，如表1-5所示。

表1-5　　　　　　　　　　案例的质量评价

检验	解释	评价策略	评价等级
建构效度 （construct validity）	对所要研究的概念形成一套正确的、可操作性的测量	资料收集："证据三角形"，通过对个别学优生的辅导员或班主任、同学等进行访谈，以多维度观察和确证学优生的学业表现等	★★★★
内在效度 （internal validity）	从各种纷乱的假象中找出因果关系，即证明某一特定的条件将引起另一特定的结果	证据分析：1. 在个案分析中，每个类属以及属性的归纳和推论过程都进行了呈现，以保证内在效度的达标 2. 保持核心个案的一致性。每一章节都以30位同样的被研究者作为核心个案，并根据需要纳入其他文本个案	★★★☆

---

① ［美］罗伯特·K. 殷：《案例研究：设计与方法》（第三版），周海涛等译，重庆大学出版社2004年版，第41页。

续表

检验	解释	评价策略	评价等级
外在效度 (external validity)	建立一个范畴，把研究结果归类于该类项下	研究设计： 1. 根据以往研究，归纳出学习经历的模型要素，作为访谈和观察学优生学习经历的重要依据 2. 多个案例比较分析 3. 进行矩阵资料的丰富度的检验和验证	★★★★☆
信度 (reliability)	表明研究的可重复性	纳入第二个编码员 H，对部分编码节点进行一致性检验；建立情感分析、内容分析等数据库，用于信度的检验	★★★★

说明：☆代表半颗★，★越多，表明等级越高。五个★最高，四个★为优良，三个★即为合格。

资料来源：基于量化研究的评价标准设计的个案研究自评表。

(二) 研究伦理

从学术的视角来看，要提交一篇"学术上合理"的文章，也就意味着这篇文章在"在伦理上"可接受的。社会科学研究面临的对象是人，因此避免不了在研究过程中因研究程序的不谨慎而导致违背研究伦理，从而给被研究者带来一定的损害。为避免诸类事情的发生，本书遵循以下研究规范。

(1) 研究对象自愿同意参与。

(2) 研究者向研究对象承诺，研究对象所提供的任何资料都是保密的。

(3) 在研究中，任何可能会违反研究对象意愿的行动都将事先征得研究对象的同意，如对访谈过程的录音等。

(4) 为保护研究对象，在成文时将隐去研究对象的真名，使用化名或代号。

(5) 与每一位研究对象都签署了研究知情同意书。

第 二 章

优秀本科生学习经历的图景

"每一个大学生的整体就读经历都是由学生自我生成的"[1]，对于本科生而言，需要关注在日常的学习活动与行为轨迹中考察其学习经历。大学生活于本科生而言，是个体在受教育场景中生命存在的一种状态，大学里本科生从事的学业活动多是个体基于发展的目标下有意识的行为活动。本科生的发展是一个以"目标导向的个体内在的、渐进式的成长过程"[2]，其发展必然呈现出阶段性特征。如若实现发展，也需经历一个从量变到质变的历程。本章从时间—空间、个体—社会以及量变—质变的三个理论维度出发，对优秀本科生在校期间的学习样态与生活图景进行全方位探究。

第一节 研究设计

一 研究内容

（1）从时间—空间、个体—社会以及量变—质变三个理论维度论证与分析研究视角的合理性。

（2）对被研究者自我生产的图像叙事进行解析，从时间和空间的维度与视角分析院校场域中优秀本科生的学习经历，观察其日常的学业生活状态。

（3）观察与分析本科生的学习经历，观察其在校期间的社会互动，从个体与社会互动视角对优秀本科生的学习经历进行研究。

---

[1] 徐波：《大学生整体就读经历建构研究》，《江苏高教》2020年第8期。
[2] 肖楠：《大学生发展及其动态过程的四阶段论》，《当代教育论坛》2014年第2期。

(4) 从质与量的维度探究优秀本科生学习经历的阶段性特征和规律。

二 方法与过程

(一) 研究方法

1. 图像叙事法

随着信息时代和读图时代的到来，图像无处不在，且已成为人们构建对世界理解的一种重要方式。视觉资料的构建、呈现与阐释同样是质性研究方法在当今时代必须回应的议题领域。然而不仅研究者本人，就如学校类似的社会机构都对图像存在着普遍的"漠视"，未充分挖掘图像的教育价值而服务于教育对象。如高德胜教授所认为的，学校教育在社会剧烈变化的过程中可以扮演冷静甚至是保守的力量，以自身的定力为剧烈的社会变化注入一种沉稳。问题是，这种冷静与保守，建立在自觉的基础上，不是建立在集体无意识的基础之上。当今学校教育对图像的无动于衷，不是出于自觉，而是出于无意识以此为标准来判断，学校教育对图像的冷淡、排斥显然不是"深思熟虑"的，不要说教育实践，就是教育理论，都鲜有对图像特性与教育意义的研究。[1] 以图像为媒介的叙事和文本叙事与语言叙事存在差异，图像叙事以"画"作呈现，以"观"为核心，但同样有着"叙事言说"的功能。"图像叙事是一种在场的'图说'""言说的不在场不仅表现为符号表意的间接性，文字文本充任言说的'代用品'也是其重要表征"，所以在语言和图像'叙事共享'的场域，前者有可能穿越后者……'图说'由此被赋予了'言说'的深长意味"[2]。据此可知，图像叙事的最终目的离不开"言说"，在图像的生成过程中，当图像叙事的主体就是本人，图像的主体便也是"行为者"，正如对本科生会主动选择采用绘图的方式将个人在校期间的学习和生活经历，图片的"行动取向"[3] 便能一目了然，能够为探究本科生日常的行为活动及日常实践提供生动的素材和方向。本科生选择以图画为呈现方式，

---

[1] 高德胜：《教育如何回应图像时代的要求》，《中国教育学刊》2019年第12期。
[2] 赵宪章：《语图叙事的在场与不在场》，《中国社会科学》2013年第8期。
[3] ［德］拉尔夫·波萨克等：《图片阐释：作为一种质性研究的方法论》，《北京大学教育评论》2015年第1期。

是将时间、空间以及个体行动进行凝聚以图片方式进行信息传递范式的转变,这种形象直观的主体性叙事也反映出本科生强烈的自主意识。在本书中,在对这些学业表现优秀的本科生进行访谈后,让他们分别以自己的方式(图表、文字等)描述自己在校期间的行动路线以及日常的作息状况。最后呈现出的图画即是本科生进行自我言说的另一种表达方式——图像叙事的表达。

2. 复合式顺序分析

跨个案研究的目的无非是提高概括化的程度以及加深理解和解释,其对个案的分析方式也是多样的。如何将很多个案典型的"故事""情节"撷取出来,但又不会破坏有意义的顺序是研究者需要考虑的。[①]"一种以典型叙事来表达的社会科学……我们需要为因果类型与'叙事步骤'找到基本模式"[②]。一般使用方法是逐渐发展出一种基本叙事模式,然后通过一定的路径去检验此模式。基于以上想法,休伯曼与格拉德温提出了复合式顺序分析,即通过对跨个案的不同轨迹的生活史或者行动历程进行研究,用顺序图的方式表明事件发展随着时间的变化而变化。[③] 本科生在大学期间的发展不是"平铺直叙"的,每一阶段都有其面临的任务和发展的重点,从大一到大四个人的学业安排、生活轨迹既有特殊性,又体现着集群性特征。对于他们学业发展阶段的研究,就可采用复合式顺序分析的方式进行叙事,以便能追踪多个案的发展路径。故本书从量变—质变的维度对选取的 30 位优秀本科生的学习经历进行分析,并试图归纳和呈现每一年级的阶段性特征,以及处在不同年级阶段(大一至大四)的学生的心理状态和行动轨迹。

(二)研究过程

在具体的实证研究部分,本书首先采用目的性抽样,综合考虑了性别、院系以及专业上的差异后共选取 30 位本科期间荣获过国家奖学金的

[①] [美] Miles M. B. and Huberman A. M.:《质性资料的分析:方法与实践》,张芬芬等译,重庆大学出版社 2008 年版,第 276—277 页。

[②] Lopez-Fernandez O. and Molina-Azorin J. F., "The Use of Mixed Methods Research in the Field of Behavioural Sciences", *Quality & Quantity*, Vol. 45, No. 6, Oct. 2011.

[③] [美] Miles M. B. and Huberman A. M.:《质性资料的分析:方法与实践》,张芬芬等译,重庆大学出版社 2008 年版,第 276—278 页。

本科生作为本书的核心案例,对其进行半结构化的访谈。具体的抽样策略分别是——滚雪球抽样和最大变异抽样。滚雪球抽样又称裙带抽样、推荐抽样,是一种在稀疏总体中寻找受访者的抽样方法。稀疏总体是指单位数极小并且分布很不集中的总体,例如参加过某次会议的人员、从事某一专业的人员、某个少数民族的人员等。由于本书对优秀本科生进行了操作性定义,考虑到满足这一条件的本科生占所有本科生的比例较小,即符合操作性定义中的学优生的分布并不是特别广泛和密集,所以在研究最开始阶段,需要通过熟悉的同学或者老师进行最初的引见,然后依次纳入自己的研究对象。即先以身边若干个具有所需特征的人为最初的调查对象,然后依靠他们提供认识的合格的调查对象,再由这些人提供第三批调查对象,依次类推,样本如同滚雪球般由少变多。由于优秀本科生的个人背景以及情况的差异性,故本书在纳入多案例进行研究过程中,便采取了最大变异抽样的策略,按照不同的院校类型、专业以及个人学习特征寻找研究对象。

首先,本书的访谈提纲一方面围绕相关理论模型提炼出学习经历要素——认知感、动机和情感、意义、话语和行为、学习参与以及院校环境进行展开;另一方面结合本章的研究目的,重在从时间—空间,个体—社会,量变—质变三个维度对以上六要素进行访谈。访谈地点和场所完全按照被访者意愿确定,采用线上与线下结合的形式进行,对于个别访谈案例也进行了二次乃至三次的回访。在访谈中利用录音、备忘录、笔记等方式对相关信息进行记录。研究者本人在对信息进行转录的同时也会对转录信息加以分析和整理。结合访谈时间、受访者编码、访谈人数对不同的文本信息进行编号,例如,20190601 - S1 这一编号就意味着 2019 年 6 月 1 日第 1 位被访者。部分被访者的个人信息,也即核心案例信息,如表 2 - 1 所示。

表 2 - 1　　　　　　　　部分核心案例信息

被访者(时间—代号)	性别	学校	专业	年级
20190325 - S1	男	南昌大学	心理学	大四
20190616 - S2	女	复旦大学	经济学	大三

续表

被访者（时间—代号）	性别	学校	专业	年级
20190629 - S3	女	苏州大学	管理学	大四
20190615 - S4	男	安徽大学	社会学	大四
20190701 - S5	女	华东师范大学	教育学	大四
20190708 - S6	男	上海交通大学	新能源科学与工程	大四
20190715 - S7	男	济南大学	法学专业	大三
20190721 - S8	女	南开大学	经济学	大四
20190723 - S9	女	同济大学	文化产业	大四
20190821 - S10	女	宁波工程学院	机械制造与自动化	大四
20190910 - S11	男	河南大学	化学	大四

其次，本研究需要采集本科生在校期间的行动轨迹，了解其日常的活动安排。在把握整体研究方向的同时（见附录三：关键事件和行动路线表）也充分考虑和尊重被研究者的意愿，发挥其个体主观能动性，让本科生按照自己的意愿以作图或文字的形式"自由言说"。最终这些本科生更多地选择以"画图"的方式展现个人院校生活的行动轨迹，这是将时间、空间以及个体行动进行凝聚以图片方式进行信息传递范式的转变。最后，他们分别以自己的方式（图表、文字等）绘制了自己在校期间的行动路线以及日常的作息状况，这种图片的"行动取向"[1]无疑为本研究探索本科生的学习经历及教育生活实践提供了生动的资料与素材。

第二节 理论分析维度

无论在自然科学还是社会科学的研究中，探究"为什么"的思考逻辑一直扮演着决定性的角色，因为它决定了科学研究的程序，所以正如保罗·瓦茨拉维克等所言："探究为什么的这个迷思已经深埋在科学思考中，所以任何只针对问题的现存结构与结果的解决方法，目前都被科学

---

[1] ［德］拉尔夫·波萨克等：《图片阐释：作为一种质性研究的方法论》，《北京大学教育评论》2015 年第 1 期。

界视为只是肤浅地触及了问题的表象层次而已"。① 但是处理此时此刻所面临的情境、关注、呈现和描述事实本身同样是必要而不可忽视的。正如维特根斯坦在超越了抽样的哲学语言直接指出的那般:"如果我们不去问'为什么'而直接去探究现象所发生的重要事实,往往我们可以发现,事实会引导我们去找到答案。"② 探究优秀本科生在校期间的学习图景,就是为了更好地呈现出"是什么"。本章从时间与空间、个体与社会以及量变与质变三个理论维度对其本科生学业生活状态进行全方位的分析与合理性论证。

一 时间与空间维度

(一) 学习经历的时间维度

时间是学校教育中最宝贵的资源。学校教育中的一切活动都发生在时间之中。若离开了时间,教育教学活动就无法持续;若离开了具体的教育教学活动,时间的意义则大打折扣。学校教育时间是指学校各种教育活动展开和延续的基本过程。③ 不同于将描述事物变化且以钟表作为刻度的物理学意义上的时间,也不同于注重外部存在及内在体验的哲学意义上的时间,教育学更多地在融合了物理时间、哲学时间以及有无生命的自然时间的基础上,将时间看作人生命的尺度,也是人不断实现更新和获得"成长"的过程。

教育研究中的教育时间,其本质上属于社会科学中的时间研究,而相对于自然科学中的时间,社会科学中的时间冲突则要更"尖锐得多,也更令人震惊"④。因为社会科学中的时间,尤其是学校教育时间,蕴含着更多的组织秩序与意义定向。它是一种特定的制度安排,需要对自然状态的时间进行规划,用制度的方式对学生的时间进行分配、使用以及

---

① [美] 保罗·瓦茨拉维克、约翰·威克兰德、理查德·菲什:《改变:问题形成和解决的原则》,夏林清等译,教育科学出版社2007年版,第72—73页。
② [美] 保罗·瓦茨拉维克、约翰·威克兰德、理查德·菲什:《改变:问题形成和解决的原则》,夏林清等译,教育科学出版社2007年版,第73页。
③ 王枬:《学校教育时空存在的问题分析》,《教育学报》2019年第1期。
④ [英] 约翰·哈萨德:《时间社会学》,朱红文、李捷译,北京师范大学出版社2009年版,第27页。

安排，从而使学校教育区别于自然状态下的时间，获得展开学校教育的时间保障，故其体现着院校制度设计者的意愿和时空观以及教育观。一方面，学校教育时间不仅关照着"现在"，也连接着"未来"。在学校有限的时间规定里，师生围绕着教育目的，遵循着一定的教育规范彼此展开交往活动，在学习经历和体验中铸就共同记忆。因而，"现在"的学校教育时间不但承担"现在"教育发展被赋予的价值和意义，还肩负着更多的未来期待。另一方面，学校教育根据学生发展的身心规律，通过连续性的学时和学段对教育活动进行安排，提供对个体成长的全面关照。学校教育不仅提供了个体所需要的各种知识与技能基础，还帮助人们通过认识自我，发掘生命个体的潜能，从而使生命的力量得以生发和凸显。因此，时间不仅是学校教育进行的条件，更是学生学习和发展的宝贵资源。"教育者如何安排学生的时间，就如何影响、改变他们生命成长的节律，就如何塑造他们的人生。"[1]

由于教育时间是一种特定的制度安排，它也属于典型的社会时间，并在社会互动中体验、消磨乃至消费着时间，这就不免存在着自我时间与社会时间的冲突。与人发生互动时，"自我时间就会与一种不同类型的时间框架发生部分重叠"[2]，这种不同的时间框架就叫作"互动时间"。但由于所有的社会行动都是在时间上顺应更大的社会行动，例如一位本科生要在学期末参加一个十分重要的项目比赛，这表明他用来复习学业功课的时间是有限的；反过来，家长或教师知道他们不应该对其都抱有同等的期望，这种时间嵌入如果被打乱，就有可能从根本上就打乱了日常学业以及生活的有序流动。在每一制度领域内形成的个别组织，如学校，都是在其学校制度的范围内来建构他们自己的时间表和时间规则的。这主要表现在校园内学生的每日事务、每周常规以及制度性的时间表和个人经历三个方面，具体如下。

对于学生在校园内的每日事务而言，首先遵循的也是以人生理规律和行为习惯为基础的活动：早上醒来，晚上入睡。但学生的手表或者时

---

[1] 李政涛：《教育与永恒》，华东师范大学出版社2019年版，第41页。

[2] ［英］约翰·哈萨德：《时间社会学》，朱红文、李捷译，北京师范大学出版社2009年版，第69页。

钟必须与校园制度安排一致。早操活动、学院课程、用餐时间、卫生考勤、社团活动等会被协调地组织起来，它们准确地"填充"在分配给这些活动的时间之内，并且能够在下一项活动展开前及时结束。如此，越来越小的时钟单位都被赋予了重要意义，都见证了学生的体验和经历。其次，每周常规。周一到周五是校园事务的集中时间，学校内的所有课程安排以及活动集中在这个时间段，而周末作为一种社会和文化的暂停时间，对于高等学校的学生而言，是充分的自我时间。他们可以利用周末时间安排自己的学业事务以及各项活动，对于本科生而言，周末时段是体现学生个人时间及其个人意识和自主性的最佳时间段。每周常规过程的意义是我们的日常生活的一个重要特征，要充分理解本科生的学习经历，就需要我们把握一周的每个固定时间阶段的意义，以及它们是怎样与学校制度的需要结合在一起的。在制度性的时间表和个人经历方面，组织或者制度的时间更多地优先于互动的时间，而互动时间又常常会优先于自我时间。举例来说，两个学生，如果经常使他们之间有关科研项目的研讨对话延续到日常的休闲和娱乐时间的话，那么就有可能陷入与个人时间和生活的矛盾和麻烦之中。

在学校教育背景下，一个受教育的人大致要经历幼儿园、小学、中学、大学等这几个阶段。每个教育阶段对于人而言具有不同的学习意义。正如丹麦学者克努兹·伊列雷斯所言"儿童想要捕捉他们的世界，青年人想要建构他们的身份，成人追逐他们的生活目标，熟年成人探索意义及和谐"[1]。在幼儿时期，鉴于儿童的认知发展水平和特点，娱乐、游戏和玩伴作为其学校内容的主要安排，处于社会化的启蒙阶段。到了中小学，考试与升学可能成为他们最大的学习意义。到了大学，追求自我实现和职业发展可能是学习的最大意义。这是从纵向的长时间维度层面对于学习经历的划分。就本科生学习经历而言，从时间角度来看是一种短期维度，需要与当前的学习情境相关。已有的相关研究指出，学生越是积极地参与到大学的课程、教学及其他教育性活动之中，其收获会越多、

---

[1] ［丹］克努兹·伊列雷斯：《我们如何学习：全视角学习理论》，孙玫璐译，教育科学出版社 2014 年版，第 212 页。

发展会越好。但研究者①也提出，倘若从时间维度来考量，这个"越多"是有限度的。学习经历的内涵本自蕴涵着时间的概念和范畴，探究优秀本科生在固定时间阶段进行的行为活动，并观察其学习时间的安排及规划，揭示其在学习经历上的表现特征就显得尤为必要。

（二）学习经历的空间维度

与教育时间对应的是教育空间。教育空间与时间一样，都是教育过程的存在形式。学校教育空间是指学校各种教育活动发生的场所，以及由此产生的各因素之间的相关影响共同构成的一种存在样态。②教育空间突出强调的是人的活动，其功能性首先体现在地理位置的安排和布局方面。正如安东尼·吉登斯所认为的，作为一种社会组织类型，因具有明确物理特点的场所而受到关注，学校的特点也可以从这三个方面来理解：（1）相遇在学校内部的分布。（2）它所展示出的内部区域化。（3）由此被确认出的区域的情境性。③可见，学校空间通过区域化的分布来体现其功能特性。通过隔断以及区域的划分，学校内的空间被分成不同类型的活动区，每一种活动区具有特定的功能，如教学区、办公区、餐饮区、生活区等，使得各项教育活动有序展开，每一场所的设置能够"各司其职""各安其位"。其中教学区被视为学校的核心区域，通常处于周围环境较为安静且较为显著的地理位置；餐饮、运动区一般与教学区保持距离，并且通过路段的阻隔或者绿化区隔开来；宿舍区同样也处于较为静谧的地理位置，形成与外界的隔离，以保证学生正常的学业生活作息。但从消极方面来看，围墙在学校与社会之间架起的不仅是一道物理的樊篱，更是一种关系的封闭，在避免外界干扰的同时也隔绝了学校与社会的联结。这种地理上的空间也在无形中生产、重塑以及界定着学生与学校的关系以及在学校社会中的位置。这种不以地理位置为标识的看不见的空间是一种关系空间，是在学校中人与人互动中形成的。例如在教室的空间下，教师讲台下面对的是学生，教师与学生是一对相对关系的概

---

① 周廷勇、周作宇等：《大学生发展的影响因素模型：一个理论构想》，《教育学报》2016年第5期。

② 王枬：《学校教育时空存在的问题分析》，《教育学报》2019年第1期。

③ ［英］德雷克·格利高里、约翰·厄里编：《社会关系与空间结构》，谢礼圣等译，北京师范大学出版社2011年版，第280—282页。

念，以讲台为物理分割线，教师的权威与特权由此分明。当然随着民主教育理念的盛行，师生关系在现代社会中也更趋于民主化，即使如此，在特定的场合下总会遵守一定的交往规范和交往准则。而当学生从一种空间跨度到另一种空间时，就会面临着身份转化的问题，例如当学生处于与朋友，或者父母所建立的空间时，在言行举止方面又有着另一套行为方式。在本科生学习经历中，空间的转换也经常发生。这种转换既会发生在空间之间，也会发生在某一地理空间内部，或开放的地理空间的转换。例如学生与教师在学校、教室或者办公场所，其相互之间的互动与交流方式会有差异。

其次，对于当代本科生而言，其面临的不仅仅是在地理空间以及关系空间中展开的教育活动，而是现代信息技术以及新媒体主导下的网络空间。它在为人们构建更加自由、平等的交流空间的同时，也打开了本科生学习与生活的另一个空间向度。首先就表现在它大大拓宽了本科生的学习场域。慕课、翻转课堂乃至人工智能的兴起都使得本科生的学习在不断超越时空的限制。其次，现代信息技术及人工智能的发展融合了声音、图像以及智能仿真等功能，给本科生带来了多维的感官体验也有利于构建知、情、意相融合的高智慧学习体系。但现代信息技术及人工智能的发展，也会给学生带来社交技能退化、认知依赖等弊端。

最后，空间区域的情境性反映了学习是情境性的事实，尤其在短维度的时间与空间轴里。情境化学习理论的研究者认为，学习是一种普遍存在的、正在进行的情境化活动，在这个过程中，活动中的每一个人也都要熟练地运用不同的方式与方法去适应不断变化的世界。正如麦克·德莫特所认为的那样："情境并不是一个人所强加的事物，而是人作为其中一部分的行为状态"。他引用伯德维斯特关于情境的观点来阐明他的观点：我喜欢把情境比喻成为一条绳索，构成绳索的纤维并非联结在一起的。可是当你把它们拧在一起的时候，你也没有使这些纤维联结在一起，你只是使构成绳索的线联结在了一起……线里面没有纤维，可要是把线扯断，你就又会发现有纤维出现。因此，尽管看起来每条线里面的细小的组成部分都好像在线之中，可是它们并不是连贯的，而是人将其拧成了绳索。[①] 情境学习活

[①] 王文静：《理解实践：活动与情境的观点》，《全球教育展望》2001年第5期。

动具有任务的真实性和完整性、问题的多样性和复杂性、活动的自主性等特征①，这一切都离不开具体的学习环境，因为学习总是在一定的具有空间场景下进行的活动，例如适宜的灯光、舒适的桌椅、安静敞亮的教室、便携的多媒体设施等，以及随着人与人互动、人与情境互动中的关系空间。

总之，对于优秀本科生学习经历的理解和把握需要在特定的时间和空间脉络中进行剖析，分析学习经历在时间维度上的合理性以及在空间维度上的恰当性，在二者的结合下才能更完整、立体地展现学习经历的完整图像。

二　个体与社会维度

（一）学习经历的个体维度

经历首先是个体意义上的，是作为人的个体经验而存在。由于本文探究的是本科生的学习经历，而学生作为一种身份的存在，这使得学习经历就具有明确的指向性。在哲学层面上，身份首先是关乎"我是谁？""我想做什么？"等基本哲学问题的回答。问题的解答需要追溯到个体自身，是个体经过内省与选择的结果，它也源于个体对自我的认知与判断。同样，学生作为学习者的个体，对于以上问题的回答在很大程度上决定了学习经历的基本样态。从心理学层面来看，学生身份也反映着个体心理连续性和一致性的概念，它是对个体内在心理活动、经历的表征。由于高等教育的特殊属性，本科生作为高等教育阶段的学生，具有与中小学生迥异的学生身份，步入大学的本科生需要对个体身份进行心理学意义上的更新和适应，以保持与新环境的适应。本科生所在的院校以及系科都深深影响着本科生的知识结构、价值观、学习风格等，但表现形式却不一，这是由于个体独特性决定的。可见，本科生的学习经历是个体与院校环境不断建构的产物。学习是学生在校期间的核心目标和主要活动，不仅要求学生投入大量的时间精力，还需个体投入包含动机、情感、意志等在内的诸多心智能量。

其次，学习经历的个体维度也体现在学生的主体性上。主体性概念

---

① 蒋家傅：《论情境学习活动的设计》，《电化教育研究》2005年第5期。

发端于古希腊哲学。"人是万物的尺度,是存在的事物存在的尺度,也是不存在的事物不存在的尺度"① 这一有名的普罗泰戈拉命题标志着主体性的萌芽。古希腊时期,主体与主体性概念是与人分离的。主体仅仅意味着构成存在物基础的东西,适用于一切生物和非生物体,不管是植物、动物以及无生命的桌椅等。可见这一时期的主体概念有的只是自我意识,而非主体意识,并没有凸显出与人的关系。而最早使用"主体性"这一概念的哲学家是亚里士多德,他将主体等同于实体,认为主体是性质、状态和变化的承担者,但同样并未专指人本身,探讨的并不是人个体的属性,同样是基于本体论哲学意义上的探讨,追寻的是终极意义上的造物主式的主体。真正意义上与人发生关联的主体、主体性概念是从17世纪的近代哲学中才得以显现,因为笛卡尔"我思故我在"的经典命题,开启了近代哲学的一次重大转向,即认识论转向。正是这一转向使主体性问题得以凸显,使得主体、主体性逐渐成为西方思想界的关键词与中心话语。直到马克思实践哲学的出现,有关个人主体性议题又出现了一次突破,带来了一种思维范式上的变革,人实践是成为人存在方式的起点与终点,也是个人主体性的体现。从对近现代哲学中主体性概念的本质的描述与分析,我们看到主体性是一个历史性概念,不同的时代背景下构建了负载不同内涵的主体性概念,虽然后现代主义的兴起使得主体性在现代化进程中面临着自身困境和信任危机,但后现代对主体性的颠覆和反对并不能消解和否定主体自身,反而是对主体性的深刻反思,蕴含了追求更加完美主体性的情感追求和价值期待。"主体性黄昏并不消解个人主体性的存在,它只是为新的个人主体性的开辟提供了契机。"②

作为哲学术语的"主体"被引入中国教育领域有历史必然性,中国主体教育理论从产生到发展,一直都是一个热度不减、被学者争论不休的话题。甚至在主体性教育发生转向的今天,学术界仍然处于居高不下的研究之势。"主体性就是人在自觉活动中不可或缺的自立性、自为性、

---

① 北京大学哲学系外国哲学史教研室:《古希腊罗马哲学》,生活·读书·新知三联书店1957年版,第138页。

② 龙柏林:《主体性黄昏:特指还是泛指?》,《湖南行政学院学报》2001年第2期。

自主性、能动性等"①。它是一种积极、主动的选择，实质上是教育对于其他自身同外部的一种关系状态②。无论对主体性概念进行怎样的诠释，主体性教育都需要落实到每一位学生个体上，这首先就体现在学生的能动性和自主性上。学习是学生所拥有的一项基本权利与义务，学生是责权利相统一的主体。学习的责、权、利是三位一体的，它们联动共同作用于学生的学习。这一权利与义务的行使就需要学生主动发挥其主体性，它不仅是学生个体的本质属性，也是学习经历个体维度上的一个显著标尺。

教育出发点是对人的解放，教育与主体性紧密相连。就学习而言，学生个体即是学习的参与者、实践者和认识者，学习的发生需要来自学生认知、情感以及行为等能量的投入。而由于主体性的不同，学生的投入以及收获也存在显著的个体差异。人生的不同发展阶段上，主体性处在不同发展水平和层次上。有学者③认为高等学校学生的主体性有其自身特征，其主体性发展已处于高级和成熟阶段，且主体行为的选择和发生更趋于理性化。因为高等学校学生主体性更体现了学术自由和学习自主的思想要求，是高等学校承担社会责任的衡量标准。因此，处于高等教育阶段的本科生，其主体性也应处于高级阶段，并且由于其心智发展的成熟，也应摆脱了其他阶段主体性的随意性、主观和片面性，其主体性的发展也更加趋于成熟。本科生日常的学业活动、人际交往活动、知识学习活动以及内在心理活动等均能体现本科生的主体性。高校则通过适当的教育手段和环境影响，使学生与外在的世界、外在的精神客体发生对象性关系，把人类经验转化为学生的个人精神财富，从而启发、引导和促进学生自我主体的建构。

学习经历的个体维度需要观察学生在校期间进行的一系列自主性、能动性学习活动，即通过其主动性学习行为透视本科生的学习图像。例如他们是如何安排与规划自己的学业生活的？他们是如何主动参加学校内的各种项目竞赛或社团活动的？他们又是如何定位自己、发挥自主意识的？此外，还涉及对于个体学习经历连续性和一致性的体验和反思。

---

① 黄楠森：《七对概念辨析》，《人文杂志》1993年第1期。
② 吴康宁：《主体性是否为教育的一种本质属性》，《教育研究与实验》1996年第5期。
③ 李福华：《高等学校学生主体性研究》，安徽人民出版社2004年版，第33—35页。

学生需要厘清与分辨哪些学习经历对于自我的成长非常重要；需要在诸多的项目活动中进行抉择，在学习的过程发生了哪些关键的事件或重要他人对于自我的学习产生了重要的影响；哪些经历对于自身的学习产生了显著的促进或抑制作用，这都要求本科生能基于主体的我进行反思和实践。当然，本科生的主体地位只有被认识、尊重和落实，才能更好地发挥主体性的创造力。

（二）学习经历的社会维度

具备自由能力的个体不仅仅具有一定的独立性、自主性以及个性，同时也是社会集体中的一员，也被赋予了社会性特征。"人起初是通过他人来认识自己的，名叫彼得的人把自己当作人，只是由于他把名叫保罗的人看作和自己相同的"[1]。所有个体都需要利用对他人的认知来形成自我认知，个体通过和社会之间的相互交流最终产生自我意识。"自我"的前提是"他人"的存在，要在"他人"的关系中呈现出来。个体与社会的关系亦是如此。个体之所以成为个体，是因为人本身具有社会属性，正是社会属性塑造的"社会"反映着个体的存在。正如哈贝马斯先生所言，"任何人都不可能单独地自由存在；没有与他人的关联，任何人都不可能过一种有意识的生活，甚至一种属于自己的生活；没有人能成为仅属于自身的主体。现代性的规范内涵只有在主体间性的标志下才能被解读。"[2] 威廉·詹姆斯在《心理学原理》中曾言，"如果可行，对一个人最残忍的惩罚莫过于此：给他自由，让他在社会上逍游，却又视之如无物，完全不给他丝毫的关注。当他出现时，其他的人甚至都不愿稍稍侧身示意；当他讲话时，无人回应，也无人在意他的任何举止。如果我们周围每一个人见到我们时都视若无睹，根本就忽略我们的存在，要不了多久，我们心里就会充满愤怒，我们就能感觉到一种强烈而又莫名的绝望，相对于这种折磨，残酷的体罚将变成一种解脱。"[3] 这说明人不能摆脱他人以及社会的存在，人的社会属性决定着人必须在与他人的交往中

---

[1] 钱超英：《身份概念与身份意识》，《深圳大学学报》（人文社会科学版）2000年第2期。

[2] 章国锋：《关于一个公正世界的"乌托邦"构想—解读哈贝马斯〈交往行为理论〉》，山东人民出版社2001年版，第40页。

[3] ［英］阿兰·德波顿：《身份的焦虑》，陈广兴等译，上海译文出版社2014年版，第7页。

打开自我，实现自我。

如果说学习经历的个体维度的理论源于人的主体性，那么学习经历的社会维度的理论基础可追溯至由人的主体性而衍生的主体间性。主体间性（intersubjectivity，又译为交互主体性、主体际性），是20世纪西方哲学中凸显的一个哲学概念，在内涵上与主体性关系密切。从概念的演化来看，主体间性概念源自主体性，但它表达了有别于主体性的关系模式。主体性展现的是"主体—客体"关系模式，而主体间性展现的是"主体—主体"的关系模式①，也即主体间性。然而，主体间性不是对主体性的绝对否定，而是对主体性的新的诠释与注解，它在新的基础上为主体性提供了进一步确证。在教育话语体系中，主体性概念自然而然地蕴含着主体间性的社会特征。例如，有学者认为本科生主体性学习指的是学生在高校教学情境中、在处理和加工知识过程中、在激发和维持学习动力过程中、在与教师和同学交往的过程中，体现出来的自主、能动和为我的学习状态。并且认为主体性学习从传统的知识认知扩展到内部动力激发和人际交往方面，可以更加全面地反映出大学生的过程性学习质量。②

尽管本科生的学业生活也是个体经历不断建构的结果，具有明显的个体特征，但是处于高等教育阶段的本科生，他的学业生活与社会密切相关。学习问题不仅是一种基于生理和心理机能的生物行为，更是建构在特定文化传统和心智习惯上的社会行为。③ 大学本身就是一个巨大的社会组织，与社会时刻进行着资源的互动与共享，"大学是所处时代的表达，是对社会的现在和未来不断产生重要影响的力量"④。这就为本科生发挥其主体间性提供了良好的社会环境。具体体现在以下几个方面：第一，人类所开展的学习活动不仅作为个体认知活动，也是个体间的交往活动以及社会实践活动。学习本身并不是某种内部认知形成的过程，是

---

① 熊兵娇：《实践哲学视角下的译者主体性探索》，博士学位论文，上海外国语大学，2009年，第57页。

② 张华峰、史静寰：《走出"中国学习者悖论"——中国大学生主体性学习解释框架的构建》，《中国高教研究》2018年第12期。

③ 史静寰：《探索中国大学生学习的秘密》，《中国高教研究》2018年第12期。

④ ［美］弗莱克斯纳：《现代大学论——美英德大学研究》，徐辉等译，浙江教育出版社2001年版，第2页。

个体和环境相互作用的产物。最常见的学习活动是以教师为主导的学习。学生无法依靠自己独立地完成所有学业，需要教师的协同与帮助。在学生的学业生涯中，教师扮演着举足轻重的作用，是学业经历路途中不可缺少的引路人，因此师生关系是其社会关系的重要组成部分。但师生之间的交往不仅限于课堂教学以及项目辅导之类基于知识提高、能力增长的活动，还存在着智慧、激情、灵性的交流与互动。如雅思贝尔斯所言"教育是人与人的主体间灵肉的交流活动"，并通过交流的文化传递功能，"将文化遗产教给年青一代，使他们自由地生成，并启迪其自由天性"[1]。师生关系本质上是一种知识、信念、情感和精神之间的交往活动。这也就要求教师要在平等、自由和充满爱的环境中对学生进行精神交往式教育，助力于实现大学"整全人"的培养目标。第二，本科生的学习指向一定的社会承诺和职责。一切的活动都在学习经历中得到体现，本科生处于一个学习共同体圈，在这个文化圈内，通过与教师、同学、室友以及行政人员等处于一定社会关系的人打交道，能够有效地促进各类学习经验的发生，并且不同的学习经验最终会指向不同类型的社会身份建构，并通过就业、自主创业等渠道承担和践行着自身的社会责任。在知识生产模式Ⅰ（单一学科为主，并有一套学术规范来确保其权威性）向知识生产模式Ⅱ（应用型语境，跨学科以及超学科研究，重视知识的社会功用）的转型中，大学学术的社会培育、大学精神的社会认同、大学战略的社会依存、大学优势的社会引领等的深刻变化，使大学对社会有着更深的依赖和更多的责任，而责任的兑现与希望就在于大学里的"未来人"——学生群体。第三，本科生主体间性的表达既是对象性的，又是反思性的。本科生在与他人的交往中会不断地认识自我、反省自我，不断地为主体之间、主客之间确立新的基准、采取不同的应对策略。例如"我如何与他人建立良好的协作关系？在小组合作学习中，我应该承担怎样的角色？我如何突破现有人际圈，加入更广泛的学习共同体圈？"等。在个体自我实现的过程中，可以判断周围的环境以及社会关系的利弊条件。事实上，主体间性是帮助自我和他人认识自我的一面透镜，这面透

---

[1] [德]卡尔·雅斯贝尔斯：《什么是教育》，邹进译，生活·读书·新知三联书店1991年版，第3页。

镜能够映射和记录本科生整个心路历程、经验和教训。总之，通过个体和社会维度来探究优秀本科生在校期间的学习经历，切入主体性和主体间性视角反映出这一群体的共性以及个性行为特征，立体地呈现出本科生在校期间的学习经历。

三 量变与质变维度

（一）学习经历的量变维度

学习经历是一个循序渐进、长期性的学习历程。在这个历程中，围绕学习活动和学业事务的展开都是在一个渐进性的过程中发生的，故学习经历具有稳定性特征。学生的认知、动机、情感以及各种体验和收获都是在不断地学习与互动这一过程中逐渐积累起来的，是一个持续渐进的过程。组织学习理论同样将学习视为一个连续的过程[1]，并认为过去的行为与经验是推动学习的根本。[2] 有意义学习经历会使学习者产生进一步学习或思考的渴望，并在原有的学习经验中进行更深入的学习和追求。

获得有意义的学习经历是现代大学教育的终极承诺之一。大学教育的关键在于学习的过程，而不应该仅停留在对教育结果的重视，故学习投入和学习参与就成为本科生学习经历的核心议题。本科生的学习投入或参与是一个循序渐进的过程，投入或参与的多少都与学习结果有着千丝万缕的关系，也是学习经历质量的试金石。当学生处于有吸引力的学习环境中，教师给予支持，人际关系氛围积极时，学生就会更有可能投入学习任务，从而获得更好的学习成果。[3] 阿斯汀[4]认为任何教育实践的

---

[1] Mumford A., "Individual and Organizational Learning—the Pursuit of Change", *Industrial and Commercial Training*, Vol. 23, No. 6, Dec. 1992.

[2] 陈国权、周琦玮：《量变式学习和质变式学习模型的研究》，《管理科学学报》2018年第10期。

[3] Hu S. and Kuh G. D., "Being (Dis) Engaged in Educationally Purposeful Activities: The Influences of Student and Institutional Characteristics", *Research in Higher Education*, Vol. 43, No. 5, Oct. 2002; Kuh G. D. E, Kinzie J. E., Buckley J. A., et al, "Piecing Together the Student Success Puzzle: Research, Propositions and Recommendations", *Ashe Higher Education Report*, Vol. 32, No. 5, Jan. 2007; Kuh G. D., "The National Survey of Student Engagement: Conceptual and Empirical Foundations", *New Directions for Institutional Research*, Vol. 141, No. 5, Apr. 2009.

[4] Astin A. W., "Student Involvement: A Developmental Theory for Higher Education", *Journal of College Student Development*, Vol. 40, No. 5, Jan. 1984.

有效性都与实践增加投入的能力直接相关。同样地，帕斯卡雷拉和特伦兹尼[1]认为大学的影响主要取决于学生个人的努力和在校园里的学术、人际和课外活动方面的投入。以往的研究也表明，对大学环境的认知直接影响了学生在有教育目的的活动上的努力程度，从而促进了各种各样的结果。[2][3][4] 总之，在大学的影响力下，基于量的学习参与或投入是观察学习经历的又一个切入口。

伴随中国高等教育进入普及化，高等教育实现内涵式发展迫在眉睫。这意味着不仅要将以学为本作为一种理念，还要落实在具体的教育教学实践中，体现在日常的学习评价上。近年来，国内学者发生了一个转向，从关注诸如家庭、院校、学生个人性格特质等先赋性因素对大学生学习投入的影响到体现高等教育人才培养核心部分的"过程性指标"对学习成果影响的研究和分析。例如，赵晓阳[5]在已有研究的基础上，以学生参与度理论为理论基石，以通过构建结构方程模型来探寻学生在校期间有效教育活动的参与程度以及学校环境感知对学生成长和发展的影响关系，研究表明，大学生对学校环境的感知通过学生持续的参与能够对学生的发展和收获产生间接的正向影响。张婷[6]则利用某大学本科生就读经历调查数据对本科生的时间分配现状进行描述，研究发现，上课、课外学习、社会及休闲活动时间均显著地影响学习成绩，但社会及休闲活动时间却对其学业成绩有负面影响；除此以外，课外活动与工作职责等给学业成绩造成的影响相对较

---

[1] Pascarella E. T. and Terenzini P. T., "How College Affects Students: A Third Decade of Research", *Journal of College Student Development*, Vol. 47, No. 5, Feb. 2005.

[2] Hu S. and Kuh G. D., "Maximizing What Students Get Out of College: Testing a Learning Productivity Model", *Journal of College Student Development*, Vol. 44, No 2, Apr. 2003.

[3] Hu S. and Kuh G. D., "Being (Dis) Engaged in Educationally Purposeful Activities: The Influences of Student and Institutional Characteristics", *Research in Higher Education*, Vol. 43, No. 5, Oct. 2002.

[4] Kuh G. D. E., Kinzie J. E., Buckley J. A., et al, "Piecing Together the Student Success Puzzle: Research, Propositions and Recommendations", *Ashe Higher Education Report*, Vol. 32, No. 5, Jan. 2007.

[5] 赵晓阳：《基于学生参与理论的高校学生发展及其影响因素研究》，博士学位论文，天津大学，2013年，第103页。

[6] 张婷、徐丹等：《本科生的时间分配对学习成绩的影响——基于2011年H大学本科生就读经历调查数据的分析》，《大学教育科学》2015年第2期。

小。可见，研究者较为关注学生在校期间的学习体验和学习经历以及对校园环境的感知等。受院校影响理论等的启发，中国研究者以及高校机构纷纷开发了大学生学情测量工具，并先后发布了相关的学情调查报告和学术研究成果，成为诊断学生的学习投入和参与的重要途径。可见本科生的学习投入和参与是其发展的基石，要想实现本科生的可持续发展，就离不开持续性的以教育活动为核心的学习参与和投入活动。

当然，随着学生不断地参与和投入学习活动中，其个人的认知、情感、态度以及能力也随之发生变化。对于本科生而言，在进入大学的第一刻起，他们的身份就已经发生变化，不再是高中生，人们对其学习表现乃至言行举止都有着不同以往的社会期待。由于学生的发展遵循一定的成长规律，性格特质以及行为特征一旦形成就会趋于稳定，除非遇到突发事件的刺激或者重要人物的影响。从小学、初中、高中到大学，学生的变化是一个量的累积过程，是一个渐进的发展历程。在这个历程中，学生的知识与能力素养容易改变，而价值观、思维与认识层面的改变却相对不易，并且很难通过直接的评估和测量来确定。这些深层次的改变更多地依赖于在学业生活以及与人交往中的潜移默化、润物细无声的影响。

（二）学习经历的质变维度

与量变维度相对应的是质变维度。唯物主义辩证法认为量变是质变的必要准备，质变是量变的必然结果，二者相互渗透。量变是数量的增减、渐进且不显著的一个变化过程，而与之相对应的质变，是事物质的规定性的变化。这一哲学基本理论启发人们要从质变维度来考察本科生的学习经历。有研究者[①]对于学习投入（经验数量）以及学习产出（学习效果）两者存在的关联进行了深入分析，并按照组织学习的视角划分为量变式学习与质变式学习。量变式学习指的是学生在开展学习活动中的学习投入不断增多，而形成的学习产出出现了接近线性的改变，这种变化是渐进和逐步的。而质变式学习过程则是随着学习投入不断增多，其学习产出会形成接近非线性的改变，学习产出呈现大幅度、突破性以及跳跃性改变。学习产出的改变不仅可以体现在外显的行为，也可以体

[①] 陈国权、周琦玮：《量变式学习和质变式学习模型的研究》，《管理科学学报》2018年第10期。

现在内容、认知等多个层面。研究者认为，要想实现量变式学习向质变式学习的转变，就需要满足学习投入接近学习临界值以及存在学习触发这两个基本条件。格拉德威尔的《异类：不一样的成功启示录》[①]中曾经提出"一万小时定律"，他认为在单一领域之中如果个体能够开展1万小时学习以及练习，就可能在这一领域内成为专家。由此，学习活动是一种从量变逐渐转化为质变的过程。经过一定的量的投入和积累后，学生的学习体验和收获就会发生"质"的转变。

伴随着现代科技与社会发展的突飞猛进，传统教育正面临着强烈的冲击，教育处于改革与创新的十字路口。无论是教育者还是学习者，都处于发展的动态变革之中。这对新时代的教师提出了更高的要求和挑战。同时，随着教育教学技术手段的多样化，以及学习空间和社会空间的多元化，学生的学习方式也在发生巨大的变革。在这种变革背景下，大学需要重新思考如何培养学生的可持续发展能力，以应对不确定的未来；教师需要重新思考如何教学才能真正促进学生知识与能力的全面提高；学生自身也需要思考如何转变新的学习方式，以应对不确定的未来和社会。从学习经历的角度来看，本科生大量的学习投入与参与经历并不一定能够质地提升其学习效果。根据奥苏贝尔的有意义学习理论，只有当新知识与学习者认知结构中已有的适当概念建立非人为的、实质性的联系时，有意义的学习才能实现，学习才能完成从量变到质变的转变。若先前的认知与学习经验与当前的学习任务不匹配，便会阻碍学生的学习与发展。

对于本科生而言，在现代信息社会的背景下，新的学习任务和学习情境需要学生抛弃以往固有的学习认知、学习习惯、学习方式与思维方式，在新的情境和环境中形成新的学习素养，以实现从重复积累的量化式学习到认知、情感、态度和思维等方面质的转变，从而不断适应复杂变化的外部环境所带来的挑战和机遇。在高等教育走向内涵式发展的今天，不仅日常专业课知识的习得需要本科生经历一个由量变到质变的过程，他们在每一个阶段的学业生活和学习实践中也需要经历这样的转变。例如，从大一到大四，本科生经历了怎样的转变？是什么促使了本科生在

---

① Gladwell M., "Outliers: The Story of Success" (https://course-notes. org/sites/www. course-notes. org/files/uploads/archive/other/gladwell_malcolm_outliers_the_story_of_success. pdf).

不同阶段的转向？这一转变不仅包括专业知识与技能的提升，还包括认知、情感、价值观以及批判性思维等方面的变化。理解这些转变过程，有助于人们更好地反思和改进本科教育，确保学生不仅在知识和技能上有所收获，更在整体素养和能力上实现全面发展，以应对未来社会的挑战。

在某种程度上，大学生活的各类情境都在为本科生提供了成长的环境，不同情境的边界在不同的本科生上的表现也是迥异，而学习经历就成为学生发展的载体。通过时间与空间、个体与社会以及量变与质变这三对维度观察这些学业表现优秀的本科生的学习经历，能够在纷繁复杂的情境脉络中总撮其要，以明所起。

第三节 学习经历的三维图景

一 时间与空间维度：学习活动的菱状区域

社会分析学者多将时间和空间看作行动的环境，在这种情况下，时间与空间更多地被用来作为可以测量的钟表概念和具体的物理地标，这种观念是近代西方文化特有的产物。但无论是怎样的时间标志或是地理标志，如果没有凸显人类行为的社会意义，就会慢慢流逝，没有任何术语去表达。[①] 大学教育既发生在空间中，也发生于时间中。对于本科生学习经历的探究，本书力图基于本科生对自身行动轨迹和学习活动的理解，对他们自主绘制成形的图像进行分析，通过这样一种特殊的标记方法并把图像作为构成院校时空生活路径的因素来分析。总之，从时间—空间的理论维度和实践线索来描绘优秀本科生的学习样态与图像，是一件可以尝试且有意义的事。

（一）理论视角

人类活动具有复杂的、意义丰富的物质与社会情境性。从时间地理学的理论视角出发，个体为了满足不同的生活目的和需求，需要有意识地利用周边的资源来实现目标，这一资源不仅包括人们习以为常的人、财、物等资源，还包括"时间"与"空间"。社会科学中的时间，尤其是

---

① Best E., "The Maori Division of Time" (https://www.berose.fr/IMG/pdf/maoridivisionoft00bestuoft.pdf).

学校教育时间，则蕴含着更多的组织秩序式与意义定向。由于教育时间是一种特定的制度安排，并在社会互动中体验、消磨乃至消费时间，这就不免存在着不同类型的时间——如自我时间与社会时间的冲突。与人发生互动时，"自我时间就会与一种不同类型的时间框架发生部分重叠"①。与教育时间对应的是教育空间。学校教育空间是指学校各种教育活动发生的场所，以及由此产生的各因素之间的相关影响共同构成的一种存在样态。② 教育空间的功能性首先体现在地理位置上的安排和布局上。通过隔断以及区域的划分，学校内的空间被分成不同类型的活动区，每一种活动区具备特定的功能，例如教学区、办公区、餐饮区、生活区等，从而使得各项教育活动有序展开。这种地理上的空间也在无形中生产、重塑以及界定着学生与学校的关系以及在学校社会中的位置。

时间地理学理论将以上所呈现的时间与空间进行有机结合，关注行为人日常生活的例行化特征，并强调日常情境、地理情境与社会情境的有机结合。"日常情境"则是来源于多个活动之间的排列组合，其活动形成不间断的"活动流"。但日常情境中的活动也并非毫无秩序、杂乱无章的。赫格斯特兰德认为人日常生活的例行化特征关联着个体的生活、沟通方式以及个人度过"生命周期"的路径，进而影响人的"生平筹划"（biographical project）。他特别强调人的身体具有不可分性和局限性，时空的"容纳"能力是有限的，没有两个人能够同时占据同一时间。③ 个人日常生活中都会受到两种约束：一是"能力性约束"（capacity constraints），如人总是需要用于维持生理正常运转的食物和休息，这就导致了人总要花费一定的时间去吃饭或睡眠等，类似这种活动的发生是无法避免的，这就为日常活动的结构化设置了某些限制；二是"综合性约束"（comprehensive constraints），是指学习与工作等限制与他人一起完成的那些活动。可见，在人的生理性需求活动（吃饭、睡眠等）以及受工作、学习等社会活动的社会时间秩序制约下，活动的日常情境也存在一定的

---

① ［英］约翰·哈萨德：《时间社会学》，朱红文、李捷译，北京师范大学出版社2009年版，第69—72页。
② 王枬：《学校教育时空存在的问题分析》，《教育学报》2019年第1期。
③ ［英］约翰·哈萨德：《时间社会学》，朱红文、李捷译，北京师范大学出版社2009年版，第69—72页。

结构与规律。

"地理情境"同样存在诸多的机会和结构限制,活动的实现离不开特定的地理分布,故时间地理学尤其强调"住所"的重要性。对于学校而言,教学楼、宿舍楼、学校食堂、体育场等都是重要的地理情境,因为它们在空间相对固定,是个人行动路径与学校组织交织的地理情境,也成为个体进行社会联结、个体社会化的重要地理环境。因此,日常活动的地理情境性也十分强调活动地理情境的连续转换过程。

"社会情境"主要强调活动的社会关联性。日常生活中除了个体生理和物质生存的需要可由个人完成,更多的活动必须借助他者或者多人联合完成。在时间地理学的框架和视角中,"日常情境"和"地理情境"本身就蕴含着个人活动的社会性,并且活动的社会性具有层级关系,其在时间上都顺应着更高一级或更大的社会行动。例如,一位本科生要参加学校组织的重要比赛,那么诸如娱乐时间、休闲时间等可独立操控的个人时间就会被挤压,让位于更大的由结构制约的社会时间。"自我时间的结构被嵌入互动时间结构之内,这两种微观层次的时间结构,又都依次被嵌入社会制度和文化组成的更大的宏观层次的时间秩序之中"[1]。社会情境往往存在于常规性的活动,而非偶然性的活动中,并揭示出处在社会结构制约下的人们是如何选择、调整以及规划个人生活的。

对于本科生而言,他们日常的学习活动大多都发生在院校环境中,其行动轨迹和活动内容都融合了时间地理学视角下的日常情境、地理情境和社会情境。他们具有特定生活节奏和常规的学习活动序列或事件都反映着以上三种情境。于本科生而言,院校环境提供了他们最频繁的活动空间和生活情境。处于大学场域中,"什么时候""在哪里"以及"做什么",这是本科生在院校环境中最基本的存在样态。本书接下来以时间地理学为理论视角,基于学生日常的行动轨迹和学业生活,依次通过连续叙事、主题叙事以及虚拟叙事"诉说"本科生在校期间的例行活动,对其学业活动进行可视化分析,从而揭示出本科生时空行为下的教育意义与社会意涵。

---

[1] [英]约翰·哈萨德:《时间社会学》,朱红文、李捷译,北京师范大学出版社2009年版,第69—72页。

(二) 学习经历的时空叙事

1. 连续叙事

连续叙事指在地图路线上通过图像表征多个时间点上的连续事件。图像中的路线和指示作为视觉元素，不仅可以起到引导作用，同时也起到将各个地点、人物和事件进行串联的作用。本科生的行动路线图自身具备着两个要素：起点和终点，使得本科生能够在空间维度中呈现不同时的事件。"经验的时间通过空间的中介变成已认识、可以测定的时间，变成一种我可以控制的时间。"① 这也是地图类叙事作品"把一种时间兑现成另一种时间"的体现，反映着本科生对个人学业生活的自主规划。

图 2-1 是本科生金某所绘制的在校期间的行动路线图。观察图 2-1 可知，田楼是金某上课地方，上午和下午都可能会在田楼（图标注②，全称是"田家炳教学楼"），这要根据具体的课程的安排。一般课程结束后金某通常会去食堂吃饭（见图标注③）。自习以及课程作业的完成通常会在"图书馆"以及"文科大楼"（见图标注④），但同样金某用了"有时"来进行描述，这说明学习场所在固定范围内的灵活性，同时金某有意识地标注了时间，"一般到晚上 9 点左右"。还有一个显著标志就是"环球港"（被研究者学校附近的一个商业大厦），当箭头指向这一地标时，金某同样做了一个标识"有时去"，这暗示了其用于消遣与娱乐的频次并不频繁。操场是经常用于锻炼的地方，"有时回寝室前去操场走一圈"的标注表明其运动时间也较灵活，一般根据自己的学习时间来安排。在图 2-2 李某绘制的校园路线图中，其行动路线图的表达方式很简略，并且通过其显著的"实验室"的标注便可推测出李某很有可能是一个理工科生。李某的绘图中主要凸显了"地点"与"事件"两个要素，即在哪些地方，主要做什么事。显然，在地点要素中，其主要突出了"图书馆""餐厅""教学楼""学院"以及"宿舍"这五个地理标识。当与事件联系时，可知其在图书馆主要从事"读书""写论文"的学习活动；教学楼主要用于"上课"；去学院楼主要是"做实验"和"汇报工作"；餐厅显然主要进行用餐事宜。观察图 2-2 中箭头指向，可以窥探到被研究

---

① [法] 米·杜夫海纳：《审美经验现象学（下）》，韩树站译，北京文化艺术出版社 1992 年版，第 282 页。

者"作图"的视角,他是以"宿舍"这一中心视角来进行画图的。这暗含了两种可能性:其一,被研究者作图时正在宿舍,其二,除了上课学习等时间,其大多数时间是"宅"在宿舍,由此才可能惯以"宿舍"为中心地标而进行作图。此外,图像中并没有出现与运动以及娱乐相关的地点标识,这不免传递出另一个讯息,表明娱乐、体育以及其他休闲锻炼活动在这位被访者的主观意识上并不优先排列。

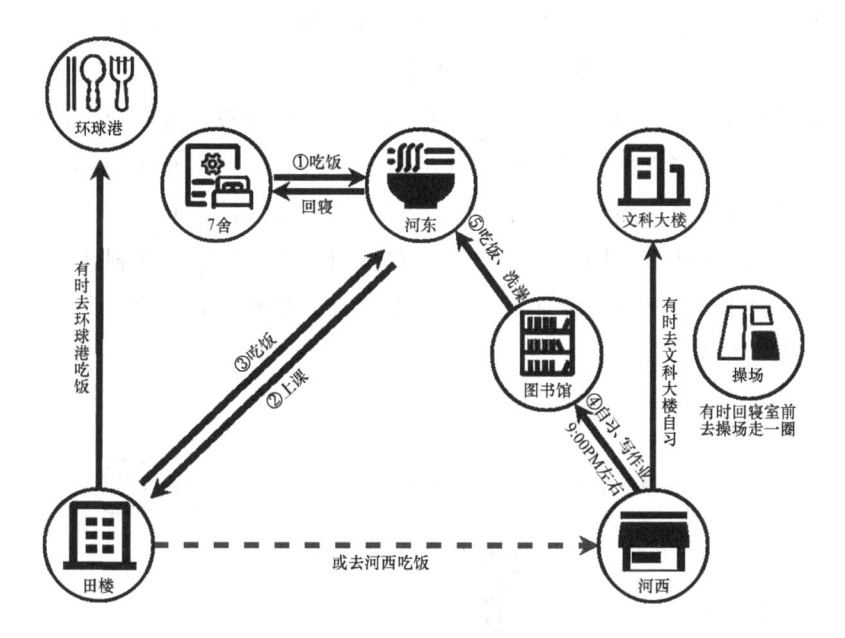

图 2-1　学生金某的校园行动路线

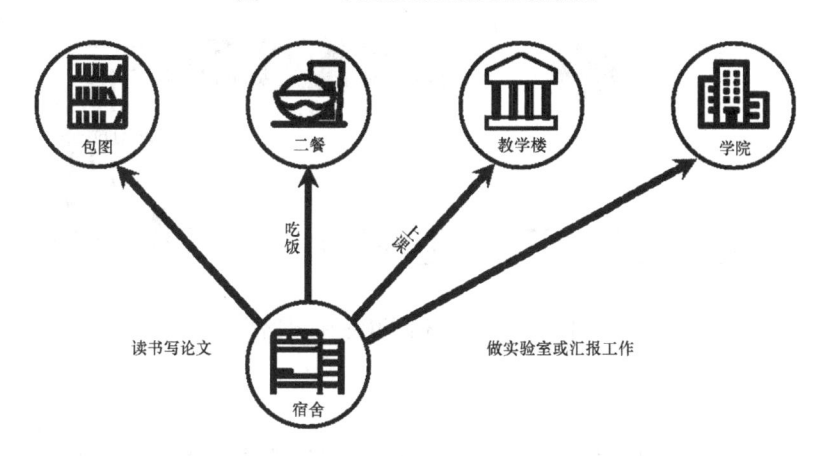

图 2-2　学生李某的校园行动路线

而将视线位移至图 2-3 中,被研究者赵某会有意识地对自己的学业时间和休闲时间进行区分,因为他选择用了三种不同类型的线条绘制其行动路线图。这说明对于这位本科生而言,至少有三个比较重要的时间标志或事件标志:日常的一天、周末以及期末考试三个时间点。该学生的日常活动指的是周一到周五的工作日,其主要的活动轨迹往返于人文楼(专业上课点)、宿舍以及食堂这三个地方,日常主要的学业活动以上课为主。而期末复习时,其主要活动轨迹围绕着"主教学楼—食堂—宿舍",因为该生的学习地点发生了改变,转移到图中的"主教学楼",故其用餐地点也会选择离主教学楼更近的食堂进行用餐。通过观察该生的行动路线图便能够想象出他在特殊时期、特殊事件下(如期末复习)紧张的学习节奏感。而到了周末,该生活动轨迹的起始点起于宿舍,止于商业街。这表明该生周末通常以娱乐和休闲为主,并突出和强化了周末作为一种社会和文化的休闲时间的意义,与日常繁忙的学业生活进行着交叉式的协调。

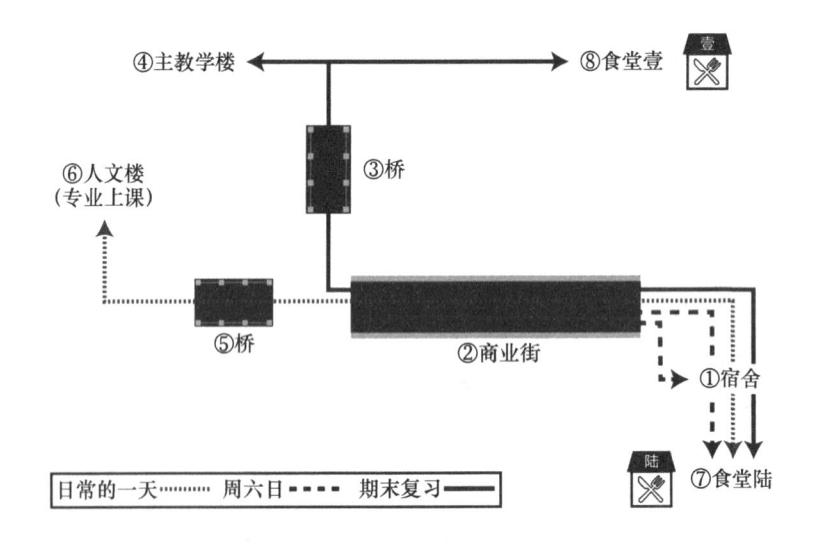

图 2-3 学生赵某的校园行动路线

2. 主题叙事

研究接着将视角转移至本科生的学业和生活作息图,通过本科生在校期间的作息表进一步了解学生在校期间的生活与学习样态。故内容为主要线索,采取主题叙事的方法,不同时段呈现不同的人物场景,将不同的事件分散在图表的不同时间段,研究者根据时间和事件的组合完成整个叙事进程。

表 2-2 显示的是本科生宋某一周的学业和生活作息表。通过这一作息表可知,周一至周五的上午主要是该生的上课活动,不难推测这一活动的发生地点多为教学楼。而在 12 点 30 分前后通常是他去食堂吃饭的时间。但以周一为例,宋某在经过了一上午课业学习后,就到了午饭时间(12:30),但由于下午 1 点(13:00)有学生会部门例会要去参加,故午饭后 1 点左右的午休时间就被"挤压"或"省略"了。类似这样的时间都是时间嵌入的体现。[①] 因为接下来他还要有例行的活动要参加,这表明他用来与用餐的同学的互动时间是相当有限的,否则就可能从根本上打乱其一天校园生活的有序流动,也会间接影响更多的人。总之,这种类型的时间嵌入,反映在构成社会世界的多样的观点上,也反映在构成自我意识的多样的角色上。[②]

该生午饭之后接着进入上课的活动状态,到了 15 点,也就是下午 3 点的时候进入训练状态。傍晚时段的晚环节被宋某直接略过,未被标记提起。到了晚上 7 点的时候(19:00)宋某又去召开了学生会主席团部长会议,结束后才进入了图书馆开启自习状态。再看周二至周日阶段的每一天,只要下午 1 点(13:00)左右,该生都会留给自己一段"休息"时间。而在周一至周五阶段的 15:00 至 17:00 之间,他基本处于专业的训练状态,并且结束后该生也都从事着与学生会相关的活动,晚上接着在图书馆里自习。周六日时段,除了吃饭和午休时间,宋某将自己的时间和精力全都投入了学生会活动,只在周日晚上出现了与娱乐休闲相关的"约饭"活动。仅通过其作息表 2-2,就可推测宋某是学生会的一名成员。通过该生参与的各种例行会议、相关的活动策划、审核工作,可以判断出,宋某在学生会工作中不仅仅是学生工作的参与者,更是担任

---

① [英] 约翰·哈萨德:《时间社会学》,朱红文、李捷译,北京师范大学出版社 2009 年版,第 72 页。

② Goffman E., *Asylums*, New York: Anchor Books, 1962, pp. 14–16.

着组织者和领导者的角色。在更多可以自由支配的周末时段,他都将绝大部分的时间和精力都投入到了学生会的相关事宜中。相比较而言,宋某从事学生会的活动时间并不规律。但其在以下活动事件上却十分规律:其一是上课活动(上午的7—11点,14点前后);其二是训练活动(14—17点);其三是图书馆自习活动(晚上)。

表2-2　　　　　　　学生宋X大二上学期最忙碌的一周

时间	主要事件(上午)						主要事件(下午)						晚上
	7点	8点	9点	10点	11点	12点30	13点	14点	15点	16点	17点	19点	
周一	上课	上课	上课	上课	上课	吃饭	学生会部门例会	上课	训练	训练	训练	学生会主席团部长会议	图书馆自习
周二	上课	上课	上课	上课	上课	吃饭	休息	上课	训练	训练	训练	写作业,学生会活动策划审核	图书馆自习
周三	上课	上课	上课	上课	上课	吃饭	休息	上课	训练	训练	训练	写作业,学生会活动策划审核	图书馆自习
周四	上课	上课	上课	上课	上课	吃饭	休息	上课	训练	训练	训练	写作业,学生会活动策划审核	图书馆自习
周五	上课	上课	上课	上课	上课	吃饭	休息	上课	训练	训练	训练	写作业,学生会活动策划审核	图书馆自习
周六	学生会活动	学生会活动	学生会活动	学生会活动	学生会活动	吃饭	休息	学生会活动	学生会活动	学生会活动	学生会活动	休息	图书馆自习
周日	学生会活动	学生会活动	学生会活动	学生会活动	学生会活动	吃饭	休息	学生会活动	学生会活动	学生会活动	学生会活动	休息	约饭

由此可见,诸如上课、做实验、训练、处理学生事务等活动在校园内被协调地组织起来,它们准确"填充"在分配给这些活动的时间和地点之内,并且与院校制度的需要紧密地结合起来。这种时钟时间具体化

的现象，从形式上来，社会世界的自发性、创造性以及新颖性被局限于特定的时空。正如高夫曼所言，"随着越来越小的时钟时间单位被赋予越来越重要的意义，日常生活就越类似于每日事物在其中被精确控制的总的制度的那紧密的时间结构了"①。伴随这种紧密性而来的是不可避免的紧张与压力。当预定的学业目标和活动被临时阻断或者取消时，沮丧或开心等情感恰恰能够表达出时间与空间的规定和控制对院校学生的影响。正如一名被访者所言"我不能让自己闲下来，总要找些事情做，否则内心就莫名地不安。""本来大三下学期要去台湾进行交流的，但因为个人方面的原因没有去成，现在想起来很后悔，甚至有些气愤"。而对于学生在院校环境中所经历的各种活动轨迹和互动场景，则更类似于一个被"圈定"的"菱状区域"，即处于大学场域中的学生一天所能支配的时空量类似一个菱状区域，这个区域不仅构成了院校物理地标意义上的边界，而且还牵涉"方方面面的时空墙"，因为这些分割不同区域的边界往往具有特殊的物理标志或者符号标志。

3. 虚拟叙事

为了进一步解释本科生学习活动的行为规律，接下来需结合虚拟叙事②对其学业的行动轨迹和"筹划"进行探究。所谓虚拟叙事就是假设和创设虚拟场景将事件发生的过程和行为动态展现出来。由于任何叙事具有一定的虚构性，叙事的诠释功能决定了叙事本身远非一个中立的媒介，通过虚拟叙事能够有效地展现具有普遍意义的本科生的行动"缩影"。

如图 2-4 所示，假如一个本科生准备参加一个项目比赛或者学生会活动，但他还要忙于期末考试复习，并且还有学院安排的系列课程。受到能力性和综合性约束的双重限制，该生并不方便到达活动楼 A 以及休闲场所 B，这反过来限制了他一天的活动轨迹。如果该生又想在下次的项目比赛中取得好成绩，就必须抽出必要的时间投入项目比赛中。假设他选择更多的时间去教学楼 D 点上课以及实验室 C 点进行专业实验的学习

---

① Goffman E., *Asylums*, New York: Anchor Books, 1962, pp. 14-16.
② 这种虚拟案例叙事和论证手法可参见《促进大学教师的"卓越教学"：从行为主义走向反思性认可》，《北京大学教育评论》2014 年第 2 期。

和处理,就会发现投入从宿舍楼 E 到 C 与 D 点的这些事情上的时间和精力就会相对较多,以至于被用于其他事情的时间和精力就要被延后或被"挤压"。而对于学生在院校环境中所经历的各种活动轨迹和互动场景,则更类似于一个被"圈定"的"菱状区域",即处于大学场域中的学生一天所能支配的时空量类似一个菱状区域,这个区域不仅构成了物理地标意义上的边界,也在进行着社会化的行动和选择。

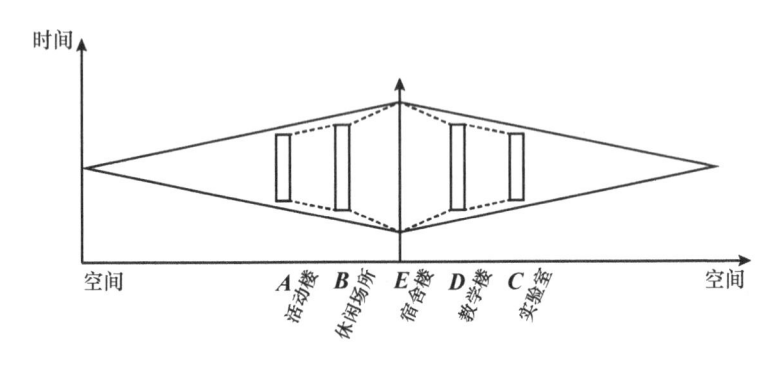

图 2-4 学习活动的菱状区域

当然,正如赫格斯特兰德所认为的,"行动并不仅仅是一些运动着的躯体,还是有意图的存在,有着自身的目的或者他所说的'筹划'"[1]。对于这些本科生而言,他们日常所体验到的当然不仅仅是各种约束的限制,即他们不仅仅是运动着的躯体,还有着明确的意图存在,有着自身的目的或者"筹划",也正是因为这些意图和筹划,才会让他们的情绪和心理处于间歇性的"跌宕起伏"状态,这在那些学业表现优秀、进取心较强的本科生身上体现得更为明显。教育时间乃至空间在院校场域中都是一种竞争性的资源,这些本科生在日常的学业生活中会进行多种不同的活动,而要实现或者落实他们的目标和计划,就需要利用本质上有限的时间资源和空间资源,克服他们所面临的约束。当他们在特定的时空场域内面临着"能力性约束"与"综合性约束"之时,其行动策略表现出以"课业"或是"专业"发展为优先的第一"筹划"(project),即通

---

[1] [英] 安东尼·吉登斯:《社会的构成:结构化理论纲要》,李康等译,中国人民大学出版社 2016 年版,第 107 页。

盘的计划或方案①；其次是"个人兴趣"，例如热衷于学生活动或者事务的参与和组织、项目比赛、兴趣社团为核心的第二筹划；但当与课业或者专业发展相冲突时，会将更多的时空资源用于第一筹划；最后是个人的休闲娱乐以及处理私事的第三筹划。那些学业表现越优秀的本科生，他们行动筹划的等级性区分就愈明显。正如被访者所言："大学生毕竟还是学生，要以自己的专业学习为第一重心，业余时间我也会参加一些学校社团或项目比赛，全面提高自己。"当以上三种筹划出现不可调和的时空矛盾时，他们首先考虑第一筹划，其次是第二筹划，最后是第三筹划。总之，他们会尽可能地将自己活动的菱状区域在有效的时间内进行效率最大化的填充，并根据事情和任务的重要性进行差别化的筹划。见图 2-5。

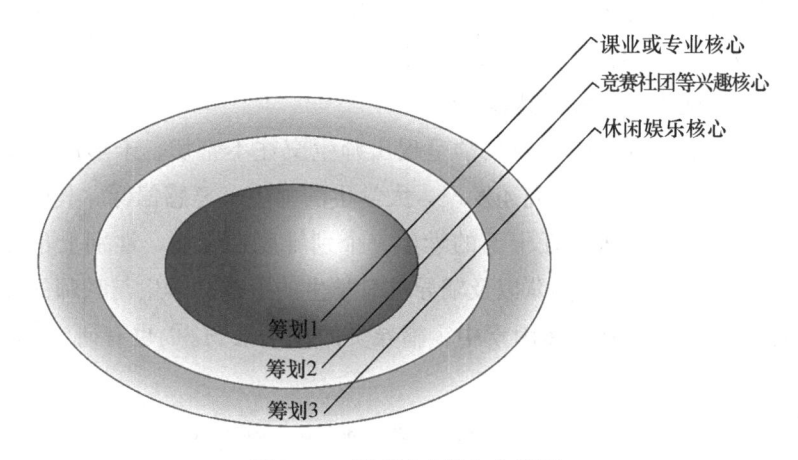

课业或专业核心
竞赛社团等兴趣核心
休闲娱乐核心

筹划1
筹划2
筹划3

图 2-5　学习活动的个人筹划

二　个体与社会维度：互动的行为模式

个体与社会的关系就体现在社会互动的交往中或人际交往中。对优秀本科生进行个体与社会的维度考察，重要的是探究院校环境中这群本科生的社会互动。在国外大学生学习与发展研究中，无论是汀托②的交互

---

① ［英］安东尼·吉登斯：《社会的构成：结构化理论纲要》，李康等译，中国人民大学出版社 2016 年版，第 6 页。
② Tinto V., "Dropout from Higher Education: A Theoretical Synthesis of Recent Research", *Review of Educational Research*, Vol. 45, No. 1, May. 1975.

影响理论、韦德曼①的大学生社会化模式、还是帕斯卡雷拉②的一般因果模式,都指出影响大学生学业成就的因素很多,其中大学生在校期间的学习经历和投入经验具有重要的影响力,这里就包括院校环境中发生的人际互动。帕斯卡雷拉将大学校园投入分为学术性与社会性两类,学术性投入包括学生与教师的关系、教室内的参与以及学生与教师之间学术性互动;社会性投入包括同伴关系、学生与教师的非学术性互动、参与有组织的课外活动及其他社会参与等。指出学生与教师及同伴的互动,以及学生努力的质量,是影响学习成果的重要中介变量。但无论是学者人为划分的学术性投入还是社会性投入,本质都是个体与社会间的互动。帕斯卡雷拉和特伦兹尼综合许多研究都发现,大学生在校园内社会互动和投入越多,即与学生还有教师的互动越频繁,越能促进其学业发展。③ 奥赖和布拉斯坎普以及阿斯汀的研究表明,学生对校园中的人际关系越满意,他们在学习方面与教师及同学接触得越多,学生的学习就越多,同样,情感发展与批判思考技能也就发展得越多。④

目前,有研究表明国内大学呈现出师生交往不密切、未形成常态化的互动机制⑤的状态。研究还发现,大学生的师生疏离感偏低。其中,担任干部的学生低于未担任干部的学生,个别维度在专业、性别上也存在较大的差别。⑥ 相比较同辈以及辅导员对学生的影响,学生与教师的互动对其影响最大,而在诸多因素中,辅导员的作用最弱。⑦ 也有研究⑧表明

---

① J. Smart (Ed.), *Higher Education: Handbook of Theory and Research* (vol. 5), New York: Agathon, 1989, pp. 60 – 68.

② Pascarella E. T. and Terenzini P. T., "How College Affects Students: A Third Decade of Research", *Journal of College Student Development*, Vol. 47, No. 5, Feb. 2005.

③ 周华丽、鲍威:《大学生校园人际互动投入的实证研究》,《高教探索》2014 年第 4 期。

④ Alexander W. and Astin, "What Matters in College: Four Critical Years Revisited", *The Journal of Higher Education*, Vol. 22, No. 8, Jan. 1993.

⑤ 周廷勇、周作宇:《关于大学师生交往状况的实证研究》,《高等教育研究》2005 年第 3 期。

⑥ 陈建梅:《大学生自尊、自我分化水平与师生疏离感的关系研究》,硕士学位论文,福建师范大学,2015 年,第 66—67 页。

⑦ 朱红:《高校学生参与度及其成长的影响机制——十年首都大学生发展数据分析》,《清华大学教育研究》2010 年第 6 期。

⑧ 石晶:《本科生社会性人际互动对学习效果影响的实证研究——以 H 大学为例》,硕士学位论文,华中科技大学,2015 年,第 24—26 页。

中国本科生的师生互动情况一般，但生生互动情况较好。还有学者研究师生之间的社会互动不利带来的负面效果，例如不利于学生自身的发展、忠诚度的培养以及以"生为本"理念的实现。[1] 总之，在该研究领域，院校环境中的社会互动通常包括两个术语：师生互动、生生互动/同伴互动。本书发现，与本科生学业生活交集最大的互动发生在其与同学同伴、教师及辅导员等身上，这些人物都属于本科生在学业成长和个人发展中的"重要他者"和"最近他者"，都是对其发展具有重要影响的关键人物。他们与本科生互动的频率、方式以及互动质量无不时刻影响着学生的价值观、认知以及行动方式。根据人际互动理论，社会角色、社会关系、接触方式、交往规则，反映了人际互动的基本模式。本书接下来从这30位优秀本科生在校期间所扮演的社会角色、社会关系、与他人互动时的接触方式、交往规则等视角切入进行探究。

（一）社会角色

社会角色是在社会系统中与一定社会位置相关联的符合社会要求的一套个人行为模式，也可以理解为个体在社会群体中被赋予的身份及该身份应发挥的功能。[2] 在社会角色方面，这群本科生更多表现出自知与自觉的社会角色，他们将自己看作"在路上的学习者"，表现出积极而又谦虚的学习态度。"我应该多向他人学习""在与他人交往中，自己还需要不断地努力和提高"等都反映了一个"学习者"的态度和认知。正如格拉斯哥所认为的，仅在以学习者为中心的学习环境中，学习者要学会在一定的教育形式下确定自己的学习需求和满足需求的方法。[3] 对于学业表现优秀的本科生而言，学习是个体构建现实的结果，在院校环境中，通过人际交往与社会互动为他们所经验的世界进行个体化的意义建构。

（二）互动向度

互动向度分为横向交往与纵向交往。横向交往是指同一层次、同一等级的人或集团之间的交往。如学生与同辈之间，教师与教师之间，工

---

[1] 胡咏梅、洪成文：《教育研究合作行为的比较研究》，《比较教育研究》2006年第10期。
[2] 曲建武：《论新老生同寝对大学生角色确立的意义》，《中国高教研究》1996年第4期。
[3] 刘春燕、钟志贤：《论学习环境中教师——学习者角色与关系的转型》，《电化教育研究》2005年第12期。

程师与其他类型的专家之间的交往都属于横向交往。纵向交往指不同层次、不同等级的人或集团之间的交往。如教授与学生之间、领导与被领导之间、中央与地区之间、父母与子女之间的交往都属于纵向交往。在院校环境中，横向交往与纵向交往共同形成了学生的社交网。学生在其中交往的范围、频率以及程度的深浅都体现了社会交往的不同程度。不同的交往向度也形成了不同的关系链。在纵向的交往向度中最常见的垂直的师生链，"在大学里，一切靠自己的主动，要自己主动联系老师的""上完课，我会经常向任课老师请教问题或者交流感想"。处在这样一个关系链的向度时，需要本科生表现出较强的学习意愿或积极主动的学习品质才能使这类社会互动顺利进行。垂直的师生链关联的是直系成员和间接的联系，与垂直的关系链形成对比的是，同辈群体是一个高度一律的网络，正如兰德尔·柯林斯所言"它体现了强烈的集体认同感和共同项目的一致要求"[①]，这类学生群体会经常聚集在咖啡馆、图书室、食堂等，有时是在跟室友、学友自由地谈论，有时还组织学术沙龙或者休闲娱乐。

（三）接触方式

学生基于不同需求与目的在院校内展开不同的人际互动和交流，继而与他人建立起三种关系。一种是以满足个体关爱、温情、安全感、归属感等情感需要的情感关系。基于此种接触方式的社会互动首先是为了寻求归属感，例如"平日各忙各的，但有时间我就会和室友一起约饭或者谈心""我不想被孤立，所以有时候与大家想法不一致的时候会选择妥协"。这样的接触方式遵循各尽所能，各取所需的规则，最终为了获得一定的安全感和归属感。其次是工具关系。这是为达成某种目的而进行的社会交往类型。这类关系遵循着公平法则，如买卖双方的等价交换。例如一些本科生会不自觉地称呼自己的指导老师为"老板"，这种现象尤其在理工科专业的学生中更为常见。而当他们称呼自己的指导老师为"老板"时，在学生的潜意识里，他与导师的交往更多的是一种建立在利益算计基础上的"雇佣关系"，少了师生交往中的"传道授业与解惑"般的人文关怀。更为极端的现象就是某学生扬言到毕业之后，"与××教师不

---

① ［美］兰德尔·柯林斯：《互动仪式链》，林聚任等译，商务印书馆2009年版，第194页。

复相见"。最后，是介于情感关系和工具关系之间的混合关系。这种关系经常发生在学生与朋友、同学以及共事的同辈之间，情感与工具兼杂，它以遵循人情法则为核心，交情的深浅和面子的大小对互动的方式和结果有重要的影响。例如以参加比赛项目或者社团活动为主要目的的社会互动中，成员之间既要靠彼此的协作与情感的凝聚，也有以"获得奖项或自我实现"为目的的社会参与。

（四）交往规则

在交往规则方面，这些本科生会通过"参照群体"的方式展开社会互动。"参照群体"是指个体在心理上所从属的群体，是个体认同的为其树立和维持各种标准、提供比较框架的群体。这些本科生会将其参照群体的价值和规范作为评价自身和他人的基准，并作为自己行动的依据。例如，他们会认为"上了大学，学业不是全部，人际交往和沟通能力更为重要""那些真正优秀的本科生心里装的不仅仅是自己，他们还有一种心怀天下的情怀"。他们会按照自己心理上所认可的群体的行为规范行事，并且会树立"标杆"和"榜样"。这就不难理解这群优秀的本科生在院校内会努力寻找自己属于或渴望进入的"圈子"，这类学生参与互动时不仅仅是为了获得相应的情感能量，也为了获得一定的身份符号与自我认同，如"他们都很优秀，能与他们在一起，这表明我也是优秀的"。这类群体社会互动更多的是在协作中进行，也往往会伴随着竞争与冲突。但是在协作关系中，个体可以与他人协商意义、共享经验和分担学习责任，个人能力以及社会性的增长值会更快。以上所述的本科生个体与社会互动的行为模式特征如表2-3所示。

表2-3　　　　　　　　　　本科生社会互动模式特征

互动模式	特征
社会角色	在路上的学习者
互动向度	纵向：常见的、垂直的师生链 横向：高度一律的横向关系链
接触方式	基于情感、工具以及混合关系的接触
交往规则	依据参照群体、寻找志同道合的"圈子"、建立协作

三 量变与质变维度：历程中的转变

大学常被视为一段历时四年的旅程，尤其对于本科生而言，这也是一场转变思维方式的蜕变之旅。对于不同的本科生，大学四年的经历于他而言的意义不同。一些学生虽然被各种活动填塞得很满，但却未完成由"量"到"质"的转变，其个人的成长和发展并未有实质性的突破。但对另一些本科生而言，他们的大学生活不仅充实，还伴随着成长和发展的诸多意义。如果说学生的成长是一场向上的攀登，攀登所能达到的高度并非随着入学时间的推移而均质增加。德雷克·博克发现一项研究表明，许多大学生在刚进校时处于"盲目信从"阶段，随着认知发展逐渐走向"大智若愚"阶段，但大多数仍处于"幼稚的相对主义阶段"。[1] 而玛歌达在对一群大学生进行追踪研究、持续访谈长达27年之后，最终提出了学生自我主导发展的三段论。她将学生自我主导性的形成比喻为一段旅程，个体在旅程中会经历三个阶段，即不加批判地"遵循外部权威阶段""十字路口阶段"和"自我主导性形成阶段"。[2] 此外，韦德曼从社会化的融入视角对本科生的发展阶段进行研究。他认为本科生的社会化是指学生参与大学里具有特定社交规则的某个群体并融入其中的过程。[3] 这一过程受到以下因素的综合影响：学生背景；大学的学术和社交组织架构；父母的社会化；大学以外的群体。[4] 在韦德曼看来，本科生的社会化过程一般要经历四个阶段，即预期阶段、正式阶段、非正式阶段、个性化阶段。大学生初入校园时处于预期阶段。随后开始接受大学的正规教育，在此过程中慢慢学会了遵循大学校园内的各项规章制度和行为规则，进入正式阶段。随着学生社会化的融入，他们逐渐了解一些隐形制度，即那些没有明文规定的行为规则。即使不需要他人告知，他们也能够明白在大学里应该如何言行举止，这时他们进入了非正式阶段。最

---

[1] ［美］德雷克·博克：《回归大学之道：对美国大学本科教育的反思与展望》，侯定凯等译，华东师范大学出版社2008年版，第68页。

[2] 焦旭平、史晓燕：《自我主导理论的形成、价值及发展》，《保定学院学报》2018年第2期。

[3] Weidman J. C. , *Undergraduate Socialization*, ASHE Annual Meeting, 1987, pp. 15-20.

[4] Weidman J. C. , *Undergraduate Socialization*, ASHE Annual Meeting, 1987, pp. 15-20.

后，学生能够完全适应大学生活，自然地融入大学群体之中，各方面的发展达到大学的社会化水平，进入个性化阶段。这一阶段标志着学生在大学环境中的全面成长和成熟，能够自如地应对各种挑战，充分发挥个人的潜力。

本书在借鉴和参考以往研究文献的基础上，通过对这群优秀本科生的个人叙事发现，这些学优生的学习经历体现了由量变向质变的转变，并且其发展特征呈年级性聚集。通过复合式顺序分析，这些本科生依次经历了"摸索中的试水阶段""扩展学习域的发展阶段""十字路口的选择阶段"以及"自我主导的过渡阶段"。复合式分析如图2-6所示（处于不同阶段时期的人数用n进行表示，单位：人）。

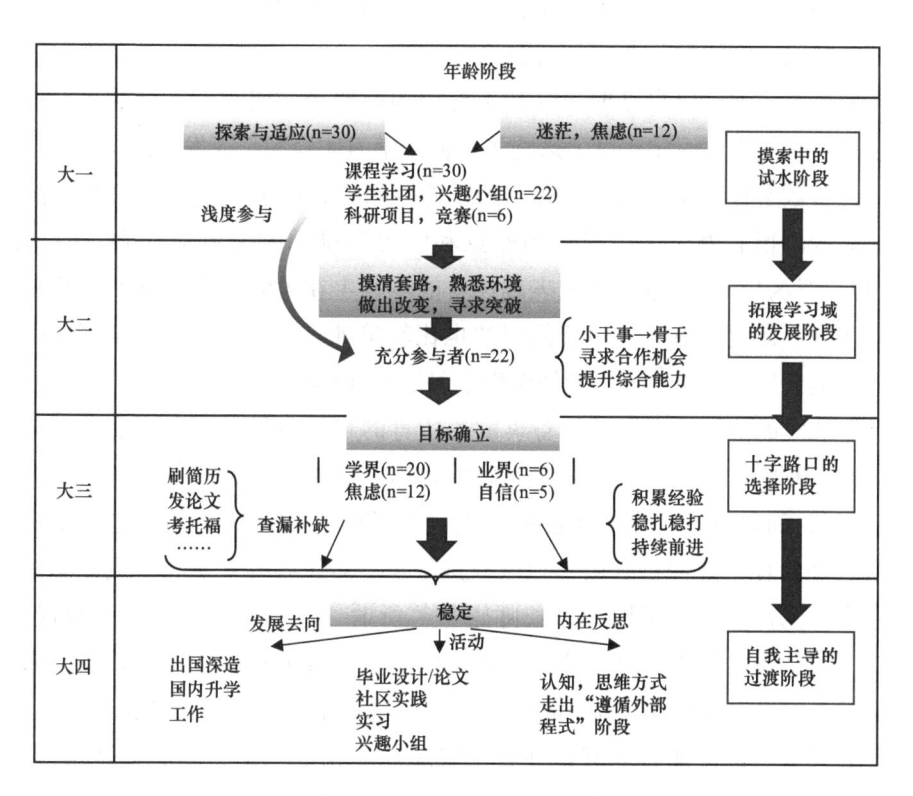

图2-6 本科生学习经历复合式顺序分析

（一）大一：摸索中的试水阶段

处在大一阶段的本科生，他们对大学生活既充满期待，又对扑朔迷离的未来充满不安。刚进入大学校园的他们更多的是在"摸索"中前进（n=30），正如其中一位本科生坦言自己处于"一种懵懂的探索"阶段。很多本科生最初都经历了一个"迷茫期"（n=12）。首先是对所学专业的迷茫。多数本科生进入大学前对自己的专业的了解度和兴趣度并不高，进入大学后不免产生迷茫，甚至有的学生就转专业与坚守本专业进行过多次内心的挣扎。此外，一些本科生提到，大一课程围绕专业的核心课程并不多，这使得他们难以真正"沉浸"在自己的专业中。例如，一名学生提到自己在大一时期学习的物理、数学等课程大多是高中已经学过的旧知识，没有接触到太多专业性的内容，导致他一度感到迷茫，不清楚为何要上这些课。其次，对未来的迷茫也是许多刚入大学的本科生面临的一个问题。未来的不确定性让他们感到焦虑和困惑。一方面，他们不清楚周围同学的实力，担心自己会落后；另一方面，他们也在探索未来的道路，不确定自己要选择什么样的职业路径，成为什么样的人。这种迷茫和焦虑在一定程度上影响了他们的学习体验和个人发展。

多数本科生在回忆大一时期的学习经历时，认为他们依旧沿袭着高三时的习惯。由于高中时期的作息和学习安排都非常有规律和目标性（以升学为导向），这些学业表现优秀的本科生在大学初期的学习习惯相对较好。在大一阶段，他们的想法也比较单纯——就是把学业搞好。因此，他们的日常生活主要围绕课程学习展开（n=30）。

此时的他们并未自然具备玛歌达所言的自我主导性。在谈及个人目标时，有些学生提到自己虽有明确的目标，却认为那是一种"随大流的目标"，而非经过内心审慎思考后的目标。很多学生会不加批判地接受来自"经验者"或"师长者"以及权威知识，对于各种规定和权威充满了尊崇。他们会认真听取"师长师姐"等所谓"过来人"的经验和建议。为了帮助新生尽快适应，师长们通常乐于直接告诉他们知识是什么，遇到问题时更愿意直接帮他们处理，而不是告诉他们如何去解决问题。这种方式虽然在短期内能够帮助学生快速适应大学生活，但从长远来看，可能不利于培养学生的自主学习能力和独立思考能力。

值得一提的是，这些本科生都能意识到在大学里，学业并不是唯一的追求，他们希望在各个方面提升和扩展自己。为了融入并适应大学生活，他们通过各方面的积极参与，将学习的触角延伸到以学业课程为核心的区域之外。一是参与形形色色的学生社团或从事相关的学生事务活动。对于这类本科生（n=22），他们渴望能够在人际交往、口语表达、组织策划等能力方面进行全面提高，对于自己感兴趣的社团活动就会尝试参与。二是他们会尝试参与和科研项目密切相关的活动（n=6）。这类本科生多处于科研平台较好的院校，其所在院系科研氛围较浓厚，科研资源和条件也相对较充足，加上个人好奇和兴趣使然，于是决定从参与科研项目这条路径入手去提高自己。例如本科生李某就觉得自己是从偏远地区升学上来的，自己的学习能力和知识基础都相对比较薄弱，进入大学后就很想快速提高自己。但由于性格以及个人偏好的原因，他对于参加社团活动并不感兴趣，于是选择主动找老师做一些学院的科研项目，他认为通过这种方式个人能力能够得到很好的锻炼。于是他在整个大一阶段"都在做一些尝试"。从大一开始，他就和三个本科生一起做有关无人机的科创，诸如学校的"机械大赛""大学生创新大赛"等活动他都有参加过，虽然"没取得什么成绩"，但他也很感谢这段经历，认为学习本身就是一个循序渐进、不断累积的一个过程。这与研究者[1]构建的大学生学习与发展金字塔理论较契合，金字塔的不同层级展示了学生在校期间的不同发展水平和状态。第一层级呈现了大学生活中最常见的各种情境，如课业学习、联课活动等，参与大学生活动的各个情境是攀登金字塔的开端。对于那些只是"签到式"参与，奔走于各个活动之间的本科生而言，他们的个人发展与成长可能长期滞留在第一层。而对于那些在探索中试水，但却用心投入的本科生而言，大一却奠定了整个大学四年的基调。在经过不断地适应和尝试后，他们带着不同的目标和状态走向了大二。

（二）大二：扩展学习域的发展阶段

在大二阶段，不少本科生会采用"顺手""上路"以及"摸清套路"等词语描绘自己的学习状态，并且他们处于一个不断扩展学习域的发展阶段。正如一名本科生所言"到了大二的时候，我感觉进入了一种发展型阶段。慢慢地从大一适应了那种所谓的探索之后，开始自己尝试着更

---

[1] 岑逾豪：《大学生成长的金字塔模型——基于实证研究的本土学生发展理论》，《高等教育研究》2016年第10期。

多地发展自己,锻炼自己。"首先在课程与专业发展上。到了大二,随着通识课的减少,专业课开始集中起来,学生的专业感也就随之增强。一名经济学专业的本科生在谈到货币金融学这门课程时,她认为不管老师讲得好不好,这门课程本身就很有趣,课程的参与感自然就比大一时强很多。其次经过一年的"摸索"与"试水",对于课程学习、考试以及周围人的水平心里有了"底",尤其在如何选择听课上课、与老师和同学们更好地打交道、期末考试复习拿高分、积极参与学生活动建立自己的人脉网、更好地提升自己的综合能力等方面。正如一些被访者所言"大一走了一遍后,你就什么都知道了""其实到了大二,你就是老油条了"。当适应了整体大学生活,对周围的环境和学习模式有了新的了解和认知后,这些本科生就会根据自身的需求和目的积极做出改变和调整。这是积极寻求自我突破和自我完善的前提。

在具体扩展学习领域的阶段,根据个人的兴趣和发展志向,部分本科生选择从参与类型方面继续扩展自己的学习域。一方面,他们成为各种学生事务、社团活动和项目大赛的"广泛参与者";另一方面,他们积极寻求和体验"深度"参与和发展的机会,成为"充分参与者"(n = 22)。正如美国心理学家桑福德所言,大学生发展是一种积极的成长过程,而且在这一过程中,个人可以在融入群体、参与各种活动(如教学活动、学生组织、竞赛活动、社会实践、志愿服务等等)中得到各种经验。而到了大二阶段,那种刚入学时对周围环境的陌生和紧张感已经消失,自我突破和自我完善的动机较强烈。此时院校内的各种实践机会都有可能成为本科生能力的锻造厂。由于在大一期间表现得较为积极和突出,到了大二,一些本科生就成为社团中的"骨干",开始带头负责组织和策划一系列挑战性工作,而非大一时期跑腿的"小干事"。

本科生 S 叙述自己在大二期间组织承办了学校的第一届教师技能大赛并且还参加了学生会干部培训、青年马克思主义大学生骨干培训等多项活动,在此过程中,他也会为学生会的事务而烦恼,遇到过很多困难,但是当自己的想法和建议被采纳和肯定时,当难题被一一解决时,自身就颇有成就感。本科生 A 提到自己身为学生会的部长,经常要学会与其他部门进行沟通和协调,慢慢地也就学会了如何更好地去管理和经营一个团队,自身的沟通技能和管理技能都有了很大提高。还有学生认为自己在大二的时候全方面地在挖掘自身的潜能。例如，潘同学参与了"挑战杯"和"互联网＋"的全国性比赛，她还认为自己是一名商科生，做不出绝对性的硬科技东西，这就无法在大赛中取得好成绩，于是她积极寻求与其他院系进行跨学科合作的机会。在与其他院系的合作伙伴共事整整6个月后，她学到了很多，并最后与合作伙伴共同完成了商业计划书的撰写，包括路演、尽调（尽职调查）、PPT制作等整个流程，最终分别拿到了全国的金奖和银奖，这让她感到非常满意。此外在课程学习方面，潘某也是"不服输"，她给自己立下目标，每门课都要拿"A"，学分绩点要保持全班前五，各种综合分都要努力争取，不管是志愿活动，体育活动，还是各种竞赛，她都会努力参与并争取拿到最好的名次。总之，"最忙碌的一年""过得很累但很充实的一年""任务最多也是成长最快的一年"是他们对大二学习生涯最多的总结和描述。

（三）大三：十字路口的选择阶段

在这群本科生经历了紧张却又"异彩纷呈"的大二生涯后，他们便逐渐地转向对未来世界的规划和探寻。到了大三，本科生对于自身的兴趣、志向以及能力都有了一个较为清晰的认知，他们要对自己进行综合评估，以决定自己未来是走"学界"（n=20）还是"业界"（n=6），于是进入了图2-6所示的"十字路口的选择阶段"。处在这个阶段的学生，分别呈现出"焦虑"（n=12）和"自信"（n=5）两极分化的心理状态。那些发现个人目标规划与现实自我能力的差距较大，需要很大的工夫去"查漏补缺"的本科生更容易陷入焦虑。例如，潘某到了大三后觉得自己适合走"业界"（意为"直接就业"），但本科学历让她无法进入一家很好的企业，所以她知道自己努力的方向就是一边申请好的研究生，一边找好的实习单位，"刷"实习经历。因为第一份实习往往是很难找的，眼看着周围同学陆续找到自己心仪的实习单位，让她更加地焦虑，生怕自己没有时间刷实习经历。但幸运的是她遇到了一个很好的老师，愿意给她机会，带着她实习，于是她顺利进入到光大证券做行研。在有了第一份很好实习经历后，接下来就变得容易很多，她陆续接到了麦肯锡和富兴的实习。对于学业成绩第一名的赵某而言，他大三阶段焦虑的却是能否顺利被保送研究生这件事。他认为自己虽然学业成绩一直名列前茅，但对比其他同学，他没有什么竞赛荣誉，也没有很出色的实习经历，科研方面也没有什么成果,所以保研之路对他而言就很"悬",所以他同样要忙着"查漏补缺",用他的话来说就是"简历上缺什么就补什么"。于是大三一年于他而言就非常辛苦,其所有的竞赛活动以及论文撰写都带有很强的目的性——为保研增加有利的筹码。而对于徐某而言,大三的时候他决定了毕业后出国深造的念头,于是就开始着手准备美国研究生入学考试和托福考试。在此期间他通过继续参加项目比赛、找合作伙发表论文等努力包装自己(进一步)寻找心仪的"邀请函"。也正如本科生范某所认为的,到了大三阶段,学生就要逐渐锁定自己未来发展的目标,一定要有明确的目标和规划,然后为之努力,而"自身缺什么资源,缺哪些技能和能力,你都要去跟上,从现在开始一个一个补起来"。

除了以上呈现出焦虑状态并努力"查漏补缺"的本科生,还有一类学生(n=5)却表现出水到渠成的自信。这类学生,他们从入学一开始目标就比较明确,经过前两年的积累,到了大三便处于出一个稳步而持续的上升期。例如,有的学生在大一大二就决定了本科毕业后就直接就业,在校期间除了保证课业基本的完成外,更多地将精力投入与未来就业相关的活动和筹划中。有了前期的积淀和准备,大三时期的他们反而显得从容和淡定。对于更多的学生而言,一开始的目标并不是十分明确,甚至会到了大三仍举棋不定,他们的目标方向和选择范围在不断缩小。正如张某所认为的,原来的自己无论碰到什么都会尝试一下,而到了大三就自然而然将选择窄化,并集中更多的精力投入有限的目标中,"到了大三目标就更加明晰了,真正接触到科研之后,对于更多的细节上的理解和把握就肯定会越来越明朗"。"你会发现你越来越稳扎稳打,会越来越倾向于你日后既定的目标"。

(四)大四:自我主导的过渡阶段

到了大四,这些学优生的毕业去向基本明了——出国深造、国内升学和就业。这个阶段他们的课业已基本完成,会有更多的自主时间来做一些自己感兴趣的事情或为开启下一段的征程做准备。比如那些保研或考研成功的本科生,他们除了忙于做毕业设计、与教授合作写论文投稿、待在实验室继续科研,一些学生则会继续找实习工作或者参加兴趣组织,如社区实践、志愿者活动等。总之,"非课程性的高影响力教育活动是大四学生高强度学习性投入的主要形式"[1]。与关注新生、大二学生学习发展过程和校园支持性资源的研究出发点不同,在国外的研究中,大四学生往往被看作高等教育的"产品",对他们的研究因此也更关注就业期望、可雇佣能力和择业行为等"出口"指标,而对于大四学生学习过程和学习特质的研究并不多。[2] 但大四时期是大学生成长和发展过程中一个不容忽视的阶段,也是大学生涯中最后一个阶段,是人完成从青春期向成年早期过渡的重要时期。根据发展心理学的相关理论,青年人在这一时期的认知、社会情绪等方面都面临着转型,譬如形式运算思维达到最高水平,现实主义和实用主义思维开始发展,反思性、相对性和情境化的思维增长。本研究发现,处于大四时期的本科生会表现出较强的反思性和自我意识,这种反思表现在认知与思维方式、学习方式等方面,开始向玛歌达的"自我主导"阶段进行过渡。

例如,大四的赵某,首先,他遇到困难的第一反应不再是逃避和唯唯诺诺。他认为所有的困难都只是暂时性的,只要一如既往地坚持,就一定会有一个意想不到的好结果,这是他四年来心态上的一个最大变化。其次,他发觉自己以前更多的只是在学知识、复现知识,会考试而已,而现在学会的是如何更好地应用知识和解决问题。而程某认为自己经历了一个从依赖书本到主动借助网络寻求知识、从"别人喂知识"到学会自己探索、从喜欢阅读中文文献到习惯看英文文献的这样一个过程,并且逐渐适应和享受不断挑战自己,挖掘自身潜力的一个经历。当然,在本科生寻求自我发展的旅途中,他们旧的意义建构方式开始动摇,新的意义建构方式在逐步形成。在此历程中,他们必然会经历各种不适和内心挣扎。他们会发现权威之间互相矛盾,如教授与教材意见或生活经验相左,进而质疑权威、发出疑问、寻找证据、主动构建,认识论维度初步走出"遵循外部程式"的阶段。这与玛歌达提出的自我主导性的过渡阶段特征较为贴近:相信自己形成知识见解并确立重点的能力、指导自

---

[1] 文雯、史静寰等:《大四现象:一种学习方式的转型——清华大学本科教育学情调查报告2013》,《清华大学教育研究》2014年第3期。

[2] 文雯、史静寰等:《大四现象:一种学习方式的转型——清华大学本科教育学情调查报告2013》,《清华大学教育研究》2014年第3期。

己生活的坚定信念的出现、学习平衡外界权威与自己观点和知识的关系、发展一种内在自我身份来认同个人知识与优势。[1] 当然这并不代表他们都完全契合或者实现了自我主导，事实上，他们仍处于过渡阶段，过渡的成功与否与个人的内在反思和自我意识的成长有关。也有学者[2]认为自我主导性的形成是一个漫长的过程，即使成年人在离开大学校园工作多年之后，也不一定能完全形成达到了自我主导性，故大四阶段的他们仍只是处于"自我主导的过渡阶段"。

本章小结

本章通过时间与空间、个体与社会以及量变与质变三个维度对优秀本科生的学习经历进行研究发现，在时间与空间维度上，这些本科生在院校环境中的行动轨迹与活动场景类似于一个被"圈定"的"菱状区域"。这些学生在固定的"菱状区域"内面临着"能力性"与"综合性"的双重约束。为了落实学业目标和行动计划，他们就需充分地利用有限的时空资源以实现行动效率的最大化。在此过程中，他们会根据学习任务的重要性进行差别化的筹划。在这些优秀本科生的行动筹划中，首先是以"课业"或是"专业"发展核心的第一"筹划"，其次是以"个人兴趣"为核心的第二筹划；最后是以个人的休闲娱乐为中心的第三筹划。越是学业表现优秀的学生，其个人学习活动筹划的等级性就愈明显。

在个体与社会维度上，本章主要从这些本科生所处的社会角色、互动向度、接触方式以及交往规则这四个方面进行探究。研究发现，这些优秀本科生更多地将自己看成是"在路上的学习者"，其学习的积极性和自信心都较高；在互动向度上，纵向表现为以师生为主体的垂直链，横向则表现为以同学、学友等同辈群体为核心的高度一律的网络，但无论处在何种的互动链上，学生都表现出一种主动开放的交往心态；在接触

---

[1] Marcia B. B. M., "Epistemological Development in Graduate and Professional Education", *Review of Higher Education*, Vol. 19, No. 3, Jan. 1996.

[2] James P. B., Patricia M. K. and Marcia B. B. M, "Long Strides on the Journey Toward Self-authorship: Substantial Development Shifts in College Students'meaning Making", *The Journal of Higher Education*, Vol. 84, No. 6, Oct. 2013.

方式上，则呈现出基于情感、工具以及混合关系的接触形式；在交往规则上，他们的行动会依据内心的参照群体，通过树立"标杆"和"榜样"寻找与自己志同道合的"圈子"并建立协作关系。

在量变与质变维度上，通过复合式顺序分析，研究发现这些本科生在大学期间的经历具有年级性的聚集特征。他们依次经历了"摸索中的试水阶段""扩展学习域的发展阶段""十字路口的选择阶段"以及"自我主导的过渡阶段"。

第 三 章

优秀本科生学习经历影响因素模型的构建

大学是为实现教育目的而安排的学习环境，它为学生提供了丰富的学习机会与教育资源，以便使个人内在潜能得到充分激发。然而，在以可见的学习成果为衡量标准日益盛行的时代，大学本科四年的学习经历却如同一个"黑箱"被忽视。作为一种理性设计的学校教育，它的前提是相信教育能够改变人和发展人。研究者在实践中不断追问"教育有没有发生"所指向的正是这个前提。回应这样的追问需要人们反思"学校教育是如何改变人和发展人的？"这也是探究学生在校期间学习经历的重要意义所在。承接第二章，本章试图通过纳入不同类型的案例，对影响本科生学习经历的因素进行细化和归类，旨在探索和构建出优秀本科生学习经历影响因素的模型。通过对优秀本科生案例的解剖式分析，我们可以逐步理解和探究优秀本科生学习经历的重要影响因素。

第一节 研究设计

一 研究内容

第一，深入个案探究本科生学习经历影响因素，通过不断地寻找、调整访谈资料中的概念维度，最终归纳出优秀本科生学习经历的影响因素。

第二，对优秀本科生学习经历的影响因素模型进行验证。

二 方法与过程

(一) 研究方法

本章中主要采用多个案研究法对资料进行分析。为了检测跨个案材料中所有属性的饱和程度，进一步深入挖掘和探析影响本科生学业优秀的因素模型，本书还使用了 Nvivo 软件进行数据处理分析。Nvivo 软件可以管理文档、PDF、视频、照片和音频等文件中的信息，并对数据进行快速深度的定性分析。它可以通过创建项目、收集材料来源、创建节点、简单编码，突出显示关键要点；实施查询以在数据中查找模型制图；直观显现数据中的链接、创建图表、运行报表等功能，帮助研究者简单组织和构造复杂信息，提取数据中有价值的信息；记录研究思考过程，快速唤起回忆或进行后续分析。Nvivo 软件最为突出的优势是强大的编码功能。阿瑟顿与埃尔斯莫[1]认为，软件可以经由排列次序及资料的分类，协助资料之管理与分析。由于质性研究计算机辅助软件可以让三角校正变得更容易，因此，透过资料之链接功能，能够更容易验证与检验不同来源的资料。

本书使用 Nvivo11 版本，其提供的导入项目功能可以汇入不同使用者的数据，在进行整合型研究时，可以比对不同使用者编码比较中的一致性、不一致性和 Kappa 系数（系数介于 0 到 1 之间，是测量信度的众多方法之一），以此对编码的信度进行检验。这些功能使得 Nvivo11 成为进行定性数据分析的强大工具，有助于深入理解和挖掘优秀本科生学习经历的诸多影响因素。

(二) 研究过程

首先，在资料的收集阶段。本阶段主要采取半结构化的访谈策略，且半结构化指南所选择的主题是根据阿劳霍[2]等的采访指南改编而成的。在访谈中侧重考查学生的认知感、动机与情感、话语与行为以及院系环

---

[1] Atherton A., Elsmore P., "Structuring Qualitative Enquiry in Management and Organization Research: A Dialogue on the Merits of Using Software for Qualitative Data Analysis", *Qualitative Research in Organizations and Management*, Vol. 2, No. 1, May. 2007.

[2] Araújo L. S., Cruz J. F. and Almeida L., "A Entrevista no Estudo da Excelência: Uma Proposta [The Interview in the Study of Excellence: A Proposal]", *Psychologica*, Vol. 52, No. 1, Jan. 2010.

境等方面的要素。最终根据访谈材料展开个案分析。

其次，在影响因素模型的建立阶段。从 30 位优秀本科生学习经历的案例中依次纳入了"基础"个案、"辅助性"个案、"同类现象"中的反例个案以及"非同类现象"个案。在研究过程中，对个案的分析和编码的处理参考的是"扎根理论"[1]的思维路径。一方面，本章在对个案进行阐述中更侧重于分析而非仅仅描述，并且逐步在一个更抽象的层次上组合概念群，形成新的类属。另一方面，此阶段的研究也侧重在经验资料、已有文献和研究者个人经验基础之间进行互动，通过不断地调整和归纳个案生成的概念，在跨个案的比较与分析中建立了优秀本科生学习经历影响因素的模型。

最后，综合 30 位被访者的研究资料，采取"自上而下"的方式为跨个案研究建立的类属和属性进行资料丰富度确认，并在呈现整个编码结构后纳入另一位编码员 H，对部分编码节点进行编码的信度（一致性）检验。

第二节 个案模型的探索与构建

一 个案的选择和分析

单案例只关注一个案例，而多案例研究则在同一研究中包括两个或两个以上的案例。多案例应当加以选择以便能实现相互复现，要遵从复制法则（replication logic）或者可以基于预测的原因得出不同的结果（理论复现，theoretical replication）[2] 本书主要采用修正的分析归纳法（revised analytic induction）以及连续比较法（constant comparative method）[3] 处理多案例。它们不仅是质性资料分析的方法，也是不断发展理论的方法。分析归纳法是"收集和分析资料的方法，也是发展和检测理论的方

---

[1] 陈向明：《扎根理论在中国教育研究中的运用探索》，《北京大学教育评论》2015 年第 1 期。

[2] ［美］罗伯特·K. 殷：《案例研究：设计与方法》（第三版），周海涛等译，重庆大学出版社 2004 年版，第 52 页。

[3] 林小英：《分析归纳法和连续比较法：质性研究的路径探析》，《北京大学教育评论》2015 年第 1 期。

法。此方法已有一段长久的、充满争议的历史"。① 当一些特定问题、疑问或议题成为研究焦点时,研究者就可以采用分析归纳法的路径。分析归纳法的过程可以简要总结如下。

第一,研究初期发展出一个特定现象的大略定义和解释;

第二,将上述定义与解释带进资料收集的过程中;

第三,一旦遇到不符合原先定义与解释的新个案时,修正原有的定义与解释;

第四,主动寻找不适用于原先定义与解释的个案;

第五,再次定义并重新形成解释,直至普遍关系建立,并且使用每个反例(negative case),以符合再次定义或重新形成意义。②

本书基于分析归纳法的逻辑而进行理论修正的方法,与早期实证研究所采用的方式已有很大的不同,而是一种经过反复修正的"探索性"分析形式。"这是一种适度而不含野心的事业,承认我们能够做出的最好概括通常都是有界限的。这就鼓励我们在走向现场之前与之后,都要仔细选购现有的各种理论与概念,而不是要大量买进我们所能找到的所有东西"③。使用分析归纳法进行资料收集和分析的目的在于,发展包含同类现象所有个案在内的描述性的理论模式。

格拉斯将用来发展理论的连续比较法的步骤叙述如下。

第一,开始收集资料;

第二,找寻资料中可成为焦点类属的关键议题、回溯事件或活动;

第三,收集资料,以提供焦点类属的许多偶发事件,并留意该类属下的各种属性;

第四,写下正在探索的类属,试图去描述并解释资料中的所有事件,同时也继续找寻新的事件;

第五,运用已有资料和突显的模式,以发现基本的社会历程和关系;

---

① Denzin N., "The Research Act a Theoretical Introduction to Sociological Methods (2nd ed.)", (https://doi.org/10.4324/9781315134543).

② Robinson W. S., "The Logical Structure of Analytic Induction", *American Sociological Review*, Vol. 16, No. 6, Jan. 1951.

③ Jones C., "Doing before Knowing: Concept Development in Political Research", *American Journal of Political Science*, Vol. 18, No. 1, Feb. 1974.

第六，将分析的焦点集中在核心类属上，同时进行抽样、编码和写作。①

这两种研究路径都是设计和处理有关资料的方法。但在实际的案例设计以及资料的处理和分析过程中，分析归纳法和连续比较法是循环使用的，并不是完全分离的。因为研究过程需要在资料的不断纳入和比较中形成和发展理论。更多的区别在研究起始阶段——有无明确的理论基础和框架，而当研究正在进行中时，这两种方法必定是交织在一起的。

在笔者运用具体的方法进行研究设计之前，能够确定的一点就是自己的研究兴趣——他们何以优秀。基于兴趣之因，即笔者本人也经历过本科四年学业生涯，对于自己大学生活有着怀念、感恩、遗憾等复杂交织的情感。故选此议题进行研究也是基于个人生命史和价值立场所决定的研究旨趣。虽然研究旨趣可以帮助笔者明确大致的理论方向，但是一旦笔者进入研究现场，面对大量的情景细节，选择哪种研究路径才是决定研究深度、保证研究效度的重要因素。

二 影响因素模型的生成

（一）基础个案

通过目的性抽样，对第一个个案，即基础个案——学优生 A 进行分析，并根据最初的理论基础对其属性特征进行归类（括号内部是其编码信息）。

根据最初的滚雪球，按照本书对优秀本科生的操作性定义标准找到了学生 A。通过对个案学生 A 关于大学生活、课程学习、活动参与、学习经历、职业规划等方面的初步访谈和深度访谈，笔者发现她作为一名本科生刚开始对于自己学习和生活规划并不是很清晰，到了大二才逐渐意识到"没有很好的成绩是没有办法在以后做很多事情的"（成绩—发展）。大一寒假期间，该学生接到一个翻译外文书的任务，于是她投入了整个寒假的精力协助老师做翻译工作。等大二开学，A 学生就暗自下决心要用功学习，并立志拿到国家奖学金（内在动机—外在动机），因为她

---

① 林小英：《分析归纳法和连续比较法：质性研究的路径探析》，《北京大学教育评论》2015 年第 1 期。

计划本科毕业后去香港大学继续深造（短期动机—长期动机）。整个大二是她非常繁忙的一年，不仅学业任务繁重，还要忙于参加"挑战杯"和"互联网项目类"的大赛（项目比赛），还有相关的社团活动和志愿者活动（社会实践）等。大二时期的她也慢慢习得了如何获取高分的技巧以及考试的各种复习策略。到了大三，她对自己未来的方向——今后走"业界"还是"学界"就更为明确了。她决定以后还是要往"业界"发展，本科毕业去香港大学深造也是为了将来能够更好地就业。于是她不断刷新自己的实习经历，为将来赢得一份好的工作增加筹码。在访谈中，她着重提到了两位老师。一位是大一带领她进行翻译并出版著作的老师，因为这次做翻译的经历，考验了她的耐力，让她觉得自信心倍增。另一位是她大三找实习时遇到了"光大证券"的一位老师。在此之前，她一直处于十分焦虑的状态，她认为那些家里有关系和人脉的同学就更容易进入很好的企业单位去实习磨炼，而她只能靠自己，故她一度陷入焦虑之中。还好复旦大学的声誉（院校声誉）以及她自己出色的表现，在某种"因缘巧合"下认识了这位"光大证券"老师（人脉），让她能够顺利进入光大证券做"行研"①，并受益良多。有了第一份成功的实习经历，接下来她的实习就更为顺利。先是跟着自己的师兄做了一部分FA（Finance Advisor）②，接触到了"立法杯"的战略咨询。在有了一个很好的战略咨询的项目经验后，她又成功地接到了麦肯锡和富兴的实习机会。这些经历都大大提升了她的专业技能和综合素质。提到本科期间的生活，她也着重提到大学与高中时代的差别：大学老师不会主动找学生，需要学生主动去找老师，学习要靠个人主动。当然她也谈及了自己某些学习上的"癖好"：很有耐心，思维较发散，反复巩固复习、专注力等。最后，在个案A最后的总结和叙述中，她特别感激所在院校给提供的诸多学习机会和绽放自己的舞台（机会创设）。

在将个案A提供的信息做初步的开放编码以后，与最初概念进行匹

---

① "行研"：行业研究员的意思。一般的金融行业或者搞投资的公司，都需要针对某个行业做出细致的研究，而做研究工作的人员就叫行业研究员，简称行研。

② "FA"（finance advisor）：理财顾问是利用自己的专业理财知识为客户提供理财规划方面的服务的专业人士。

配，发展了概念下的类属图 3-1。

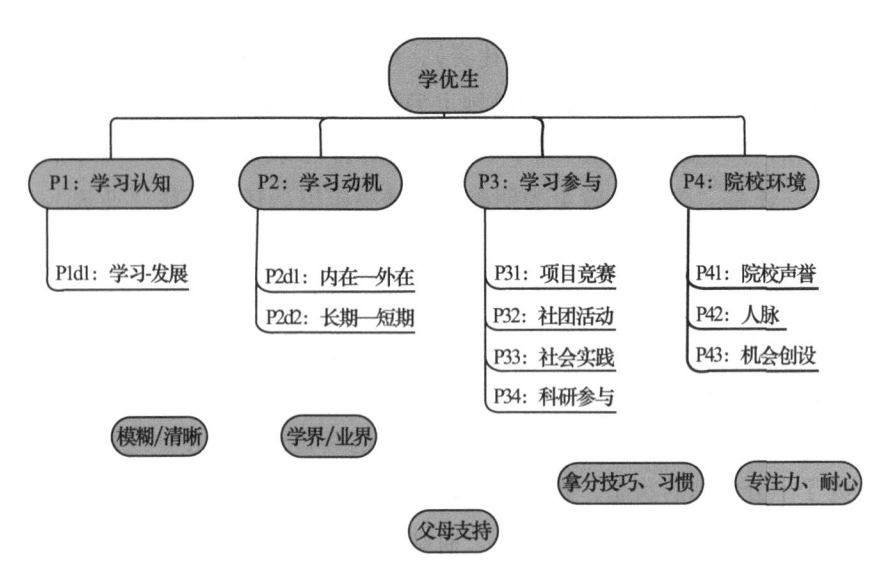

图 3-1 理论模式 T1：优秀本科生学习经历影响因素

在图 3-1 中，P1—P4 都是类属，其下本应该是各个类属的属性，每个属性下的"分子式代码"是维度。但在本案例中，由于之前的相关文献和理论分析构建的因素概念图的引导，本书很快找到了个案 A 学生所对应的 P1 学习认知，P2 学习动机，P3 学习参与以及 P4 院校环境这四个类属。但由于这只是最初的一个单一案例，在这个理论模式中，资料与属性之间还存在着较大的鸿沟，缺乏严密的论证。其中 P1 与 P2 类属其下缺乏属性概念，只有 P1d1（学习—发展）以及涉及动机层面的 P2d1（内在—外在）、P2d2（长期—短期）。P3 和 P4 这两个类属的属性分别是 P31—P34，P41—P43。当然，类属、属性以及维度之间的关系是相对的而非一成不变的。在图 3-1 中，我们看到以上概念抽象程度较高，并且其下的类属也没有穷尽。此外，还有一些来自访谈文本——即受访者自己的语言，如"学界""业界""拿分技巧""专注力"等，这些来自原始资料的"鲜活编码（vivid code）"。作为研究者，笔者对这些基于本土概念生成的"鲜活编码"较为敏感，但目前还只是暂时提取出来悬置在图 3-1 中，等待进一步分析和归纳。可见 T1 还存在严重的理论不饱问题。

（二）辅助性个案

陆续纳入辅助性个案 B、C 进行比较，在此过程中进行三角互证，并发展松散的描述性理论。

就如拉金所强调的：个案取向分析是把个案当作一个整体，去探究此个案内的结构、关联性、原因和结果，之后才会去比较不同的其他个案。[1] 本书同样会寻找案例间的相似之处，以及不断出现的关联性，比较不同的结果，并开始提出更具普遍性的解释。为了能够展现可类推以及变异性，本人需要继续收集与选取个案资料。在本书中，笔者首先关注的是原始访谈，其次逐一寻找和展示出原有场域或主体范围的其他场域。"资料的收集过程中会不断出现新的问题，这些新问题与原有的理论模型可能并不一致，需要对原有理论框架进行调整。"[2] 基于此，在对个案 A 进行了详细分析之后，本书着手依照 T1 的指引继续收集与选取资料，纳入了个案 B 和个案 C，并在不断地对照和比较中修改和充实以上的理论模型。

被访者 B 认为不同年级阶段课业与科研的侧重点应该不同。在大一大二这种低年级阶段就应该以课业为主，这样才能为将来的科研学习打好基础。到了大三大四高年级阶段学生就应该根据未来的发展目标来决定日常的学习投入。学业成绩在个案 B 看来同样很重要，他认为在学业成绩好的基础上才可以做更多其他的事情。故有关学习认知这一类属 P1 以及维度 P1d1 依旧保留。被访者 B 刚步入大学时，对科研感到既陌生又好奇（内在动机），于是开始尝试接触一些科研性质的活动，顺势就加入了学院的"航模队"社团。渐渐地，他就接触到了以写代码为主的科研活动。总体而言，大一的时候，他做得更多的都是学生工作、社团方面的事情。因为自己性格较为活跃，再加上周围人对社团的管理工作并不是很大热情，随后就被推选上了社团部长和学生俱乐部主席的职位。同

---

[1] Ragin C. C., "The Comparative Method: Moving Beyond Qualitative and Quantitative Strategies" (https://www.jstor.org/stable/10.1525/j.ctt1pnx57).

[2] ［美］罗伯特·K. 殷：《案例研究方法的应用》，周海涛等译，重庆大学出版社 2009 年版，第 66 页。

时基于评奖评优的需要，他也参加了一些志愿者之类的活动（工具性动机）。通过信息的对照，再重读个案 A 的实地笔记，发现个案 B 不仅在 T1 中学习动机的两个维度 P2d1 与 P2d2 有所反映，同时还可以进一步抽象化提出学习动机中的两个新属性——P21 "工具性动机"与 P22 "内在动机"。而在学习参与方面，与个案 A 中覆盖的概念基本一致，无外乎项目竞赛、社团活动、科研参与等。到了大二下学期，个案 B 陆续参加了一些与机器人相关的比赛，还拿到了地区赛的一等奖。在这个时间段，他的时间被安排得很紧密，一方面要忙于自己的学业工作，另一方面又要筹划自己的毕业设计，还需要应对一些项目比赛。期间，他发现周围一些同学计划本科毕业后去德国深造，受到他们的影响，他双休日也开始学起了德语（同伴影响）。但大二过完，他突然又发现去德国深造并不适合自己，到了大三就立志毕业后去美国深造（目标确立）。对照个案 A 中，被访者提到自己也是在大三的时候确定了自己适合走"业界"而非"学界"的目标，并依据目标开始"查缺补漏"。同样在案例 B 中，当被访者发现自己没有能拿得出手的科研成果，从而大大妨碍他申请留美高校时，他也同样开始努力寻找发论文的契机。故将 T1 中还未安置的"学界业界"都可归类为"P53 目标规划"。在论述到自己的学习时，他更看重的不是学习内容，他认为学习方法比学习内容更重要，尤其面对期末复习、考试之类的，他认为经历多了也就慢慢熟悉"套路"了，这与案例 A 中提到的"拿分技巧"等概念不谋而合，这可被进一步抽象归纳为属性"P52 策略与方法"。

在大学里，除了学校提供的硬件学习资源与环境，他认为收获最多的资源就是大学提供的"人脉"资源。在个案 B 看来，大学里最重要的资源就是"人"，因为信息很重要，建立自己的人脉圈并自己能够做判断、做取舍很重要。包括后续的工作实习，以及去国外攻读硕士博士，都需要通过学校这个平台找到合适的"人"来推荐自己。这与 T1 中的 P41、P42 与 P43 都存在高度的亲和性。被访者在做毕业设计的过程中，对自己的论文指导老师"吐槽"甚多，认为自己就像实验室的小白鼠，而论文指导老师在学术上几乎没有给予应有的指导，全靠自己"摸索"和"硬撑"，整个过程很吃力（科研指引）。同时他谈起所在院系的一名老教授，他很喜欢上这位老师的课，觉得他是很值得尊敬的一位科学家，课上能从这位老教授的眼睛里面看出他对真理的热爱和追求（教师教学）。通过这些信息，笔者发现这都指向了教师的行为，于是将 P45 教师引导作为一个新的属性置于 P4 院校环境之下，并分为两个次属性——P451 教师教学和 P452 科研指引。对于自己家庭情况而言，个案 B 认为父母对于自己的学业影响不是太大，他认为正因为来自父母的影响比较小，所以他才更加自律，一直以来学习也比较刻苦，学习能力也很强。这与个案 A 中被访者认为对父母对自己影响较大存在着分歧，故将来自父母家庭方面的影响暂时悬置，等后续再纳入个案 C 继续完善和修正理论框架图。

在个案 C 的选择中，为了更好地确证和发展从个案 A 资料中得出的 T1 以及个案 B 中的属性概念的调整，笔者采取了滚雪球抽样的方式，选择了与个案 B 在同一院系并且在操作性定义上同样符合学优生的个案 C，他们在很多人口统计特征上较为相似——性别、入学年限、学科背景等。不同的是个案 C 是典型的"科研达人"。通过对个案 C 的分析发现，从大一到大四，他更多的重心都放在科研素养的提升和锻炼上，这复现并加深了个案 B 中浮现的"同伴影响"概念。他着重论述自己的科研伙伴——获得"罗德奖学金"[①]的赵学长，并回忆他与这位学长是如何一起在科研项目中合作、克服困难以及收获成果的过程。不仅如此，在个案 C 中，被访者认为赵学长对待科学的热情感染与激励着他，同时他认为学长心系天下的情怀和担荷精神也让他由生敬意（榜样力量）。于是，本书进一步发展了 P4 下面的属性 P46 同伴激励。当然，随着个案的不断纳入，为了保证个案材料的内容效度，也为了更好地夯实 T1 中的各个属性及维度并不断修正和完善 T1，有必要对以上个案辅以"三角互证"（triangulation）式的信息补充：选择对个案 A 的辅导员或班主任以及同班同

---

① "罗德奖学金"（Rhodes Scholarships）：也译作"罗德兹奖学金"或"罗氏奖学金"，是世界上竞争最激烈的奖学金之一，有"全球本科生诺贝尔奖"之称，得奖者被称为"罗德学者"（Rhodes Scholars），其评定标准包括学术表现、个人特质、领导能力、仁爱理念、勇敢精神和体能运动等多方面。罗德奖学金雅承施素、罗德爵士的遗愿于 1902 年成立，奖学金评审每年 11 月在 18 个国家和地区（包括美国、德国、中国香港、加拿大、大洋洲、新西兰、印度、南非、百慕大、巴基斯坦等），选取 80 名全球刚毕业的本科生去英国牛津大学攻读硕士或博士学位，而罗德学者也被视为全球学术最高荣誉之一。

学进行访谈。在访谈中，发现其同班同学包括辅导员对 A 的评价与通过个案 A 所收集的资料吻合度较高，并得知"学习态度十分认真"是周围人对他的一致评价。这与个案 A 中曾出现的专注、认真等较为吻合，于是将三角互证出来的结果与以往个案资料进行链接，将这些都纳入 P51 学习态度属性中。于是新的 P51 学习态度、P52 策略与方法以及 P53 目标规划进一步组合后浮现一种新的类属——P5 学习品质。至于个案 A 中与个案 B 中出现的对立概念（父母影响大 VS 父母影响小），在个案 C 中虽然得到重复的确认——"父母都是普通的工人，他们也没有能力指导我，学习这种事情主要在于自己。"但"从小到大父母都对我比较放心，也很尊重我的选择"，由于被访者对于家庭影响的口径不一，故本书等待后续的个案资料的确认，故将家庭方面的影响仍旧暂时悬置。

至此，理论模式 T1 经过调整后就变成了 T2（P2d、P3d、P4d 代表着各个类属其下属性的维度）。这就是关于优秀本科生学习影响因素的松散的描述性理论。见图 3-2。

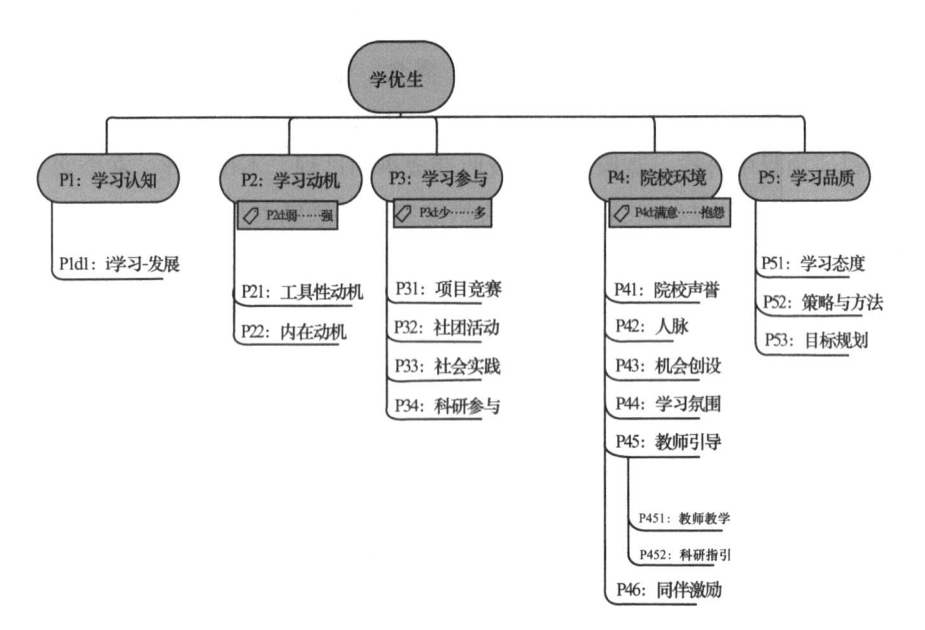

图 3-2 理论模式 T2：优秀本科生学习经历影响因素

(三)"同类现象"中的反例个案

继续寻找同类现象中的各种反例，不断修正理论模型。

在分析最初几个个案后，接下来的个案分析工作就相对较容易，因为目标点越来越集中，即上述个案"已提供了焦点来界定其他个案的限定要素"[1]。在前期个案的基础上，笔者接着找到了个案 D。其基本情况是：她是一名特殊教育专业的本科生，与上述所有个案不同的是，她在上大学之前就对特殊教育专业以及未来从事这项事业"情有独钟"了。这源于她自小就接触过身边的特殊儿童和青少年，很渴望能够帮助到身边那些有特殊需要的群体，故她在入大学前就已明确了自己的专业。与上述个案都不同的还有，她本科毕业后选择了直接工作而非继续深造，主要原因在于她的家庭变故以及没有拿到心仪学校的全额奖学金。她讲述到家庭变故不仅让她在大学期间的性格产生了一定变化，而且还在关键时刻——期末考试、国外实习期间耗费和干扰了她很多的心力，她最终由于没有拿到全额奖学金，也选择放弃了去国外深造的打算。但个案学生 D 并没有抱怨自己的遭遇，她说家庭的变故也让她性格变得沉稳很多，也变得成熟许多，并且家庭变故并没有很大地影响她的专业学习，她依旧认为"学习是个人的选择和事情"，并且对未来充满憧憬和期待。直到个案 D 的出现，笔者开始意识到要抛弃自己的"偏见"，尽管之前出现过有关家庭以及家庭父母方面对学生学业影响的对立观念，但这并不意味着家庭背景对于本科生的学习没有影响，只是影响的方式及大小的不同。从个人的主观意愿出发，本书也更多是想探究这群学业优秀的本科生在进入大学之后的过程性因素对其发展的影响，但这并不意味着笔者要"固执己见"地抛弃真实的经验世界，否则就成了"伪实证"研究——即只是为了证实自己的预测而已，而忽视现实世界的经验。于是在 T3 中，将个案 D 与以往的个案资料集合，发展了 T2 中新的类属——P1 家庭背景（见图 3-3），并且分为 P11 社会经济水平、P12 情感支持、P13 教育方式以及 P14 家庭变故这四个类属。

在个案 D 中，被访者还提到自己在大三期间去过"英属哥伦比亚大

---

[1] [美] Bogdan R., Biklen S.:《质性教育研究：理论与方法》，李奉儒等译，涛石文化事业 2001 版，第 94 页。

学（简称 UBC）"进行了一个月的国外交流，这次机会让被访者的学术视野更为开阔，也大大提升了她的专业认知。这一转变也在资料处理中引起笔者的重视。但与之前的个案进行比较后发现，这与个案 C 资料中提到"有机会去国外做了一场学术报告"以及个案 A 中提到的"学院提供的创新创业平台"，应该都属于 T3 中 P63 机会创设属性中，故并没有在 T3 中 P6 院校环境类属中进行任何调整。但在个案 D 中，被访者多次因为学业表现突出，拿到国家奖学金，最后还被评为优秀毕业生，但她却反复强调"优秀"的标签效应，她认为所谓的优秀都是"外显"和"表面"的，本科生不能为了获得这个标签而去努力，"真正优秀的学生不是为了获得什么名利而去学习，是因为有意义，内心真的喜欢，更重要的是要有一个比较大的格局，一个比较大的视野"。这让笔者联想到以上个案资料中曾出现的"系以天下的情怀""思维方式的转变""独立式思想"等话语的描述，而这些都是在个案分析中被忽视掉的信息点，于是笔者进一步明确和发展了 T3 中 P2 学习认知的维度，将 P2d2 知识—技能—价值观维度纳入。经整理后的 T3 模型见图 3－3。

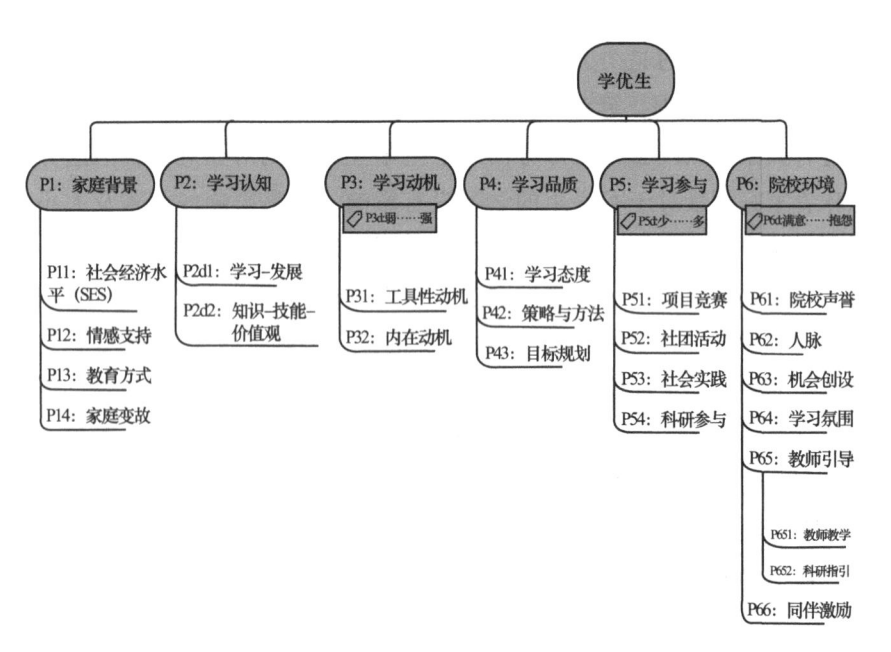

图 3－3 理论模式 T3：优秀本科生学习经历影响因素

（四）"非同类现象"个案

接下来，本书将有意识地寻找"非同类现象"中的个案，以确认类属的边界和范围。

通过在同一类型的资料现场接触到大量的个案，在后续纳入个案E、个案F等发现，T3模型保持在一个较为稳定的状态，没有更为突出的类属和属性的出现。但以上纳入的个案从人口统计的特征来看，有男有女；有人文社科、理工科；有科研型的、专业发展型的、也有全面发展型的等。这些个案放在一起，存在一个共有的外在特征——他们同属于双一流及研究型高校，是属于"同类现象"的存在。但只有提出"非同类现象"，我们才能进一步界定理论类属的边界。故从同例的共有特征入手去寻找反例，显然就是转换研究的情境或场所，到另外一所不一样或者另一所极端的大学中去寻找"非同类现象"个案就极为重要。首先，笔者采用了非正式对话的方式对双非院校的三位本科生进行访谈。这三位学优生不约而同地强调两点：一是他们对待自己的课业都很认真、勤奋，不管是日常专业课学习还是项目比赛之类的活动，他们都习惯争取做到最好，二是他们很乐于接触具有"挑战性"的任务（成就动机）。其次，相对于前述案例中相对较轻松获取国外升学深造机会的本科生，他们却多奔波在保研或者辛苦考取研究生的道路上，所以图书馆、自习室等硬件设施对他们而言有着更为重要的意义。最后，他们会提到辅导员等行政人员对于自己学业以及就业信息上的帮助（行政服务），当然这与之前案例中有被访者对论文指导老师的"吐槽"形成了鲜明对比。有了反例的映照后，之前可能被忽视的信息被再一次凸显。根据这两个非同类现象个案提供的"镜像"，笔者再次调整了T3中各个属性的关系。首先，在T4中P4院校环境下增设了P47硬件设施这一类属，同时在T4的P22下增加了一个新的类属P223成就动机，其次，在P23中增加了一个新维度P234时间管理，并将T3中的P2，P3和P4合并后新生成了一个类属T4中的P2学习特征，即这些学优生在学习认知、学习动机以及学习品质三个方面都表现出独特且共有的特征（虽有强弱之别），最后增添了T4中的P453行政服务。研究是无止境的，但存在两种情况可以结束资料的继续纳入，一是信息饱和，二是理论性饱和。"在有意地寻找其他情境中的'异类'之前，在同类现象中不断进行目的抽样，试图'穷尽'所有个案特征，解决的是信息饱和的问题"①，而"在同类现象的个案都与理论模型符合中，故意寻找其他情境中的个案来确证类属所表征的理论边界和范围，解决的是理论性饱和（theoretical saturation）的问题"② 通过以上的分析，可以初步判断，本书已经初步达到理论性饱和，形成了最终的但也是"可修正"（modifiable）的理论模式 T4。具体见图 3-4。

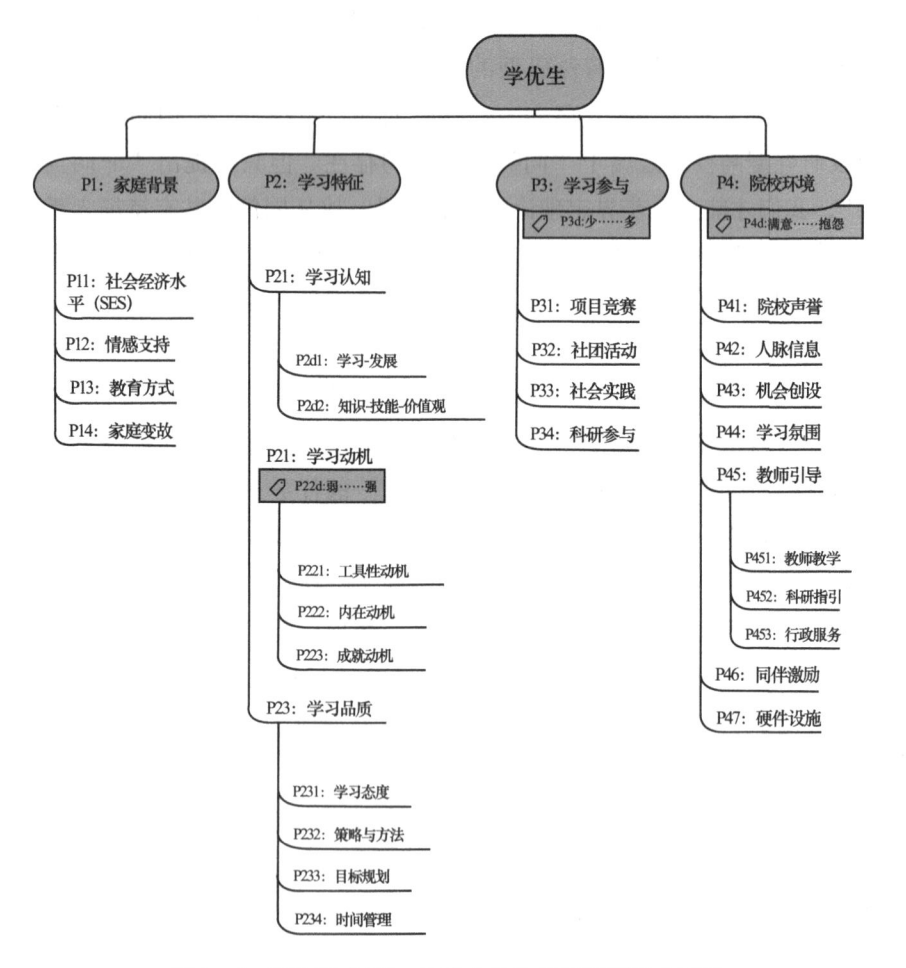

图 3-4 理论模式 T4：优秀本科生学习经历影响因素

---

① 林小英：《分析归纳法和连续比较法：质性研究的路径探析》，《北京大学教育评论》2015 年第 1 期。
② 林小英：《分析归纳法和连续比较法：质性研究的路径探析》，《北京大学教育评论》2015 年第 1 期。

第三节 影响因素模型结构的检验

一 影响因素矩阵资料的呈现

Nvivo质性分析软件的理论基础是格拉斯和斯特劳斯的"扎根理论",主要宗旨是从经验资料中建立理论。研究者在之前没有理论假设,从原始资料中归纳出经验概括,再上升到系统理论,这是一种自下而上地构建理论的分析方法,核心概念是在资料分析总结的基础上寻找反映事物现象的本质后,通过这些概念之间的联系建构相关的社会理论。但"扎根理论"不是纯粹的、有着统一分析范式的方法,它更多是一种把研究扎根于"现实生活和材料"中的"扎根精神"。如格拉斯所言"我向他人强调,扎根理论是从鲜活的人类生活中发现的一种方法论"。[1] 格拉斯所倡导的"Just Do It"就是"扎根精神"的生动体现。"尽管使用它(扎根理论),让我们使用它。因为它本来就该被拿来用""如果在做扎根理论研究的时候发现了某些基础性的方法,那么就把它写下来,作为对这种方法论的贡献"[2]。可见,正如贾旭东等学者所认为,只要秉持着"扎根精神",不论是精通质性研究的资深专家还是刚刚开始学术研究的"小白",都可以运用和改进扎根理论。[3] 故基于扎根理论设计出来的Nvivo分析软件,更是可以根据研究主观意图和研究需要进行灵活使用。与以往研究程序不同的是,本书是根据跨个案研究建立起的理论模型,通过"自上而下"的方式为跨个案研究建立起的类属和属性进行资料的填补和确证,如表3-1的资料矩阵表所示。

---

[1] Glaser B. G., "Doing Grounded Theory: Issues and Discussions" (https//www.researchgate.net/publication/279767641_Doing_Grounded_Theory).

[2] Glaser B. G., "Doing Grounded Theory: Issues and Discussions" (https//www.researchgate.net/publication/279767641_Doing_Grounded_Theory).

[3] 贾旭东:《衡量扎根理论的"丛林"、过往与进路》,《科研管理》2020年第5期。

表 3-1　　　　　　　　　　资料矩阵表

个案		S1	S2	S3	…	S30
家庭背景	社会经济水平	+	+++			+++
	情感支持	+++	+	+++		
	教育方式	+++++	++	+++++		++++
	家庭变故			+++		++
学习特征	学习认知	+++++	+++	+++++		++++
	学习动机	+++++	+++++			
	学习品质	+++++	++	+++++		+++++
学习参与	项目竞赛	+++		++		
	社团活动	+	++++	+++		++
	社会实践	++	+++	+++++		++
	科研参与	++++	+++	+++++		+++++
院校环境	院校声誉	+++++	+++++	+++++		+++++
	人脉信息	++++	+++++			
	机会创设	+++++	+++++	+++++		
	学习氛围	++		++++		
	教师引导	+++++	+++	+++++		
	同伴互助与激励	+++++	++++	+++		+++++
	硬件设施	+++	+++++	+++		+++
	行政服务	+++	+++	++		++

说明："+"的多少表明个案在该属性上的资料的丰富程度。

如图 3-5 展示的研究意图所示，即根据上述跨个案研究的"扎根"形式，将已经归纳和提取出的各个因素或概念点（包括类属、属性）作为"已在"的编码节点，进行更大范围的资料确证以及对影响因素模型进一步深入探讨。

二　影响因素模型的编码结构

在软件 Nvivo11 中形成编码结构后，通过软件的项目模型分析工具将研究所得的研究结果构成一个直观的框架体系：首先在 Nvivo11 功能区的"分类"中设置关系类型——"关联""单项"和"对称"。其次根据材

第三章 优秀本科生学习经历影响因素模型的构建 127

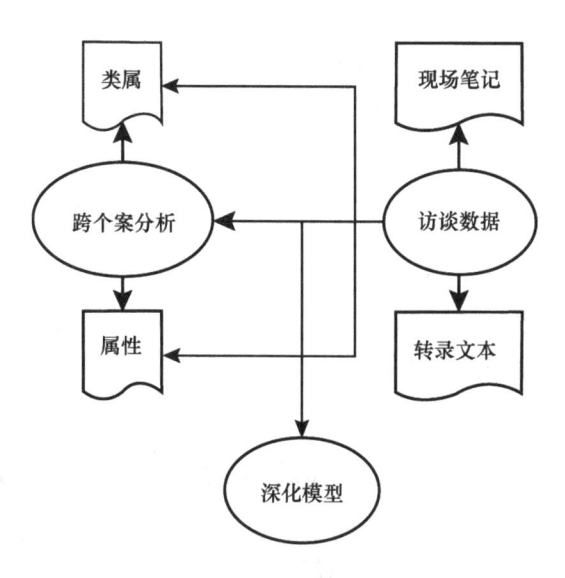

图3-5 研究意图

料分析，本书最先设置的是"单项"的影响关系。最后点击"节点""关系""新建关系"。对具有相互关系的节点建立相应的影响关系，并对节点之间的关系建立项目示意图，找出关键概念点相互作用的模式，具体结果如图3-6所示。

通过研究发现，跨个案的分析结果与质性的访谈资料的"拟合度"和"亲和性"较高。这30位优秀本科生的访谈资料内容都能在不同程度上将节点进行覆盖。通过项目示意图3-6可知。学习特征其下有三个二级节点——学习动机、学习品质以及学习认知。学习动机其下的三级节点有——成就动机、工具性动机以及内在动机；学习品质其下分为四个三级节点——策略与方法、目标规划、时间管理和学习态度。家庭背景其下有四个二级节点，分别是社会经济水平、情感支持、教育方式和家庭变故。学习参与其下的二级节点有社会实践、社团活动、项目竞赛以及科研参与。院校环境是一个较大的类属，其下包含的二级节点有院校声誉、硬件资源、学习氛围、同伴互助与激励、人脉信息、教师引导、机会创设以及行政服务。其中教师引导下还有两个三级节点——教师教学与科研指引，机会创设更多地聚焦在国际交流以及院校管理这两个层面，故是教师引导的两个三级节点。图中的关系箭头展示了各节点之间

128 ◆ 优秀本科生学习经历研究

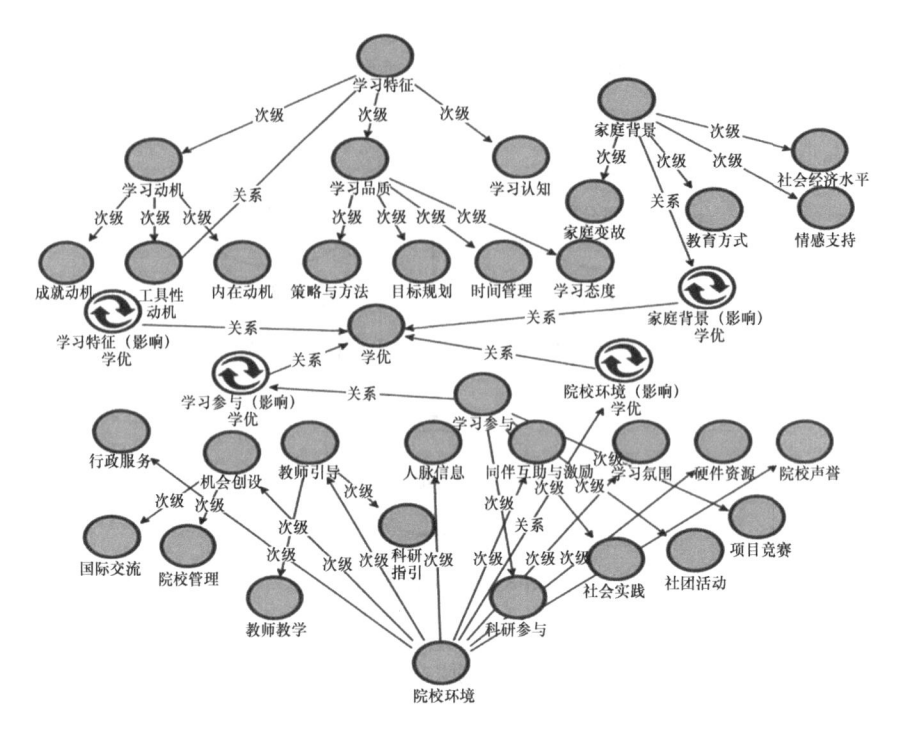

图 3-6 项目关系示意

影响与被影响的关系。

在 Nvivo11 的功能区中点击探索—层次图表—选择编码，按编码参考数比较各个节点，图中的矩形面积代表了各个节点编码参考数的大小。节点所代表的矩形面积越大，表明该节点的编码参考数较多；反之，节点所代表的矩形面积越小，表明该节点的编码参考数较少。本书各个节点的比较图如 3-7 所示。通过比较节点图，首先可以较直观地看到，比较突出的两个一级节点——"院校环境"与"学习特征"节点所占面积较大，表明其节点所代表的编码参考数较多，也表明访谈材料中提供和涉及较多与节点相关的信息。其次是"学习参与"和"家庭背景"节点面积占比相对较小，但也在其他众多可能的节点中"脱颖而出"。当然，通过图 3-7 可以看出，每个一级节点其下的子节点的面积也是大小不等，如在"院校环境"节点下，"教师引导"作为二级节点占据面积较大，其次是"人脉信息""同伴互助与激励"等，"院校声誉"占比较小；而在学习特征中，"学习品质"节点占据面积较大，"学习动机"与

"学习认知"这两个二级节点从直观角度来看，占比面积相当。在学习参与中，"项目竞赛"面积占比较为突出，其次是"科研参与"和"社团活动"等。

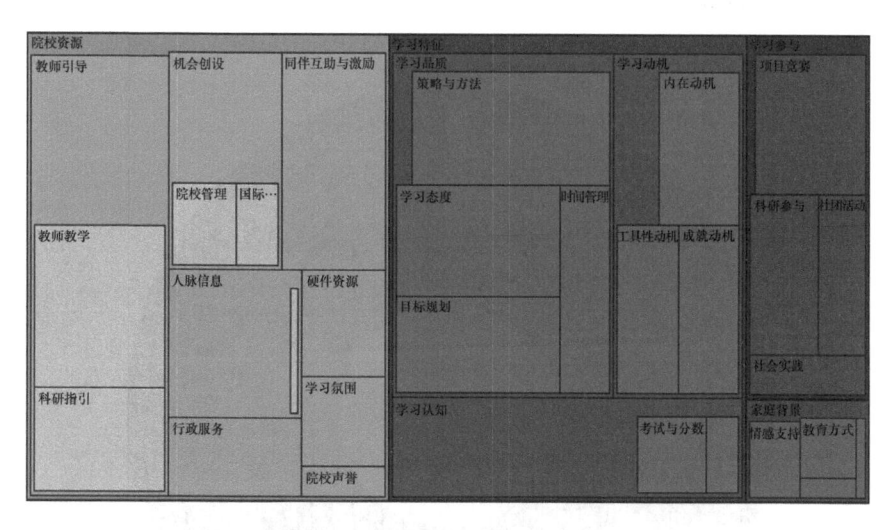

图 3-7 按编码参考点数比较节点

按编码参考点数比较节点只能从直观上比较各个节点所拥有的编码参考点，而通过"旭日分布图"，我们则更直观看出学优生影响因素模型的占比和结构。图 3-8 呈中心向四周扩散的圆环结构，中心为模型主题，即本科生学习经历的影响因素，以多层圆环表现其影响因素具体的层次结构；每层圆环内部节点划分体现影响因素的维度范畴。由图 3-8 可知，本科生实现优秀的影响因素由 4 个一级节点和 19 个二级节点构成；每层圆环扇形区域的大小由编码参考点数量决定，代表支撑这一节点访谈内容的多少，体现某一因素在本层所有影响因素中的影响力大小。"院校环境"这一节点，编码参考总数最大，为 485。其下的二级节点中占比较大的依次是"教师引导（143）""机会创设（62）""同伴互助与激励（93）""人脉信息（82）""行政服务（43）"和"硬件资源（37）"等。一级编码"学习特征"的编码参考总数为 530，其下的二级编码"学习品质"，"学习动机"以及"学习认知"的编码数分别为 234，153 以及 143。"学习参与"被提及的也较多，其下的二级编码有"项目竞赛"

(69),"科研参与"(49),"社团活动"(34)以及"社会实践"(20)。"家庭背景"编码参考总数为50,其下的二级节点,有"情感支持(21)"以及"教育方式(18)"和家庭变故(11)。总之,这些节点都在不同程度上反映了本科生学习经历的影响因素。详细见图3-8。

图3-8 各级节点旭日分布

三 影响因素模型的信度检验

为对优秀本科生学习经历影响因素模型进行信度检验,本研究纳入编码员H同学,学历为硕士,专业背景高等教育学(为了保证编码的水平故从学历以及专业两个方面考虑编码员的人选)。在对编码员H进行了两天的培训后,抽取部分节点进行编码的一致性检验(一致性检验示例图见附录)。结果显示,大部分编码的一致百分比在78%~98%之间,表明编码者一致性程度较为合理,本次编码具备必要的可信性和有效性。具体如表3-2所示。

表 3-2　　　　　　　部分编码节点的一致性百分比

节点	一致百分比（%）
院校声誉	82.3
学习氛围	87.21
教师引导	79.6
硬件资源	91.2
学习参与	96.1
家庭教育方式	84.7
同伴互助与激励	93.5

本章小结

本章主要探究优秀本科生学习经历中的诸多影响因素。通过陆续纳入"基础"个案、"辅助性"个案、"同类现象"中的反例个案以及"非同类现象"个案，并对个案中的类属和属性不断地对比、调整和归纳后发现，学习特征、学习参与、院校环境以及家庭背景这四个类属成为影响优秀本科生学习经历最为突出的因素。每个类属与学习经历相互影响，且各自包含多个子节点。学习特征包括学习认知、学习品质和学习动机，学习参与涵盖社会实践、社团活动、项目竞赛和科研参与；院校环境涉及院校声誉、硬件资源、学习氛围、同伴互助、教师引导等因素；家庭背景则包括社会经济水平、情感支持、教育方式和家庭变故。为了验证模型编码的结构，随机抽取了部分子节点进行一致性分析，结果显示编码一致性较高，表明影响因素模型的信度良好。

第四章

优秀本科生学习经历的影响因素分析

本科生的学习特征、学习参与、院校环境以及家庭背景中的各个因素都会对本科生的学习经历产生影响，但是这些影响因素作用于这群优秀本科生上有哪些表现特性？他们在不同的性别、学科以及院校类型上又存在哪些差异？不同的因素之间的强弱以及影响方式有何不同？诸如此类的问题有待进一步深入研究。在总结归纳出这些优秀本科生学习经历影响因素的模型后，就要继续深入各影响因素内部解锁优秀本科生学习经历的"黑箱"。

第一节 研究设计

一 研究内容

第一，优秀本科生在学习特征、学习参与、院校环境以及家庭背景这四个影响因素方面的表现。

第二，探究诸多影响因素在不同的性别、学科以及院校类型中的差异与表现。

第三，深入探究优秀本科生学习特征——学习认知、学习品质以及学习动机的表现和学习规律；对优秀本科生的学习参与进行深入分析；考察其院校环境——教师引导、人脉信息、机会创设、硬件资源等；最后呈现家庭背景因素对优秀本科生的影响方式与作用形式。

二 方法与过程

首先，在方法与研究资料的收集方面。在保持核心案例 30 位学业表现优秀的本科生的基础上，后续补充并纳入共计 80 份优秀本科生的个人简历文本作为案例分析和佐证资料，同时就核心案例的访谈资料建立了情感分析数据库。本章节主要采用了文本分析、内容分析法以及情感分析对以上诸多案例进行处理。

其次，在研究过程方面。本章主要通过对访谈数据的编码，深入挖掘访谈资料间的显性以及隐性关系，以呈现各个类属（影响因素）的节点特征。在描述性分析中，通过对学习特征、学习参与、院校环境、家庭背景这四个节点下的诸多子节点分别进行频率分析。随后在 Nvivo11 软件中建立个案，并分别按照"性别（男/女）""学科门类（自然科学/社会科学/人文科学）"以及"院校类型（研究型/教学研究型/教学型）"对核心案例进行分类，探究每一个节点在不同性别、不同学科门类以及不同院校类型中的差异表现，即探究不同性别、不同学科门类以及不同院校类型的优秀本科生在学习特征、学习参与、院校环境、家庭背景以及其下各个节点的差异性。接着，结合访谈材料对学习特征以及家庭背景因素进行阐释分析；对核心案例以及纳入的优秀本科生的简历文本（共计 80 份）进行内容分析；建立情感分析数据库对院校环境进行情感分析，以试图更直观、生动地反映出本科生对所在院校的情感态度（注：所有编码参考点和节点的计量单位为"个"）。

第二节 各节点的描述性分析

一 学习特征的描述性分析

（一）学习特征的频次分析

学习特征的编码总参考点数高达 530 个，是影响优秀本科生学习经历最重要的因素。按编码参考点数的排序，学习特征节点依次包含学习认知、学习品质以及学习动机。首先学习认知作为学习特征的二级节点，其材料来源数高达 29 个，编码参考数为 143 个。可见，绝大多数本科生都会有意识或无意识地表达自己对学习的看法。其次是学习品质，其包含了学习态度、时间管理、目标规划以及策略与方法这四个三级节点，其材料来源数分别为26，18，27，12个。并且它们的编码参考点分别为83，47，73和31个。从节点内部比较而言，学习态度与目标规划被提及次数较多，影响相对较大。最后是学习动机层面，共分为内在动机、工具性动机以及成就动机，其材料来源数分别为27，24，25个。编码参考点数分别为57，49，47个。因学习动机可分为内在动机和外在动机，故工具性动机和成就动机被统一归属为外在动机。具体情况及节点参考点的内容范例见表4-1。

表4-1　　　　学优生学习特征子节点的材料信息（个）

一级节点	二级节点	三级节点	材料来源数	编码参考点数	参考点具体内容范例
学习特征		学习认知	29	143	1. 我觉得上大学了之后就不应该是荒废度过。我不太喜欢就是大学生在进入大学之后，开始玩手机，或者玩游戏，就很休闲的那种 2. 大学生也是学生，肯定还是以学习为主 3. 学习其实还是我一个人的事情，跟其他人是没有关系的
	学习品质	学习态度	26	83	1. 我上课比较认真，因为我对待事情一向如此 2. 大学四年，简单概括来说，我在努力地学习、努力地看书、努力地打比赛、努力地考研
		时间管理	18	47	1. 就觉得我要在什么时间之前要把这件事情完成，我给自己一个时间的规划，有这样的规划我就要赶紧完成，不会拖拖拉拉 2. 刚开始会有点平衡不了学习和社团工作，但后来慢慢就有感觉了，在同时做好几件事的时候，会将事情之间排一个优先级
		目标规划	27	73	1. 考研，这个是在大一就决定要考的 2. 我的这个目标是非常明确的，就是在本科期间好好学习，做一个好班长，然后等到本科毕业了，去做学术，继续念博士
		策略与方法	12	31	1. 大二的时候就感觉应该是有一些套路了 2. 大学的学习最重要的就是教会你一个学习的方法，并不是仅仅学到知识本身

续表

一级节点	二级节点	三级节点	材料来源数	编码参考点数	参考点具体内容范例
学习特征	学习动机	内在动机	27	57	1. 就是我要学这个东西,并没有把它仅仅当作一种任务,而是一种兴趣 2. 大学期间,我参加了很多学术竞赛活动,因为我对这些项目很感兴趣,喜欢想一些点子,在一些项目中承担了重要的角色
		工具性动机(外在动机-1)	24	49	1. 我当时是一心想去香港大学的,只有一些比赛的成绩是不够的,如果能够拿到国家奖学金的话,我相信是一个很好的证明 2. 在大二我为了拿更好的成绩,我就要花额外的时间去学习
		成就动机(外在动机-2)	25	47	1. 当时他们也给我打了"你很厉害"的那种手势,我顿时觉得我得到了他们(听障学生)的认可,很开心 2. 年轻人就要多承担一些,在这里的每一次工作是对我新的挑战
总计				530	

(二)学习特征的矩阵编码探索

事实上,本书中的每一个访谈文本材料即是一个案例,为了能够进一步挖掘优秀本科生学习经历影响因素的具体特征和表现,本章将Nvivo11材料来源中的每一个访谈文本转化为案例,进行编码的矩阵分析。具体操作步骤:首先在Nvivo功能区中选中"材料来源",右击将访谈材料"创建为案例",共生成30份案例。其次在"分类"区中进行案例节点分类,分别按照"性别(男/女)""学科门类(自然科学/社会科学/人文科学)"以及"院校类型(研究型/教学研究型/教学型)"建立属性并附上属性值。接着进入到"节点"—"案例"中,对建立的30份案例进行"分类",即将"分类"中的属性匹配给30个案例。点击"查询"—"矩阵编码",在"行"与"列"选择所要分析的节点以及案例节点分类进行矩阵编码的分析，具体的矩阵编码分析如下。

研究发现，在性别差异的矩阵编码图中，男性和女性无论是在学习认知、学习动机还是在学习品质方面都有差别。首先，在"学习认知"方面，女性的编码参考数（70个）明显大于男性（40个）。这表明就这些被研究者群体而言，女性对于个体的学习认知提及得较多，认知意识较强。其次，在"学习动机"方面，不论是"成就动机""工具性动机"还是"内在动机"方面女性的编码参考数（32个、28个、40个）均大于男性的编码参考数（15个、21个、17个）。再次，在"策略与方法"方面，男女相差并不大，编码参考数分别为12个和19个，但在"目标规划"和"学习态度"上编码参考数相差较大，女性分别为42个和54个，男性分别为24个和20个。最后，在"时间管理"上，女性的编码参考数为27个，男性为17个。具体如表4-2所示。

表4-2　　　　　　　　性别差异的矩阵编码参考数（个）

学习特征		性别=男	性别=女
学习认知		40	70
学习品质	学习态度	20	54
	时间管理	17	27
	目标规划	24	42
	策略与方法	12	19
学习动机	内在动机	17	40
	工具性动机	21	28
	成就动机	15	32

在学科差异的矩阵编码中，从整体上看，自然科学专业的本科生的编码参考数在"学习认知""学习动机"以及"学习品质"其下的所有二级节点中都是最少的。"学习认知"为12个，"成就动机"、"工具性动机"以及"内在动机"的编码参考数分别为5个、7个和11个，"策略与方法"仅有2个编码参考点，"目标规划""时间管理"以及"学习态度"的个数分别为21、9、12。这与被访者中自然科学人数占比较少也有一定关系，故将人数相当的人文社科和工程与技术学科进行比较才有意

义。在"学习认知"方面，人文社科专业学生的编码参考数为52个，工程与技术专业的编码参考数为48个，两者并无明显差距。在"学习动机"方面，人文社科专业在成就动机和内在动机上的编码参考数（25个和24个）都略高于工程与技术类专业的学生（17个和22个），而在"工具性动机"方面，工程与技术类的编码参考数为22个，人文社科类的编码参考总数为20个。就人文社科专业的学生而言，其"策略与方法"上，编码参考总数为15个，目标规划为20个，"时间管理"和"学习态度"上分别为20个和32个。相比而言，那些工程与技术类专业的学生在"策略与方法"上的编码总数为14个，"目标规划"为25个，"时间管理"编码数为15个，"学习态度"上为30个。这说明"学习特征"对人文社科与工程和技术学科的优秀本科生而言，其影响程度差异不大。具体见表4-3。

表4-3　　　　　　　学科差异的矩阵编码参考数（个）

学习特征		学科分类=自然科学	学科分类=工程与技术	学科分类=人文社科
学习认知		12	48	52
学习品质	学习态度	12	30	32
	时间管理	9	15	20
	目标规划	21	25	20
	策略与方法	2	14	15
学习动机	内在动机	11	22	24
	工具性动机	7	22	20
	成就动机	5	17	25

在院校类型差异的矩阵编码中，不同院校类型的本科生在学习特征编码中存在不同程度的差别。首先，较为突出的是"学习品质"下的"策略与方法"节点以及学习认知这两个方面。在策略与方法节点中，研究型大学的编码参考数（21个）明显高于教学研究型（2个）和教学型大学的编码参考数（8个）。这说明，相比较于其他类型的院校，来自研究型院校的本科生更侧重于讲述自己在学习策略和方法上的心得感受。

就学习认知而言，同样是研究型大学的本科生涉及得更多（编码参考点 61 个），可见学习认知对其影响更大。而教学研究型大学和研究型大学分别为 28 个和 23 个。其次，在"学习动机"方面，研究型大学的本科生其工具性动机和内在动机上的编码参考数（27 个和 21 个）都高于其他院校类型的编码参考点，而就"成就动机"而言，教学研究型的编码参考数最高（20 个），研究型院校和教学型院校分别为 17 个和 10 个。在"目标规划"和"学习态度"方面，研究型大学的被访者同样涉及较多，其编码参考数为 26 个和 32 个。在"时间管理"方面，不同类型的院校差别并不大，分别为 13 个、16 个和 15 个。具体见表 4-4。

表 4-4　　　　　　　院校类型差异的矩阵编码数（个）

学习特征		院校类型 = 研究型	院校类型 = 教学研究型	院校类型 = 教学型
学习认知		61	28	23
学习品质	学习态度	32	23	19
	时间管理	13	16	15
	目标规划	26	18	22
	策略与方法	21	2	8
学习动机	内在动机	21	20	16
	工具性动机	27	12	10
	成就动机	17	20	10

二　学习参与的描述性分析

（一）学习参与频次分析

"学习参与"的编码参考总数高达 175 个。其二级编码节点分别为"科研参与""项目竞赛""社团活动"以及"社会实践"。其中"项目竞赛"的编码参考点数最多，为 69 个，相对应的材料来源数也是最多的（27 个）。可见这些学优生对"项目竞赛"方面的信息谈及较多，对其影响较大。其次是"科研参与"，其编码参考点数为 49 个，材料来源数为 25 个。在"社团活动"方面，其编码参考点数为 34 个，材料来源数为 23 个。在"社会实践"方面，本科生相对涉及得较少，其编码参考点数为20个，材料来源数为13个。具体情况以及参考点的内容范例见表4-5。

表4-5　　　　　　　学习参与子节点的材料信息（个）

一级节点	二级节点	材料来源数	编码参考点数	参考点具体内容范例
学习参与	科研参与	25	49	1. 我在大学还参加过科研项目 2. 我从一开始我完全不知道这是一个什么情况，到后来我可以勉强独立完成一个科研项目
	项目竞赛	27	69	1. 大学期间，我参加了很多学术竞赛活动，如挑战杯、创新创业竞赛 2. 大二时，我参加了学校的挑战杯学术科技作品竞赛
	社团活动	23	34	1. 我比较喜欢看话剧，那我就会去参加话剧队 2. 后来我加入了"早锻炼"这个团体，感觉就比较"正"
	社会实践	13	20	1. 我这个社会实践经历是比较丰富吧，印象最深的一次就是暑假参加给军队的慰问演出 2. 我两次社会实践活动都与支教相关
	其他		3	（略）
总计		88	175	

（二）学习参与矩阵编码探索

对不同性别、不同学科以及不同院校类型的优秀本科生在"学习参与"方面的编码参考点数做矩阵分析。研究发现，在性别差异的矩阵编码图中，不同性别的学优生在"学习参与"方面同样存在着差别。首先在"科研参与"以及"社会实践"方面，女性的编码参考点数分别为29个与13个，男性则为15个与7个。女性的编码参考点数高于男性的编码参考点数的近2倍。其次在"社团活动"方面，男女的编码参考数相差不大，男性为16个，女性为18个，女性略高于男性。最后在"项目竞赛"方面，女性提及"项目竞赛"的次数（37个）也明显高于男性（21个）。具体如表4-6所示。

表 4-6　　　　　　　　　性别差异的矩阵编码数（个）

学习参与	性别 = 男	性别 = 女
科研参与	15	29
社会实践	7	13
社团活动	16	18
项目竞赛	21	37

通过对不同学科差异的"学习参与"节点进行矩阵编码分析发现，不同学科的"学习参与"存在差异。从总体上来看，自然科学专业在"学习参与"的诸多方面相对提及的都较少。正如前文所述，相对于工程与技术和人文社科专业的学生而言，自然科学专业的被访者都相对较少提及，在"科研参与""社会实践""社团活"以及"项目竞赛"上的编码参考点数分别为 7、3、6、17。但就"社会实践"而言，将被访人数占比较少的自然科学和工程与技术、人文社科的学生进行比较可发现，工程与技术专业在社会实践上涉及得较少，编码参考数点仅为 3 个，与自然科学一样。反之，人文社科在"社会实践"上涉及得最多，编码参考点数高达 14 个。在"科研参与"方面，工程与技术专业和人文社科专业差异极小，分别为 18 个和 19 个。在社团活动方面，工程与技术专业和人文社科专业相差也并不大，人文社科专业（16 个）略高于工程与技术专业（12 个）。最后，在"项目竞赛"上，被访人数占比较少的自然科学与其他两种学科类型的编码参考数相比，差异并不大，分别为 17 个、20 个和 21 个。可见，自然科学专业的学生受"项目竞赛"参与影响较大。具体如表 4-7 所示。

表 4-7　　　　　　　　　学科差异的矩阵编码数（个）

学习参与	学科分类 = 自然科学	学科分类 = 工程与技术	学科分类 = 人文社科
科研参与	7	18	19
社会实践	3	3	14
社团活动	6	12	16
项目竞赛	17	20	21

通过对不同院校类型的"学习参与"节点进行编码矩阵分析发现，研究型大学、教学研究型大学以及教学型大学在"学习参与"节点上的差别较大。研究型大学的学生在"科研参与""社团活动"以及"项目竞赛"这三个方面涉及得都比较多，其编码参考数分别为 21 个，17 个和 21 个。这表明研究型大学的学生受来自"科研参与""社团活动"和"项目竞赛"方面的影响较大。尤其在"科研参与"上，研究型大学的编码参考点数最为突出，而教学型大学的学生在"科研参与"方面涉及得最少，其编码参考点数仅为 10 个；教学研究型大学的学生介于两者之间，其"科研参与"的编码参考点数为 13 个。在"社会实践"上，教学型大学的学生谈及得最多，其编码参考点数为 9 个；其次是研究型大学的学生，其编码参考点数略低研究型大学（8 个）；最少的为教学研究型大学的学生，其"社会实践"的编码参考点数仅为 3 个。可见，在社会实践方面，教学型大学的学生可能受其影响较大。在"社团活动"上，教学型大学的学生谈及得最少，其编码参考点数仅为 5 个，与教学研究型（12 个）和研究型（17 个）院校相比，差别相对较大。最后在"项目竞赛"方面，三种类型大学差别都不大，其中研究型大学学生的编码参考点数为 21 个，略高于教学型（19 个），最后是教学研究型（18 个）。具体见表 4-8。

表 4-8　　　　　　院校类型差异的矩阵编码数（个）

学习参与	院校类型 = 研究型	院校类型 = 教学研究型	院校类型 = 教学型
科研参与	21	13	10
社会实践	8	3	9
社团活动	17	12	5
项目竞赛	21	18	19

三　院校环境的描述性分析

（一）院校环境频次分析

院校环境编码参考点，为 485 个。可见院校环境对这些优秀本科生学习经历的影响最大，起着举足轻重的作用。"院校环境"其下的二级节点包括"院校声誉""人脉信息""教师引导""机会创设""学习氛围""硬件资源""同伴互助与激励"以及"行政服务"。在二级节点中,"人脉信息""教师引导"以及"同伴互助与激励"的材料来源数较多,均在20个以上。其编码参考点数也相对较多。例如"人脉信息"这一节点,其材料来源数为22个,编码参考点数为82个。"教师引导"其下的三级节点——"教师教学"与"科研指引"材料来源数和编码参考点数分别为23个,81个与22个,62个。"同伴互助与激励"的材料来源数为29个,编码参考点数为93个。相比较而言,"院校声誉""机会创设""学习氛围""硬件资源"以及"行政服务"的材料来源数相对较少,其对应的编码参考点数也相对较少。"院校声誉"的材料来源数为8个,编码参考点数为11个。"机会创设"分为"院校管理"以及"国际交流"两个方面,其材料来源数和编码参考点数分别为10个,26个和13个,17个。"学习氛围"的材料来源数为13个,编码参考点数为31个。"硬件资源"的材料来源数为17个,编码参考点数为37个。最后在"行政服务"方面,其材料来源数和编码参考点数分别为16个和43个。具体情况以及参考点的内容范例见表4-9。

表4-9　　　　　　　院校环境子节点的材料信息(个)

一级节点	二级节点	三级节点	材料来源数	编码参考点数	参考点具体内容范例
院校环境	院校声誉		8	11	1. 交大因其在世界上的声誉,对于以后出国发展也是比较好,比如你在申请学校套磁的时候说自己是交大的就很有优势 2. 复旦最好的就是它的名誉与名声嘛,有非常多国外的知名大学,比如哈佛、MIT这样的学校的教授会在官网上发出一些征集AR的招人通知,那我们就很容易申请到
	人脉信息		22	82	1. 找工作你就会发现你很多信息来源都没有,你在天津都没有这样的资源,你必须去北京 2. 有好多老师都跟我关系很好,授课老师会帮我提建议,说哪一个导师不错,或者说你的推荐信应该怎么写,给我提各种各样的建议

第四章 优秀本科生学习经历的影响因素分析　143

续表

一级节点	二级节点	三级节点	材料来源数	编码参考点数	参考点具体内容范例
院校环境	教师引导	教师教学	23	81	1. 像我们的老师，他就很严肃，对于课程的话，他特别地认真。如果他发现逃课，也会特别严肃，就是很严厉地去处罚 2. 我去上这个老师的课就，发现这个老师非常对我胃口，我现在也描述不出来他到底给我们讲了什么东西，因为他讲的课很深，我其实听不懂，但就觉得很对胃口
		科研指引	22	62	1. 我们这边老师对我们好，就是如果你想要去学习写论文的话，他会给去指导 2. 我在大学还参加过科研项目，我自己的主观感受就是导师可能不会花特别多的精力在我们的课题研究当中
	机会创设	院校管理	10	26	1. 我们学院采取每一次上课，都必须考勤，老师、学生都要考勤 2. 说到学期刚开始的时候，教务科会制定新课表，每次课表都换了再换，换了再换，教务科也不知道干啥吃的，反正没有一次换好的，没有一次能弄好的
		国际交流	13	17	1. 我大三的时候去了加拿大英属哥伦比亚大学交流了一个月，收获很大 2. 我们去国外交流学习的机会好像挺少的
	学习氛围		13	31	1. 我觉得我们学校的学习氛围还是挺好的。因为每一次晚上去特教楼，或者是教学楼那边自习的话，都能看到很多学生在那边看书 2. 宿舍里就没有人学习，几乎都在打游戏
	硬件资源		17	37	1. 我们新校区跟老校区不一样，新校区没有图书馆，它只有一个图书室 2. 我记得之前针对考研、考编的同学会给分配一个独立的自习室，十分安静
	同伴互助与激励		29	93	1. "早锻炼"社团很正，它给我带来的影响是往上的，但其他的我感觉就是让我往下的 2. 学长、学姐真没发挥什么作用，而且他们坑我坑得好惨
	行政服务		16	43	1. 因为我跟我导师，还有辅导员联系比较多。然后有时候遇到一些困难，他们也会给我一些帮助 2. 我们的辅导员就是比较亲切，他是一个比较热情的人
	其他			2	略
总计			173	485	

(二) 院校环境矩阵编码探索

对不同性别、学科以院校类型的优秀本科生"院校环境"方面的编码参考点数做矩阵分析。研究发现，在性别差异的矩阵编码图中，不同性别的本科生在"院校环境"上存在着差别。其中，在"教师引导"方面，女性的编码参考数（108个）明显高于男性（76个），可见女学生更易受教师的影响。根据三级节点可知，影响主要表现在"教师教学"和"科研指导"两个方面。而在"行政服务"与"机会创设"方面，男女并没有很明显性别差异。例如男性在行政服务上的编码参考点数为20个，女性为23个。在"机会创设"方面，男性的编码参考点数为36个，女性为47个。可见，男女受"机会创设"下的三级节点——"院校管理"与"国际交流"方面的影响差别不大。同样，"人脉信息"以及"同伴互助与激励"对于他们也很重要。男性在"人脉信息"上的编码参考点数为27个，比女性略少（38个）。男性与女性在"同伴互助与激励"方面的编码参考总点数分别为35个和49个。相比较而言，男女无论在"学习氛围""硬件资源"还是"院校声誉"方面，其编码参考点数都相对较少，但是男女差异却较大。例如在"学习氛围"方面，女性的编码参考点数为18个，而男性仅为7个。而在"硬件资源"方面，女性的编码参考点数为24个，而男性为9个。最后在"院校声誉"方面，女性的编码参考点数为8个，而男性提及的次数仅为2个。具体如表4-10所示。

表4-10　　　　　　　　　性别差异的矩阵编码数（个）

院校环境	性别=男	性别=女
行政服务	20	23
机会创设（院校管理/国际交流）	36	47
教师引导（教师教学/科研指导）	76	108
人脉信息	27	38
同伴互助与激励	35	49
学习氛围	7	18
硬件资源	9	24
院校声誉	2	8

通过对不同学科差异的院校环境节点进行矩阵编码分析发现，由于自然科学人数占比较少，所以相对于工程与技术专业以及人文学科专业而言，自然科学专业的被访者在有关院校资源各节点方面提及的次数都相对较少。首先在"教师引导"这一节点中，自然科学专业的学优生的编码参考点数高达42个，其次是"同伴互助与激励"节点，其编码参考点数为16个，最后是"机会创设"（13个）。说明在被访者人数相对较少的情况下，院校资源其下的二级节点——"教师引导""同伴互助与激励"以及"机会创设"对于自然科学专业的学生影响较大。对比工程与技术专业和人文社科专业的学优生，他们在"院校资源"上的编码参考点数差异不等。依照表4-11呈现的顺序看来，首先在"行政服务"节点上，工程与技术专业和人文与社科专业的学生频次不相上下，分别为21个和19个，工程与技术专业的编码参考点数略高一些。但在"机会创设""教师引导"以及"人脉信息"这三个节点上，人文社科专业的学生的编码参考点数（分别为40个，82个，36个）都高于工程与技术专业的学生（分别为30个，60个，24个）。其中"教师引导"在院校环境中的所有节点中都是最高的，足以见"教师引导"对本科生的重要影响。在"同伴互助与激励"方面，工程与技术专业和人文社科专业同样差别不大，工程与技术专业的编码参考点数（36个）略高于人文社科类专业的学生（32个）。而在"学习氛围"方面，人文社科专业学生的编码参考点数为16个，高于工程与技术专业学生的编码参考数（7个）。在"硬件资源"方面，自然科学专业学生的编码参考点数最少（3个），人文社科专业和工程与技术专业学生的编码参考点数分别为18个和12个。最后在"院校声誉"方面，自然科学与工程与技术、人文社科专业形成较明显的对比，自然科学专业的学生并没有涉及有关"院校声誉"方面的信息，其编码参考点数为0，而工程与技术专业以及人文社科专业学生在"院校声誉"方面的编码参考数点相同，都是5个。这表明，对于人文社科专业和工程与技术专业的学优生而言，其院校声誉的影响程度等同。具体参见表4-11所示。

表4-11　　　　　　　　　学科差异的矩阵编码数（个）

院校环境	学科分类＝ 自然科学	学科分类＝ 工程与技术	学科分类＝ 人文社科
行政服务	3	21	19
机会创设（院校管理/国际交流）	13	30	40
教师引导（教师教学/科研指导）	42	60	82
人脉信息	6	24	36
同伴互助与激励	16	36	32
学习氛围	2	7	16
硬件资源	3	12	18
院校声誉	0	5	5

通过对来自不同院校类型的"院校环境"节点进行编码矩阵分析发现，研究型大学、教学研究型大学以及教学型大学在"院校环境"上的节点差别较大。首先，"教师引导"这一编码参考点数普遍比其他节点的数量都高。而在"学习气氛""硬件资源"和"院校声誉"方面，不同院校类型的编码参考点数均呈现较少的数量。"行政服务""机会创设"等编码总数在不同院校类型中处于中间状态。具体而言，在"行政服务"方面，研究型大学的编码参考点数最高（20个），其次是教学型大学（15个），而在教学研究型大学中被提及的次数最少（8个）。在"机会创设"方面，三者差异并不明显。其中研究型大学与教学型大学的编码参考点数一样，都为30个，教学研究型大学较低一些，为23个。在"教师引导"方面，研究型大学与教学研究型大学的编码参考点数分别为70个和63个，差别不大，而教学型大学相对较低一些（51个）。但"教师引导"总的编码参考点数均超过院校环境中的其他节点，由此可知，"教师引导"对优秀本科生学习经历的影响较大。而在"人脉信息"节点上，研究型大学的学生提及的次数最多（37个），明显高于其他院校类型的学生。这表明在"人脉信息"方面，研究型大学的学生受到的影响更大，其次是教学研究型和教学型。在"同伴互助与激励"方面，同样是

研究型大学的编码参考点数最多,为 44 个;其次是教学研究型大学,编码参考点数为 21,最后是教学型大学,为 19 个。在"学习氛围"和"硬件资源"方面,不同院校类型的编码参考数差异不大。最后在"院校声誉"方面,研究型高校的学生提及的次数最多,编码参考点数为 8 个,可见"院校声誉"对于研究型大学的学生而言影响较大,而对于教学研究型影响其次,其编码参考点数为 2 个,教学型高校的学生并没有提及,其编码参考点数为 0,影响最小。具体见表 4-12。

表 4-12　　　　　　院校差异的矩阵编码分析数(个)

院校环境	院校类型 = 研究型	院校类型 = 教学研究型	院校类型 = 教学型
行政服务	20	8	15
机会创设(院校管理/国际交流)	30	23	30
教师引导(教师教学/科研指导)	70	63	51
人脉信息	37	16	12
同伴互助与激励	44	21	19
学习氛围	11	5	9
硬件资源	11	8	14
院校声誉	8	2	0

四　家庭背景的描述性分析

(一)家庭背景的频次分析

"家庭背景"的所有编码参考点数为 50 个。其二级编码节点分别为"社会经济水平""情感支持""教育方式"和"家庭变故"。其中,"情感支持"的材料来源数是 13 个,编码参考点数为 21 个,是"家庭背景"中被提及最多的参考点。其次就是父母的"教育方式",其材料来源数为 12 个,编码参考点数为 18 个。可见来自家庭方面的影响主要表现在"情感支持"以及"教育方式"两个方面。但也有学生提到有关"社会经济水平"方面的影响因素,材料来源数为 3 个,其编码参考点数为 6 个。最后是"家庭变故",对于学生情感、情绪消耗等方面会产生较大影响,但有关这一节点的材料来源数为 2 个,编码参考点数为 4 个。具体见表 4-13。

表 4-13　　　　　　学优生家庭背景子节点的材料信息(个)

一级节点	二级节点	材料来源数	编码参考点数	参考点具体内容范例
家庭背景	社会经济水平	3	6	1. 读研究生其实我一直都蛮想读的,但是我为什么又不读呢?是因为家里还是有一点反对的,就是会觉得你本科毕业了就赶快赚钱会比较好一点
	情感支持	13	21	1. 我在学习上,有时候遇到困难的话,会找我姐姐倾诉 2. 平常有什么烦心事或者压力,我都会跟父母说
	教育方式	12	18	1. 他们都是属于那种比较开明的家长 2. 我妈从小就教我要有一种精神,叫学徒精神,不能做一点就争功,而是把自己定位好,尤其自己还是一个初学者的时候,一定要多学、多做、少说
	家庭变故	2	4	1. 在大一下的时候我爸爸过世了,他过世的时候,我正好期末考试,那个时候生理上以及精神上都很疲惫 2. 大二升大三的那个暑假,我妈去世了,那个暑假基本没做什么事
	其他		1	
总计			50	

(二)家庭背景矩阵编码探索

探索不同性别的优秀本科生在"家庭背景"节点上的矩阵编码。研究发现,在性别差异的矩阵编码图中,不同性别的学优生在家庭背景方面同样存在差异。从总体上而言,不论是"家庭变故""教育方式",还是"情感支持"以及"社会经济水平"方面均是女性谈及得较多,其编码参考点数均高于男性。在"家庭变故"方面,女性的编码参考点数为 4 个,而男性为 0。在"教育方式"方面,女性编码参考点数为 13 个,男性为 5 个。而在"情感支持"方面,女性的编码参考点数(17 个)是男性(4 个)的 4 倍多,可见"教育方式"对于女性的影响较大。最后在

"社会经济水平"方面,男女性别差异不大,女性的编码参考点数比男性略高,女性为 4 个,男性为 2 个。具体见表 4-14。

表 4-14　　　　　　　性别差异的矩阵编码数(个)

家庭背景	性别=男	性别=女
家庭变故	0	4
教育方式	5	13
情感支持	4	17
社会经济水平	2	4

通过分析不同学科类型的家庭背景可知,不同学科类型的学生在家庭背景上的编码参考点数同样存在差异。在"家庭变故"方面,自然科学专业的编码参考点数为 0,工程与技术类专业的编码参考点数为 1 个,人文社科专业的编码参考点数为个 3。在"教育方式"方面,工程与技术专业的编码参考点数为 10 个,人文社科专业为 6 个,自然科学专业为 3 个。在"情感支持"方面,人文社科专业的编码参考点数最高,为 14 个;而工程技术与自然科学学科之间相差并不大,其编码参考点数分别为 4 个和 3 个。最后在"社会经济水平"方面,人文社科专业的编码参考点数为 4 个,工程与技术类为 2 个,自然科学类编码参考数为 0。具体见表 4-15。

表 4-15　　　　　　　学科差异的矩阵编码数(个)

家庭背景	学科分类=自然科学	学科分类=工程与技术	学科分类=人文社科
家庭变故	0	1	3
教育方式	3	10	6
情感支持	3	4	14
社会经济水平	0	2	4

通过探究不同院校类型的家庭背景的矩阵编码发现,相较于教学型、教学研究型大学的优秀本科生,研究型大学的优秀本科生在"家庭变故"

"教育方式"以及"社会经济水平"方面的编码参考点数都较高,其分别为4个、13个和6个。但在"情感支持"上,研究型大学的编码参考点数最低,仅为3个;而教学研究型以及教学型大学的学生在"情感支持"上的编码参考点数都为9个。可见,相比较于研究型大学的学生,教学研究型大学以及教学型大学的学生受家庭"情感支持"上的影响较大。此外,在"家庭变故"以及"社会经济水平"两个节点上,编码参考点数都只出现在研究型大学的学生上,其他类型院校的学生在这两个节点上的编码参考点数都为0。具体见表4-16。

表4-16　　　　　院校类型差异的矩阵编码数(个)

家庭背景	院校类型＝研究型	院校类型＝教学研究型	院校类型＝教学型
家庭变故	4	0	0
教育方式	13	3	3
情感支持	3	9	9
社会经济水平	6	0	0

第三节　模型阐释及影响方式分析

场域与行动互相影响。优秀本科生学习经历影响因素模型中的各因素对本科生行为与发展的影响是动态且复杂的。从影响方式来看,既有正向影响,也有负向影响。正向影响和负向影响是根据学生访谈文本中涉及的价值选择、情绪反应进行判断的。通过对编码条目进行分析发现,这些优秀本科生的总体的"学习特征"与"学习参与"状况的异质性相对较小,差异不大,但其所处的"院校环境"以及"家庭背景"内部差异较大,故学生个体在本科期间发展的增值空间也不尽相同。

当个体的前置性因素(最突出的是家庭背景因素)以及院校环境对个人产生了正向影响,并且学生个体呈现出良好的学习特征和学习参与情况下,本科生成长与发展的增值空间最大。但当外界的各种限制性因素无法满足本科生的发展需求,即使他们呈现出优秀的学习特征以及学习参与状态，其个体发展的增值空间也会在某种程度受到限制。具体如图 4-1 所示。

类属—影响方式 \ 类属—状态		学习特征
		学习参与
		良好
家庭背景（前置性因素）	正向影响	☆☆☆☆☆
院校环境（资源与条件）	负面影响	☆☆☆

图 4-1　个体发展空间受限的因素及影响

注：☆数越多，表明学生发展的增值空间越大。

诸多研究者都会认为某些因素（如大学环境、大学前的教育经验，甚至是学生参与、师生互动、学生的社团活动等）总会或多或少地对本科生的学习与发展产生影响。但是，却往往忽略不同因素之间重要性的差异以及影响方式的不同。本书参考了帕斯卡雷拉在大学生发展的综合因果模型中提出两种影响方式——直接影响与间接影响，并且根据学生主体的可控性与否进行影响因素重要性维度的划分。

研究发现，这些优秀本科生是多种复杂因素影响下的结果。优秀本科生自身的学习特征是直接可控的重要影响因素，学习参与是间接可控的关键影响因素，院校环境是不可控的关键影响因素，家庭背景在内的诸多前置性因素都属于间接不可控影响因素。以下是对各个主影响因素及其节点因素的深度分析。

一　学习特征是直接可控的重要影响因素

学习特征包括学习认知、学习品质以及学习动机。对于本科生而言，这些学习特征都是主体直接可控的，即个体可以直接决定学习特征表现的样态。

（一）学习认知

通过研究发现，这些学优生的学习认知度较高，他们多认同大学生的核心任务要以学业或学习为主。"本科四年我都一直很注重自己的学习，对于大学生来说学业肯定是第一位的""学习虽不是唯一，但我一直保持在一个学习的状态"。可见,他们在本科期间多以"学"为志业。学习认知反映了学生的学习观,其背后蕴含着不同的认识论。研究者[1]通过朔默的研究发现每个人的认知都是一个由多种不同信念组成的多维度的观念系统,并且每个维度发展水平不同,并不一定均衡和协调地表现在某个人身上。朔默[2]提出认识论信念系统主要包含了知识确定性、知识简单性、能力固定性、学习快捷性这四大因素,其中每个因素都是一个由此端到彼端的连续体。学生对这几类因素的认识倾向或处于低端水平或处于高端水平,组合不同,都会直接导致学生学习观的不同。2004年,朔默[3]又提出了学习观的系统嵌入模型,该模型认为学生的学习观系统不是独立存在的一个系统,而是与学生的认知方式、具体学习行为以及外部社会文化背景等多个系统相互联系与作用的嵌入系统。她认为学生的学习观应将知识的信念系统和学习的信念系统囊括在内,其中知识的信念系统主要包括知识的来源(知识来自权威、知识来自课本或教师、知识来源于个体经验的构造等)、知识的确定性(知识是固定不变的、知识是不断变化与不断完善的)、知识的结构性(知识是独立的、片段性的事实或者概念,知识与客观世界存在联系)、知识的判断维度(服从于权威的判断,在探究规律和专业知识的指导下进行独立思考判断)。而学习的信念系统则包括了学习能力维度(学习能力先天注定难以改变,学习能力经过训练培养可以改善)、学习的速度维度(学习不是一蹴而就,学习应该循序渐进)。根据朔默的学习观的系统嵌入模型理论,本书发现这些学优生在较强的学习认知背后也蕴含着两大信念系统——知识的信念系统和学习的信念系统。在知识的信念系统中,主要表现在知识的来源以及判断维度方面。在知识的来源方面更倾向于个体主动地寻求和探索。例如"上了大学,很多东西是需要自己探索的""大学和高中不一样了,你需要自觉,需要自己学会学习"。

---

[1] 王小琳:《师范生的学习及影响因素研究——基于学习观的视角》,硕士学位论文,西北师范大学,2015年,第11页。

[2] Marlene Schommer-Aikins, "Effects of Beliefs about the Nature of Knowledge on Comprehension", *Journal of Educational Psychology*, Vol. 82, No. 3, Sep. 1990.

[3] Schommer M., "Explaining the Epistemological Belief System: Introducingthe Embedded Systemic Model and Coordinated Research Approach", *Educational Psychologist*, Vol. 39, No. 1, Mar. 2004.

而对知识的判断维度，经历了一个从跟随大众到独立思考的阶段，"你要学会自己判断，不能总是随大流"。在学习的信念系统方面，主要表现在学习的能力维度和速度维度上。在学习的能力维度上，这些学生多持有动态的学习发展观，即把学习看作一个循序渐进、不断累积的过程。"我把学习看作是一个非常有收获的过程"。在学习的速度维度上，学习不是一蹴而就，需要依靠个人的经历和反思"只有经历一些事情，才能迅速成长"。具体如图4-2所示。

```
                          ┌─ 知识的来源："上了大学，很多东西是需要自己探索的"
            ┌─知识的信念系统─┤
            │             └─ 知识的判断维度："你要学会自己判断，不能总是随大流"
学习认知 ───┤
            │             ┌─ 学习的能力维度："我把学习看作一个非常有收获的过程"
            └─学习的信念系统┤
                          └─ 学习的速度维度："只有不断经历一些事情，才能迅速成长"
```

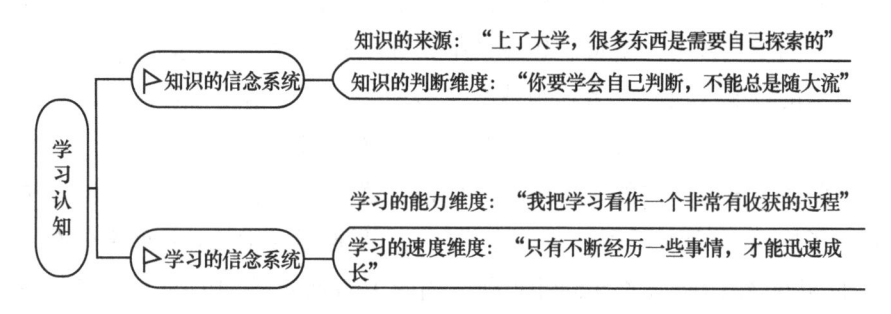

图4-2 学习认知结构

（二）学习品质

研究发现，这些优秀本科生的学习品质体现在学习态度、学习策略与方法、时间管理与目标规划上。首先，在学习态度上，研究者[1]认为学习态度也是学习者对学习活动的认知和评价，它调节学习者的学习行为，直接影响学习的效率和效果。在本书中，"认真""努力""专注"与"坚持"是这一群体最为突出的学习特征。例如，"我不是那种很聪明、智商很高的人，但是我对待学习，对待事情比较认真。""遇到一些事情，虽然很难，但只要坚持下去，总会能解决，总会有一个意想不到的结果"等。他们高度自律并且有着较强的完美主义倾向。以往研究更倾向于将具有此类特征的人称作"内向的完美主义者"[2]：内向更多地指人际互动

---

[1] 李东林、郑玮等：《硕士研究生学习态度及其与学校因素的相关研究——以深圳S大学为例》，《高教探索》2017年第7期。

[2] Grobman J., "Underachievement in Exceptionally Gifted Adolescents and Young Adults: A Psychiatrist's View", *Journal of Advanced Academics*, Vol. 17, No. 4, Aug. 2006.

的低倾向性，完美主义指的是不断追求卓越以及对自己有很高的期望。但与以往研究发现不同的是，本书中不是所有的被访者的性格特征都表现出人际互动的低倾向性，他们当中不少人的社会互动较强，并且当他们遭遇困境或失败时，也并不将错误归因于个人的失败，而更善于将失败的经验看作自我成长与发展的良好时机。"无论课题项目，还是毕设（毕业设计），只要我接手了，我就会想尽办法做到最好""我会反思自己没有成功的原因，不断试错，总结经验"。

其次，在学习策略与方法方面，由于当今高等教育面临的挑战不仅是必须向学生传授大量特定领域的框架和学科洞察力，还必须培养他们多方面的技能使他们成为本领域的"多面手"和终身学习者。故在高等教育中，大学生需要进行批判式的、有意义的深度学习，而非仅停留在以低阶思维发展为主的知识复述方面，这就对本科生的学习策略与方法提出了挑战。"深度学习"的概念源自瑞典哥德堡大学的马顿和萨尔乔于20世纪60年代所做的开创性工作。当学习者面对不同的文本阅读任务时，他们认为学习者针对不同性质的文本有两种处理方法：一种方法是试图理解文本，另一种方法则试图去记忆文本。[1] 前者通常被称为"深度学习方法"，后者则被称为"浅层学习方法"。这两种"方法"的"类型化"确定，构成了绵延近半个世纪的"学生学习方法传统"[2]。

汉纳等[3]研究者采用定量的方法纳入几十篇相关研究发现，由于相关研究缺乏清晰的概念基础以及使用研究方法的差异，故没有足够的经验证据和理论基础能够表明在高等教育阶段的学生的学习向深度学习路径发展。但相关研究[4]也表明那些学业表现十分优秀的大学生能将深层学习

---

[1] Marton F. and Saljo R., "On Qualitative Differences in Learning, II—outcomes as a Function of the Learner's Conception of the Task", *The British Journal of Educational Psychology*, Vol. 46, No. 1, Jun. 1976.

[2] 吕林海：《"拔尖计划"本科生的深度学习及其影响机制研究——基于全国12所"拔尖计划"高校的问卷调查》，《中国高教研究》2020年第3期。

[3] Asikainen H. and Gijbels D., "Do Students Develop Towards More Deep Approaches to Learning During Studies? A Systematic Review on the Development of Students' Deep and Surface Approaches to Learning in Higher Education", *Educational Psychology Review*, Vol. 29, No. 2, Jun. 2017.

[4] 于海琴、代晓庆等：《拔尖大学生的学习特征与类型：与普通班的比较》，《复旦教育论坛》2016年第5期。

策略和表层学习策略结合起来,根据不同的学习内容采用不同的策略,学习方法使用得比普通大学生更为灵活。在本书中,这些优秀本科生经历了简单的以背诵和记忆为主的学习方式,转而更重视整个知识体系以及思维框架的搭建。例如"以前我很少想过如何将书上所学搭建成类似思维框架图一样的东西,就如思维导图一样如何把知识串联起来""学习的组织能力很重要,就是怎么把学到的知识转化为自己的理解,构建自己的逻辑体系和知识体系。"可见,这些学优生已意识到要将知识的理解与掌握上升到建立知识体系的习得与建构阶段。但对于如何生产与创新知识策略与方法却鲜有提及。可见,这些学优生在学习过程中思维以及认知发展的深度较以前有较大的提高,但在创新能力发展的上并不突出。

再次,在时间管理上,好的时间管理是减轻压力的"缓解剂"[1],也是高等教育阶段学生降低压力以及焦虑的重要衡量指标。[2] 当前,很多本科生都会面临时间与任务之间的冲突和压力。有被访者就提到"很多事情堆在一起,然后还要去看书。会感觉自己有一点被压地透不过来气了。"但"很多大学生发现自己很难进行有效的时间管理"[3],最终导致时间管理不善、压力较大以及学业不佳等种种后果。塔利等[4]学者发现,学生对于时间的洞察力和管理能够有效地衡量学生的学术成果。较差的时间管理方法意味着学生很难计划和安排他们的学习与工作,当他们面临着学业或工作上的评估时就会感到焦躁不安。而在本书中,这些学优生也会面临着时间和任务上的冲突和压力,但"调整"和"计划"是他们进行时间管理的策略。"调整"主要指的是调整自己的心态,让自己免

---

[1] Misra R. and McKean M., "College Students' Academic Stress and Its Relation to Their Anxiety, Time Management, and Leisure Satisfaction", *American Journal of Health Studies*, Vol. 16, No. 1, Jan. 2000.

[2] Kearns H. and Gardiner M., "Is It Time Well spent? The Relationship between Time Management Behaviors, Perceived Effectiveness and Work-related Morale and Distress in a University Context", *Higher Education Research & Development*, Vol. 26, No. 2, Jun. 2007.

[3] Vander Meer J. and Jansen E., "Torenbeek M. It's almost a mindset that teachers need to change: First-year students' need to be inducted into time managemen", *Studies in Higher Education*, Vol. 35, No. 7, Nov. 2010.

[4] Scherer S., Talley C. P. and Fife J. E., "How Personal Factors Influence Academic Behavior and GPA in African American STEM Students", *SAGE Open*, Vol. 7, No. 2, Apr. 2017.

受更多的负面情绪的影响。其次就需要做"计划",将时间进行最大化的使用,例如学会平衡不同的任务,"我在同时做好几件事的时候,会将事情之间排一个优先级"。此外,还需要拟定自己的工作计划,例如"我会在9点之前处理完社团事情。9点到11点是我自己的学习时间,然后在11点之后,再去处理其他方面的事情"。这些计划并不都是长期的,学生会根据个体面临的情境与任务而决定,这些规划更多地渗透在日常学习与工作中。布里顿和特塞尔[①]曾指出,与长期规划相比,短期计划是一种更有效的时间管理技术,因为计划可以根据快速的变化或不可预知的情况,更加具有灵活性,这在快节奏、多任务处理的现代学生中更为常见。总之,时间管理提供了组织和控制本科生学业生活的有力手段。

最后,目标规划,即是一种长时间维度的时间管理。通过研究发现,这里的目标规划主要是围绕学生个人学习与工作生涯展开的。本书中,这些本科生在大学期间的目标规划主要围绕着"升学(保研或考研)""出国深造"和"就业"这三个方面展开。他们的目标规划都经历了一个由模糊到清晰的过程,但其目标规划也并非一成不变。随着自己努力程度、时间情境的变化以及规划落实顺利度的改变,他们的目标规划也会进行相应的调整,以更加适合现实情境和个体需求。例如,"到了大三我就不打算本科后就业了,我决定继续考研进一步提升自己""后来,我就放弃去德国读博,就不再学德语了,转而备考托福,去美国深造。"并且这些学优生与普通生不同,他们鲜有逃避工作导向的现象发生。一旦长期的目标规划确定,便会分解目标、制订计划、并迅速执行。通过目标规划的确定,这些本科生能够以最有效率的方式谋求未来自身价值的最大化,并对接和执行后续的学习与工作事宜。

(三)学习动机

在本书中,学习动机分为三种类型:工具性动机、内在动机和成就动机。对"学习动机"的价值意涵进行辨析,可从"实然"困境和知识的"应然"诉求两个方面进行考察。首先,从"实然"的角度而言,学

---

① Baothman A., Aljefri H., Agha S., et al, "Study Habits of Health Science Students at King Saud Bin Abdulaziz University for Health Sciences, Jeddah, Saudi Arabia", *SAGE Open*, Vol. 8, No. 2, Jun. 2018.

习动机是本科生学习发生的重要心理驱动力,是深度学习参与的重要构成要素。其次,从知识的"应然"的角度而言,大学教育的"高深知识"属性也必然会对学习者的思维、精神和意志产生极大的挑战,这就需要强大而持续的动力来驱动学习活动。有研究者表明大学生的学习动机是一个有机系统,包含着自主需要、目标追求、效能期待、因素诱导、社会取向五个子系统,它们都是学习动机的重要组成部分。[1] 在本书中,这些优秀本科生的学习动机同样体现在两个方面:首先是基于"兴趣"与"好奇"的内在动机,如"我要学这个东西,并不是把它当作一种任务,而是出于好奇与纯粹的兴趣,想要去学""我大一、大二就是靠兴趣来主导学习的"。这种出于个人好奇与兴趣的学习动机是一种建立在"求知旨趣"上的深层动力。其"深层"主要表现在,这种兴趣扎根于学生的求知天性之中,并在大学校园这一宽松的环境中得到释放。这种基于"求知旨趣"的内在动机对于本科生的学习引导较为强烈。与那些无法找到自己"所爱"的本科生相比,这些拥有较强内在学习动机的学生具有更强的导向性和持久性。反之,雅思贝尔斯在《大学的理念》中用类似的笔调对一群学习动力匮乏的"平庸"学生给出了生动的描绘:"他们不思进取、自暴自弃,他们的学习只图考试过关,他们把读书阶段看作职业生涯开始前的痛苦煎熬。"[2] 而这些内在动机充裕的学生,他们在学业上充满热情,即使遇到各种崎岖坎坷也能够以积极的心态去面对。"我就是很喜欢体育这个行业,喜欢的东西自然学起来就比较舒心,遇到困难也会想办法克服"。

其次,在外在动机层面。一个是以分数、赢得各种荣誉奖项或者以保研升学为目的的工具性动机。另一个是以为了向他人证明自己、以博得周围人认可为主的成就动机。外在动机和内在动机对学习者的学习行为都会起到激励作用,但具体的表现方式却不相同。最突出的一点就是外在动机的满足并不在活动之内,而出现在活动之外的某个特定目标,

---

[1] 高秀梅:《当代大学生学习动机的特征及其对学业成绩的影响》,《高教探索》,2020年第1期。

[2] [德]卡尔·雅思贝尔斯:《大学之理念》,邱立波译,上海世纪出版集团2007年版,第66页。

待到目标达成，外在动机将立即衰减或者产生新的动机。而内在动机则相对深入、稳定和持久。"大二的时候我有一点是为了拿高分才那么用功学习的感觉""我提前把评奖细则都看了一遍，例如有论文、竞赛，还有学业成绩，那我心里就有数了。"但这些外在动机也可进行内化调节。例如一些本科生为了能够拿到奖学金或者保研名额，他们在某个阶段的学习行为就会遵循外在的规则，比如"看简历上缺什么就补什么""去德国继续深造要考德语，那段时间我就一直在准备德语"，其目的是满足外在要求或是为了获得预期报酬的一种动机类型。这种情况下个体的自我决定程度较低，属于典型的"外在调节"方式。而更多的学生则表现出"认同调节"形式，即个体对一个行为目标或规则进行有意识的评价之后，认同了此目标或规则对自己的重要性，进而在现有能力之下调整自己的行为以符合外在的要求、规则或者目标。可见，这种动机形式拥有更多的自主决定性。

通过以上分析可知，学习特征由学习认知、学习动机以及学习品质组成。其中，学习认知是由学生所拥有的知识的信念系统以及学习的信念系统两部分组成。在学习品质方面，"认真""努力""专注"与"坚持"是这群优秀本科生身上最为宝贵的学习态度。在学习策略与方法上，他们比普通大学生显得更为灵活，更容易进入深层学习状态，并且知识的理解与掌握、习得与建构方面更为凸显，而在知识的生产与创新方面并不突出。在时间管理层面，他们很善于"调整"自己的心态，让自己免受更多负面情绪的影响，并善于做各种灵活性的"规划"。而在目标规划方面，这些学生经历了一个由模糊到清晰的过程并鲜有逃避工作导向的现象发生。最后在动机层面，其内在动机是一种基于好奇与兴趣并建立在"求知旨趣"上的深层动力。而其外在动机，一方面是以分数、争得荣誉奖项或者以保研升学为目的的工具性动机；另一方面体现在为了向他人证明自己、以博得周围人认可为主的成就动机上，并且这种外在动机可依据个体行为的自主性通过外在或认同调节的方式进行内化调节。

以上学习认知、学习态度、策略与方法、时间管理以及目标规划之间并不是相互割裂，而是相互关联的。当面临一项具体的学习任务时，学生所持有的学习认知便直接决定其学习态度。例如，当学生有着较强的知识信念系统以及学习信念系统时，他便会愿意认真并为之付出努力等。而学习的动机以及目标规划则会起到刺激与加强的作用,尤其是在面临着大量的课程负担以及学术挑战的时候,也必须使用有效的学习策略。[1] 总之,在面临某项具体的学习任务时,学习认知在任务启动中扮演着基础性作用;而学习态度更多地展现一种倾向性;具体到学习策略与方法,其更多地决定着任务的完成度;学习动机扮演着持续的驱动和维持学习行为的产生的作用;时间与管理对于学习任务的进度有着重要影响;而目标规划起着导向作用。总之,学习认知、学习态度、策略与方法、时间管理以及目标规划共同作用于学习任务的顺利完成,其关系图如4-3所示。

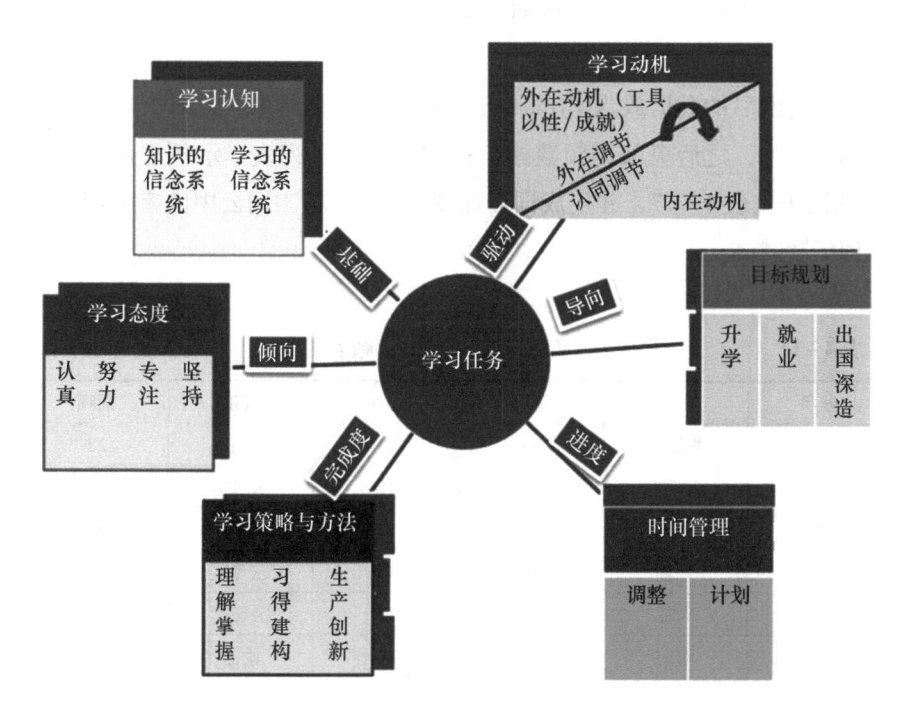

图4-3 基于学习任务的关系

---

[1] Deshler D. D., Schumaker J. B., Lenz B. K., et al, "Ensuring Contentarea Learning by Secondary Students with Learning Disabilities", *Learning Disabilities Research & Practice*, Vol. 16, No. 2, Oct. 2001.

二 学习参与是间接可控的关键影响因素

为了进一步探究优秀本科生的"学习参与",本书在核心个案的基础上,纳入 80 名本科期间荣获过"国家奖学金"的优秀本科生的"学习简历"进行文本分析。

(一)数据去重

将纳入的 80 份优秀本科生的简历文本进行数据清洗。经过分词、去除停用词等,剔除评论中出现的英文字母或异常词及无效文本等不重要的词汇,以避免词语重复计数而影响后续的分词和词频的统计工作,整理完毕后将 Word 件转换成 Excel 文件使用。

(二)数据处理

将清洗后的数据放入 Python 程序的词云生成器中,先对文本数据进行词频统计,之后提取词频数排行前 100 的词语列表,示例显示排行前 20 的词语见表 4-17,并生成词云如图 4-4 所示,词云中的字体越大说明词频数越高。

表 4-17　　　　　　　　"学习简历"前 20 词频表

排序	词汇	词频	排序	词汇	词频
1	奖学金	97	11	专业	28
2	大学生	85	12	本科生	26
3	学生	61	13	建模	25
4	竞赛	56	14	三等奖	25
5	大赛	48	15	一等奖	24
6	学院	43	16	励志	21
7	数学	42	17	项目	21
8	创新	38	18	连续	19
9	二等奖	34	19	优秀	19
10	创业	29	20	大学	17

(三)共现网络分析

通过统计计算关键词在学生简历中的情况,得到关键词的共现矩

第四章 优秀本科生学习经历的影响因素分析 ◇ 161

图 4-4 词频数 TOP100 词语生成的词云

阵，将共现矩阵导入 Gephi 可视化软件，进行关键词共现网络的可视化展示，形成图 4-5。节点越大表示该节点与其他节点的连接数越多，节点之间连接线越粗、颜色越重则表示关键词节点之间共现频率越高。通过图 4-5 可以看到"奖学金—大学生""数据—建模"和"创新—创业"等关键词之间都有很强的联系。

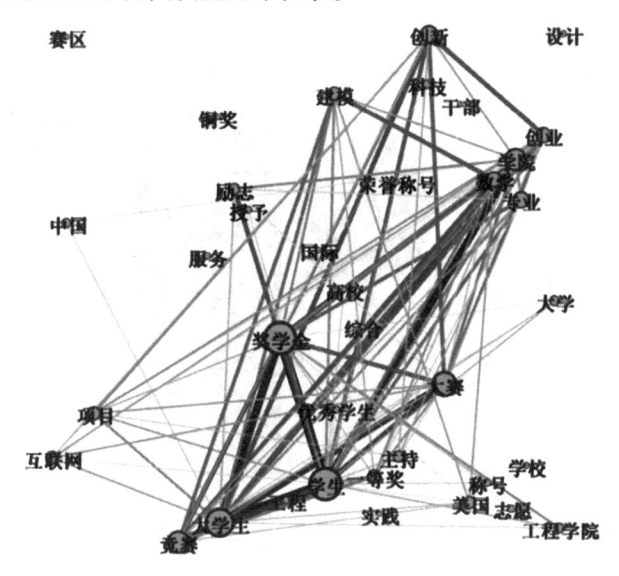

图 4-5 共现网络

(四) LDA 主题聚类结果

利用 Python 编程来计算 LDA 主题聚类结果如图 4-6 所示。每一类都是一个词群，接着对每个词群进行类型定义。

TOPIC 1	权重	TOPIC 2	权重	TOPIC 3	权重	TOPIC 4	权重
竞赛	51.28	创新	29.72	2018	8.34	学院	17.87
数学	38.78	创业	26.05	称号	7.7	荣誉	10.17
二等奖	26.75	大赛	16.44	学院	7.66	励志	7.06
建模	23.28	项目	12.38	专业	7.45	优秀学生	6.67
大赛	22.49	主持	11.85	优秀	7.19	专业	5.88
一等奖	22.28	国家级	10.95	本科生	6.6	荣获	5.66
三等奖	20.08	互联网	9.39	中国	6.35	大学	3.87
学院	14.68	本科生	8.32	项目	5.09	大赛	3.63
专业	11.21	三好学生	6.32	连续	4.49	连续	3.14
美国	10.38	优秀学生	4.85	二等奖	4.31	创新	2.8
英语	10.05	工程学院	4.77	工程学院	3.94	本科生	2.64
大学	9.77	优秀	4.08	励志	3.04	项目	2.48
连续	8.97	一等	3.66	大赛	2.94	一等	2.41
励志	7.77	三等奖	3.32	创新	2.71	工程学院	2.16
本科生	7.64	大学	2.8	三好学生	2.23	2018	2.07

图 4-6 LDA 主题聚类结果

图 4-7 的 LDA 可视化结果，可以看到四个主题分布相对均衡，且交

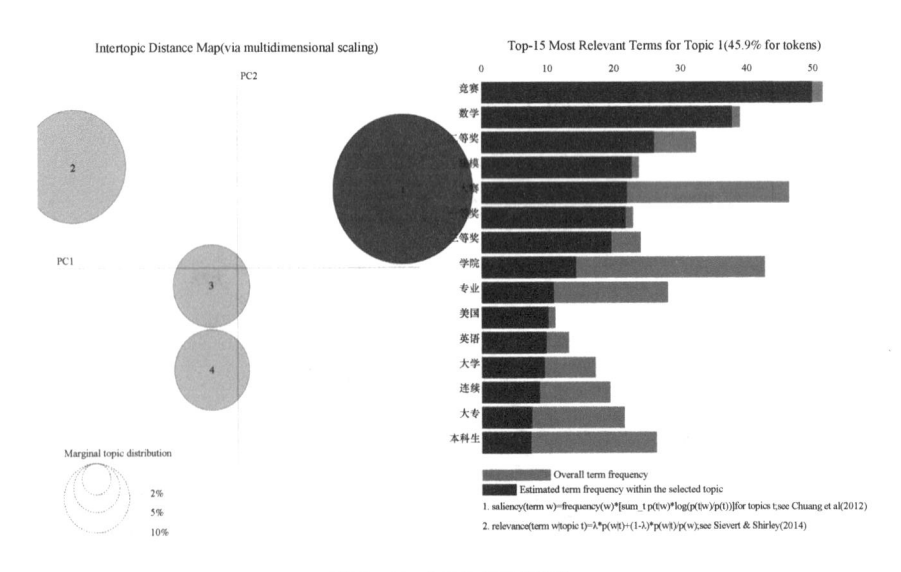

图 4-7 LDA 的可视化

叠较少。第一类的高度关联词突出表现为竞赛、数学、建模、大赛等为学生的"参赛荣誉",其中蓝色部分突出的是第一个主题相关的关键词"项目竞赛";第二类关联词与创新创业相关,定义为"社会实践项目";第三类关联词主要围绕学生获得学院称号以及项目状况,可定义为"科研参与";第四类关联词则围绕学生的学院荣誉情况,可定义为"荣誉获得"。

（五）基于学生简历的内容分析

对优秀本科生的简历文本进行聚类分析可以得知,这些本科生热衷参与各种学习活动,具体表现在竞赛荣誉、科研项目、社会实践等方面。为了进一步揭示优秀本科生个人简历背后的共性和规律,本书参考"学习参与"这一核心类属下的四个节点,即"竞赛荣誉""科研项目""论文发表""社会实践"对简历文本进行赋值,将简历文本转为分类变量值进行卡方检验。表4-18呈现的是部分优秀本科生的个人简历。

表4-18　　　　　　　　优秀本科生个人简历举例

编号	姓名	学校	专业（学院）	年级	竞赛获奖/荣誉	科研（课题）项目	论文发表	义工/志愿者实践（社会实践）
001	张××	中国地质大学	地球科学与资源学院	2015级	曾获国家奖学金、希尔威矿业奖学金、专业奖学金等；获得全国地质技能大赛地学知识竞赛一等奖、美国数学建模竞赛国际三等奖、物理实验竞赛二等奖等13项竞赛奖项			

续表

编号	姓名	学校	专业（学院）	年级	竞赛获奖/荣誉	科研（课题）项目	论文发表	义工/志愿者实践（社会实践）
002	张××	华东师范大学	计算机科学与软件工程学院	2015级	参与的项目"上海STEM云中心"获得第四届中国"互联网+"大学生创新创业大赛全国金奖	参加多项创新创业项目，参与上海市高可信计算重点实验室课题组项目；参与的项目"上海STEM云中心"获得第四届中国"互联网+"大学生创新创业大赛全国金奖		
003	孙×	西安交通大学	电气工程学院	2016级	曾获国家奖学金、全国大学生数学竞赛省级一等奖、"希望之星"全国英语风采大赛演讲比赛市级三等奖等			获西安市红十字会急救员认证，年均志愿服务100余小时；获学业辅导中心优秀志愿者等荣誉
005	李××	华北理工大学	经济学院	2015级	曾获国家励志奖学金两次；在校期间积极参加学科竞赛，获得2017年度美国大学生竞赛H奖、2017年度亚太赛区数学建模竞赛二等奖、校励志成长成才奖等多项荣誉			

续表

编号	姓名	学校	专业（学院）	年级	竞赛获奖/荣誉	科研（课题）项目	论文发表	义工/志愿者实践（社会实践）
006	余×	湘潭大学	商学院	2015级	曾获湘潭大学"互联网+"湖南省大学生创业大赛二等奖等省级奖项4项，全国大学生英语竞赛一等奖等国家级奖项5项，并于2018年获美国大学生数学建模比赛一等奖	主持校级大学生研究性学习和创新性实验计划项目等		
007	陈××	广州大学	外国语学院英语专业		多次被评为广州大学"优秀学生"和"优秀团干"。获"外研社杯"全国英语辩论赛三等奖、全国英语演讲比赛广东赛区三等奖			积极参与各类志愿者活动
008	张×	西藏大学	文学院	2015级	曾荣获国家奖学金、明德奖学金、西藏大学万兴科技"十佳优秀大学生"奖学金等	主持的大学生创新创业训练计划项目"藏戏发展中存在的问题及对策研究"成功结项并发表相关论文	发表过	

而具体的赋值情况如表4-19所示。因为简历文本中性别信息不全，故没有将性别进行分类和赋值。主要就"学校类型""学科门类""参赛荣誉""科研项目""论文发表"以及"社会实践"这六个方面进行归

类、并赋转化为分类变量进行卡方检验。

表4-19　　　　　　　　优秀本科生个人简历文本赋值

学校类型	学科门类	参赛荣誉	科研项目	论文发表	社会实践
研究型大学=1	自然农医药科学类=1	国际级=1	主持=1	有=1	有=1
教学研究型大学=2	工程与技术科学类=2	国家级=2	参与=2	无=2	无=2
教学型大学=3	人文与社会科学类=3	省市级=3	未提及=3		
		校级=4			

由表4-20可知，不同院校类型在竞赛荣誉、科研项目参与、论文发表以及社会实践四个方面均存在显著性差异（$p<0.05$），并且研究型大学的学优生在本科期间参与的科研项目数最多，占比为60%，但多数为参与者而非主持者；在教学研究型大学中，作为主持科研项目者的比例最高（占比69.2%），但参与者却最少，只有2人（占比20.0%）；在教学型大学中，大多教学优生都未曾提及自己在本科期间参与或主持过科研项目（共18人，占比41.9%）。在社会实践方面，教学型大学中的学优生的参与数最多（共9人，占比39.1%），教学研究型大学中的学优生在社会实践方面的极差最大（相差32.4%），而研究型大学中，有社会实践（7人，占比为30.4%）的学生的多于无社会实践的（1人，占比为2.3%）学生。

表4-20　　　　　　　　不同院校类型的学习参与

学生参与		研究型大学（%）	教学研究型大学（%）	教学型大学（%）	X^2	p
竞赛荣誉	国际级	0 (0.0)	7 (63.6)	4 (36.4)	6.304	0.356
	国家级	7 (20.0)	18 (51.4)	10 (28.6)		
	省市级（校）	1 (14.3)	3 (42.9)	3 (42.9)		
	未提及	0 (0.0)	6 (46.2)	7 (53.8)		
科研项目	主持	0 (0.0)	9 (69.2)	4 (30.8)	17.367	0.001
	参与	6 (60.0)	2 (20.0)	2 (20.0)		
	未提及	2 (4.7)	23 (53.5)	18 (41.9)		

续表

学生参与		研究型大学（%）	教学研究型大学（%）	教学型大学（%）	X^2	p
论文发表	有	2 (40.0)	3 (60.0)	0 (0.0)	5.001	0.050
	无	6 (9.8)	31 (50.8)	24 (39.3)		
社会实践	有	7 (30.4)	7 (30.4)	9 (39.1)	12.158	0.002
	无	1 (2.3)	27 (62.8)	15 (34.9)		

由表4-21可知，不同学科在竞赛荣誉、科研项目参与、论文发表以及社会实践四个方面均不存在显著性差异（p>0.05）。在自然科学方面，首先对于竞赛荣誉而言，除去未提及此项的人数（占比23.1%），荣获省市级荣誉的占比最高（44.4%）。其次，在科研项目主持方面，除去未提及的人数（占比20.0%），其中有4人作为科研项目的主持者，占所有学生的30.8%。再次，在论文发表方面，有16人较为明确没有论文发表经历。最后，在社会实践方面，首先对于竞赛荣誉而言，显示只有5人（占比13.5%）提及。

首先，在工程与技术科学类专业方面，对竞赛荣誉而言，荣获国际性荣誉的学生较多，有5人，与人文社会科学类的学生相同，占所有学生的45.5%；但人文与社会科学类学生荣获国家级荣誉最多，有18人，占比43.9%，略高于工程类（占比36.6%）。省市级荣誉中，二者差别不大，分别为2人（占比为22.2%）和3人（占比33.3%）。其次，在科研项目方面，工程与技术类专业的学生有4人作为项目的主持者（占比30.80%），有6人（占比37.50%）作为项目参与人，而人文社科类的有5人（38.5%）作为项目的主持者，8人（占比50.0%）是科研项目的参与人。再次，在论文发表方面，人文社科类的学生相对占比较高，有6人（占比66.7%）有论文发表经历。而工程与技术科学类只有3人（占比33.3%）。最后，在社会实践方面，人文社科类同样占比较高，有22人（占比59.5%）因社会实践而被得到关注和认可，而工程与技术类专业的学生只有10人（占比27.0%）。

表4-21　　　　　　　　　　　不同学科差异的学习参与

	自然科学类		工程与技术科学类		人文与社会科学类		X²	p值
	人数（人）	百分比（%）	人数（人）	百分比（%）	人数（人）	百分比（%）		
竞赛荣誉								
国际级	1	9.1	5	45.5	5	45.5	9.953	0.268
国家级	8	19.5	15	36.6	18	43.9		
省市级	4	44.4	2	22.2	3	33.3		
校级	0	0	1	16.7	5	83.3		
未提及	3	23.1	2	15.4	8	61.50		
科研项目								
主持	4	30.8	4	30.80	5	38.5	4.17	0.654
参与	2	12.5	6	37.50	8	50.0		
未提及	10	20.0	14	28.0	26	52.0		
论文发表								
有	0	0	3	33.3	6	66.7	2.71	0.258
无	16	22.5	22	31.0	33	46.5		
社会实践								
有	5	13.5	10	27.0	22	59.5	3.46	0.177
无	11	25.6	15	34.9	17	39.5		

根据检验结果，可发现不同学科类型、院校类型之间的差异才是最主要、最突出的差异。通过对优秀本科生的简历文本进行分析，也能看出他们显然都是学习活动的积极参与者，在各种荣誉竞赛方面的成绩都尤为突出。其中，科研项目以及论文发表更多地受院校类型所负载的学术环境的影响，差异较为明显。教学型院校以及人文社科专业的优秀本科生的在简历上会更加突出自己在社会实践方面的成就。

研究表明，大学环境可以直接影响本科生的学习和发展，但更重要的是通过学习参与而间接地影响学习。[①] 学生参与是一个增值过程，学生可以自主选择是否参与以及参与的程度，即于学生而言是可控的，但有

---

① Hu S. and Kuh G. D., "Maximizing What Students Get Out of College: Testing a Learning Productivity Model", *Journal of College Student Development*, Vol. 44, No. 2, Apr. 2003.

效的参与需要一系列外在条件的支持，如活动策划、经费支援、项目指导等，并且参与的程度也会受行为主义动机模式的外部刺激（包括政策文件、经济激励、荣誉标签等）的强弱影响，故"学习参与"是影响优秀本科生学习经历的一个间接可控的关键因素。

三 院校环境是不可控的关键影响因素

本科生对院校环境的控制能力很有限，主要因为学生在学校的决策和管理过程中参与度低，且受到多种结构性限制。首先，学校的管理和政策由校领导、管理层和相关行政部门制定，学生在这些决策过程中缺乏实际的影响力和话语权。其次，学校资源（如资金、设施、师资等）的分配和使用通常由管理层决定，学生难以直接参与这些重要决策。此外，院校的制度和规则是由学校长期建立和维护的，学生个人难以对其进行改变。学校的物理环境、地理位置和外部资源等也是学生无法控制的既定条件。虽然本科生对院校环境因素的控制能力有限，但这些因素在很大程度上决定了他们的学习资源、学术氛围、师资质量、校园文化和外部机会等。因此，院校环境是影响本科生学习经历的不可控但关键的影响因素。

在深入挖掘和洞悉优秀本科生学习经历的影响因素时，院校环境是一个关键变量。院校环境不仅包括物理环境和教育资源等，更重要的涉及学生对学校的情感和态度。情感分析法[①]能够自动处理和分析这些大规模文本数据，提取有价值的信息，从而更有效地识别影响学习经历的院校环境因素。故本书通过对院校环境下的二级节点进行归整，建立情感分析数据库对院校环境因素进行情感分析，从而为探究院校环境对学生学习经历的影响提供更全面的洞察。

（一）数据处理

数据处理环节主要介绍在做分析之前做的通用数据处理工作，如数据分类、自定义词典、分词、去停用词等。涉及不同分析方法的数据处理工作将结合分析方法稍加描述。

[①] Pang B., and Lee L., "Opinion Mining and Sentiment Analysis. Foundations and Trends in Information Retrieval" (https://doi.org/10.1561/1500000011).

(二) 数据分类

为更详细地对院校环境进行分析,本书按照"院校环境"下的二级节点——行政服务、人脉信息、学习氛围等方面进行了数据的分类和处理,以进行院校环境的情感分析。有关院校环境情感分析的数据统计如图 4-8 所示。

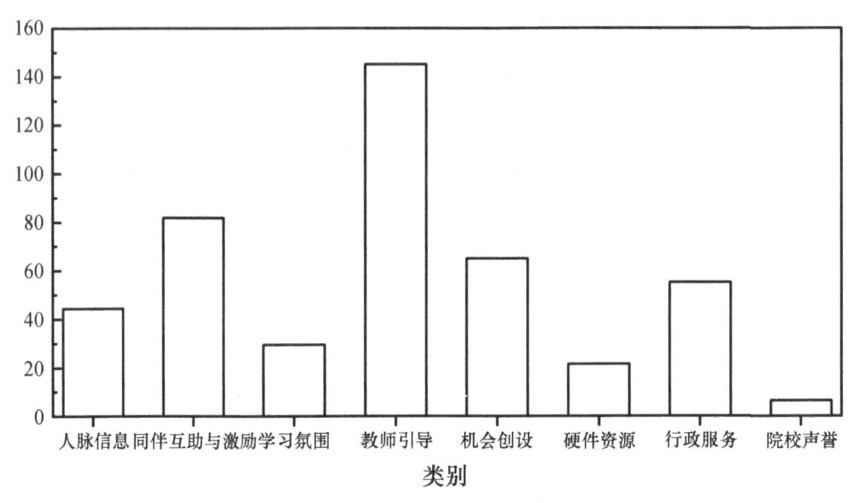

图 4-8　院校资源分类数据

(三) 处理过程

首先要"分词"。分词部分采用 Python 的 jieba 分析包,将院校环境及其下的子节点进行分词。为对本数据进行准确的分词,针对数据集特点加入特定词汇,如"形式主义""一板一眼"等词汇,将所有情感词典中的情感词也均纳入自定义词典。其次是"去停用词",接着设置常用中英文停用词,主要包括用来表达语气的字词、连接型字词、标点符号、特殊字符等没有实际意义的文本,如"着""哈""了"等。分词后形成一个有序的词语集合。对分词后的数据去除停用词,得到更加干净的分词结果。

再次,要进行"情感词的标记",即对经过处理的分词结果提取对应的情感词汇,通过统计不同情感词汇对应的情感极性、情感类型以及情感强度,判别每条记录的情感倾向。然后统计不同院校环境的整体情感状态。其中词语为情感词，后面关联其对应的情感极性、情感分类及情感强度。一个情感词可能对应多个情感，情感分类用于刻画情感词的主要情感分类。

最后，使用基于情感词典的院校资源做情感分析，其中情感词典是中文情感词汇本体库，这个情感词典是大连理工大学信息检索研究室在林鸿飞教授[①]的指导下经过全体教研室成员的努力整理和标注的一个中文本体资源。该资源从不同角度描述一个中文词汇或者短语，包括词语词性种类、情感类别、情感强度及极性等信息。这为中文文本情感分析和倾向性分析提供了一个便捷可靠的辅助手段。院校环境所反映出的情感倾向标明了被访者所持的立场和态度，也是优秀本科生对院校资源和条件认知的体现。通过情感词汇库的对比，对本科生的评论进行情感分析，得出有关院校环境评论的情感极性、情感类型和情感强度标签。

（四）结果呈现

情感分析环节基于情感词典构建情感分析模型，对所有评论的每一条数据进行"情感极性""情感类型""情感强度"的判别，然后统计院校环境的情感分布状况，通过 Power BI 可视化软件对统计结果进行展示，可以看到优秀本科生对院校环境较为清晰的情感印象，具体如图 4-9 至图 4-11 所示。

图 4-9 为本科生对院校环境的情感极性判别的统计结果。图中 0 表示中性评价，1 表示正向评价，2 表示负向评价。横轴表示不同情感类型的占比，纵轴为院校环境的八个维度。整体而言，有关院校环境的正向评价居多，但也存在一些负向评价以及中性评价。其中，"学习氛围""教师引导""机会创设""行政服务"以及"同伴互助与服务"涉及描述事实的中性评价，其余三项——"人脉信息""硬件资源""院校声誉"方面只关涉到正面和负面评价，其中"人脉信息"的正面评价所占比重最大。

图 4-10 院校环境的情感类型中，柱状条形上的颜色代表不同偏向的各类情感。可见，本科生对院校资源供给存在复杂多元的情感评价，共

---

① 杨海天、林鸿飞等：《基于特征融合的社区问答问句相似度计算》，《江西师范大学学报》（自然科学版）2013 年第 2 期。

172 ◆ 优秀本科生学习经历研究

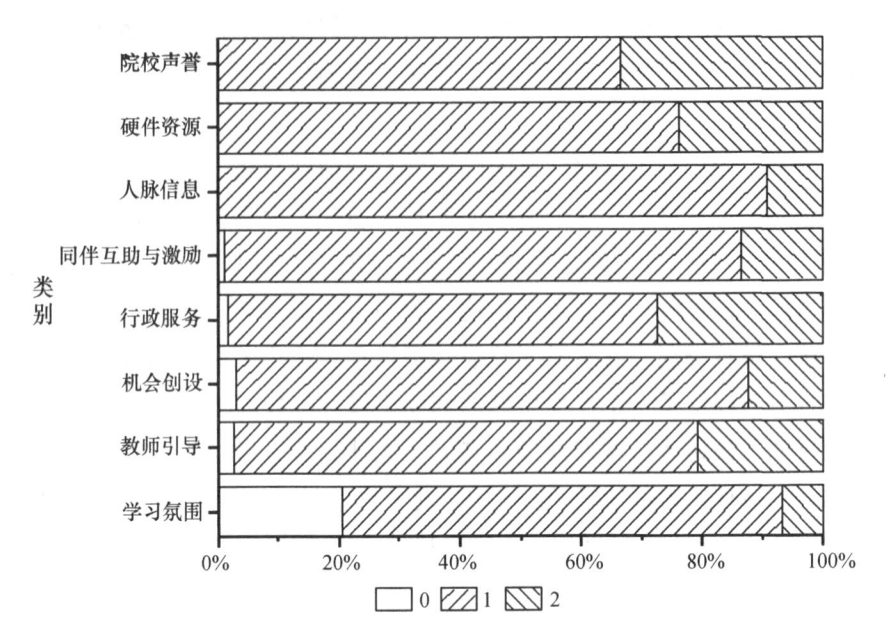

注：0 表示中性评价，1 表示正向评价，2 表示负向评价。

图 4-9 院校环境的情感极性分析

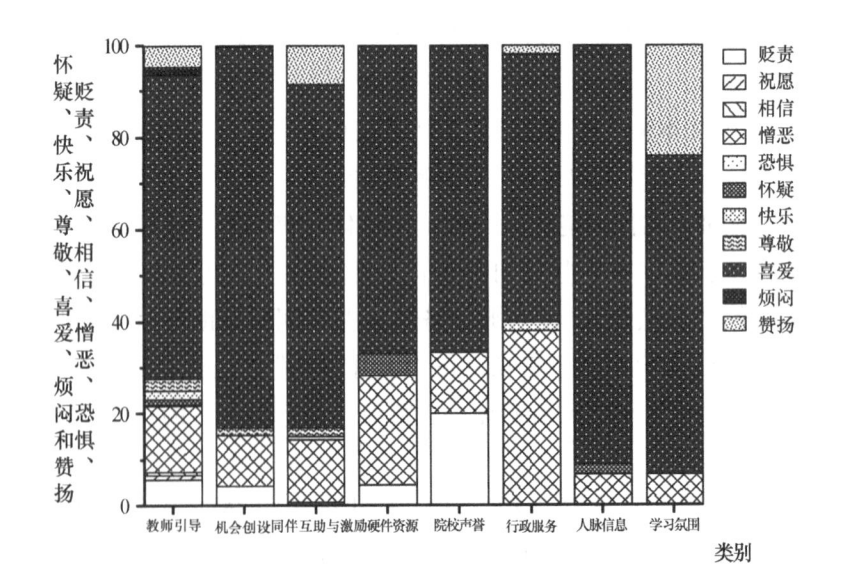

图 4-10 院校环境的情感类型分析

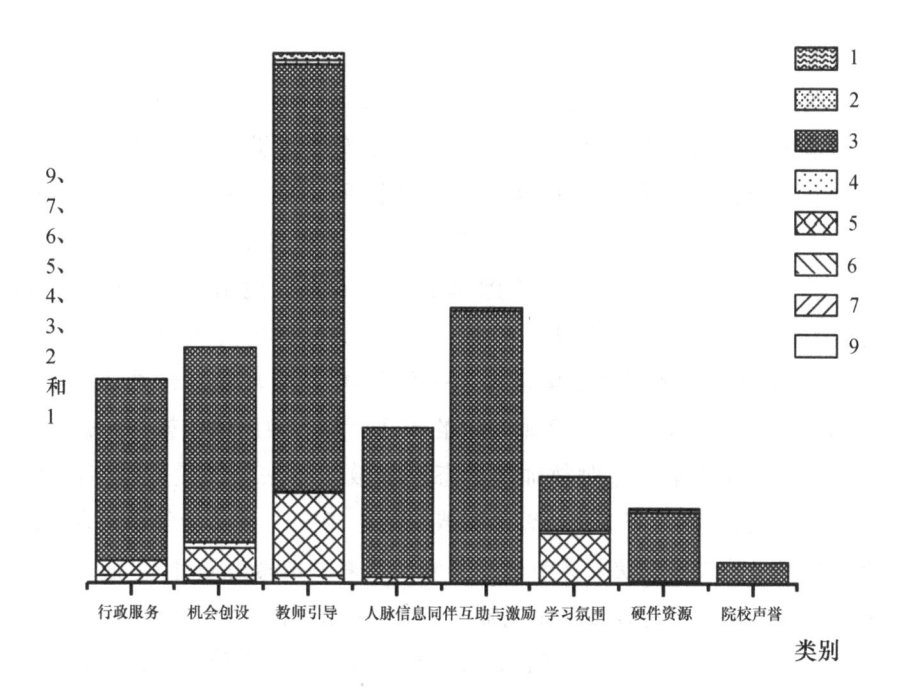

第四章 优秀本科生学习经历的影响因素分析 173

图 4-11 院校环境的情感强度分析

有 11 种类型的情感分类——"贬责""祝愿""相信""憎恶""恐惧""怀疑""快乐""尊敬""喜爱""烦闷""赞扬"。

图 4-11 对院校环境情感强度进行分析。每一个数据库中的文本都有相应的情感强度,1 到 9 是其对应的强度级别。1 代表第一级,情感强度最弱;9 代表第九级,情感强度最强;8 缺失,表明并没有对应此级别的文本数据。接下来,结合图 4-9 至图 4-11 的分析结果对院校环境展开具体描述。

在学习氛围方面,首先根据情感极性分析可知正向评价占很大比例,中性评价在院校环境中占比较大,情感类型方面主要有"喜爱""贬责"和"憎恶",情感强度在 1—5 级。"学习氛围"更多聚集学业以及科研项目等方面。例如"我们科创部的学习氛围是挺强的,因为他们都很喜欢学习,会不停地探讨""学校学风还是比较严谨扎实的,不是那么浮躁的";其次学习氛围也会受到同学间的相互感染和影响。例如"你看到身边的同学在努力地学习,你也会想努力地学习"。即使对于"学习氛围"存在不满,但情感强度较适中,"学习的氛围不是太好,在教室里也没啥学习的"。

在教师引导方面,通过情感极性分析,总体上正面评价占比较大,其次是负面评价。有关教师引导的负面评价情感类型多样且复杂,有"喜爱""憎恶""贬责""怀疑"以及"尊重"等,情感强度跨度较大,在1—7级之间。教师引导主要表现在教师教学和科研引导两个方面。教师教学方面,学生更喜欢那些能将理论与实践更好地结合起来且学识渊博的大学老师。而在科研引导方面,学生认为教师应更多扮演脚手架的角色,"老师为我的科研道路提供了一个方向""帮助我如何更好地思考和推进研究"。其次是对于教师教学的负面评价,相比较于教师的知识结构与素养,这些本科生对教师教学态度和教学方法上的负面情绪较大。"我最想吐槽的就是那些很随意对待我们的老师!""讲投资学课的老师没有任何实操的经验,就是典型的掉书袋、照着书本念的那种"。而在教师科研指导方面,抱怨较多的是老师未给予应有的指导与帮助,"他给的学术建议实在是太少了""老师什么都不管,我的毕业设计完全就是自己撑过来的"。

在机会创设方面,通过情感极性分析可知,正面评价占比较大,其次是负面评价,占比最小的是中性评价。在情感类型方面,主要存在的情感有"喜爱""赞扬""相信""憎恶""贬责"。情感强度跨度同样较大,介于1—7级之间。其情感面向主要聚焦于"院校管理"以及"国际交流"上。在院校管理方面,学生对于学校或者所在学院/系采取的培养举措较为"赞扬"和"喜爱",例如"学院很支持我们进行创新创业的各种项目""一些社团和科研项目的经费超多,很支持学生的发展",一些学生对院校管理者也有自己的看法与评价,"我们学院的领导不是为了政绩,他是真的想把这个专业做起来"。在"憎恶"与"贬责"方面,主要是针对院校管理中存在的"形式主义""互相推诿"等现象。例如"二本院校,他经常会查一些没有用的东西,就是卫生什么也非常地严格,学校不好,事还挺多"。当然针对课程设置与安排得不合理、培养目标导向不明确等也会存在抱怨情绪。"学期刚开始的时候,会制定新课表,每次课表都换了再换,教务处的老师不知道干啥吃的。"而在国际交流方面,学生的正向情感流露较多,因为对于那些有机会去参加国际交流开阔视野的学生来说,"喜爱"和"赞扬"是情理之中的,而对于那些鲜有机会进行国际交流学习的学生，他们更多的只是单一陈述事实，故以中性评价为主。

在行政服务方面，根据情感极性分析，其正面评价占比较多，其次是负面评价，最后是中性评价。而在情感强度方面，主要涉及的情感有"喜爱""快乐""憎恶"与"贬责"。情感强度跨度较大，为3—9级。在行政服务方面，学生提及较多的就是"辅导员"。"亲切""负责""热情""帮助""耐心""建议"等是对辅导员以及其他行政老师最多的评价。例如"我们辅导员，还算比较负责任，遇到需要帮助的，他都比较热情，愿意去帮助你""她会给你分享一些她自己求职与学习时的经验，很受益"。而辅导员以及其他教师的频繁更换、遇到事情不知找谁解决等这些现象让学生对于院校"行政服务"方面颇有微词。"我们这一级的行政工作和管理比较乱""很多事情就非常的烦，我们嘉定校区这边的行政部门感觉形同虚设"。

在同伴互助与激励方面，根据情感极性分析，同样是正面评价占比较多，其次是负面评价，最后是中性评价。"喜爱""相信""赞扬""贬责"还有"恐惧"，情感强度跨度1—5级。在同伴互助与激励中，这些学生很多都喜欢和"比自己优秀"人在一起共事和学习，以求快速地提升自己。"一个优秀的人必然能够影响到他身边优秀的人，我觉得这是很重要的。""在大学里竟然有这么多优秀的人，我也想让自己变优秀，就试着慢慢融入他们"。这不仅表现在日常的课程学习、科研训练中，还渗透到社团生活中，其中学长及学姐们担任着重要角色。作为年长的、有过更多经验的学长学姐，无论是在选课建议、科研保研还是项目参与方面都能为他们提供各种建议，起着模范或者榜样作用。正如一名被访者所言"我的学长，他更多的是一个信心上或者是方向上的一个指导，有他们成功的经验在那里，你就会更有信心和把握"。当然他们也会在同伴互助与激励方面有所怨言，认为在学长学姐或者同学那里并没有得到应有的帮助和支持，也会有"大家都不愿意聊""他们比较坑，没有给出任何实质性建议"等方面的负面评价。"恐惧"这一情感类型是第一次，也是唯一一次出现。结合文本分析发现，当周围人在自己较在意的方面表现较为突出，而与自身水平相差太多时，此时同伴所发挥的并不是正面的激励作用，而会产生莫名的压力和焦虑。"别人都很优秀，自己该怎么办呢？我就会莫名地焦虑，甚至恐惧"。

在人脉信息方面，通过情感极性分析可知，主要存在正面评价和负面评价，并且正面评价占绝大多数比例。在情感类型方面，主要存在"喜爱""憎恶"和"怀疑"三个方面，情感强度有3级和5级。人脉信息更多地围绕"升学深造"以及"就业"两方面事宜展开。这些学生更善于利用所处的环境和资源，他们对于信息的嗅觉更为敏锐，并充分利用校友圈子、师友等的强弱关系，实现自己的学业目标。"学术界是这样的，就是在申请硕博连读方面很大程度都是看大家的 connection（关系、连接）""在当代，信息资源是最重要的，谁最先拥有，谁获得的机会就会越多"。对于"憎恶"和"怀疑"方面的情感，那些并不擅长"社交"和"内向"的学生更容易表现出这种情感，尤其遇到他们口中的"太 social（社会）"情况时，会存在避免或者不刻意迎合的表现。

在硬件资源方面，通过情感极性分析可知，同样主要存在正面评价和负面评价，并且正面评价较大。在情感类型方面，主要有"喜爱""怀疑""贬责"与"憎恶"四个方面。情感强度主要有2、3、5级。在访谈材料中，硬件资源更多地聚焦在图书馆、实验室以及课堂设备等方面。"考研、考编的同学会给分配一个独立的自习室""我们平时自己用知网，学校提供了知网平台。"但也存在对硬件资源方面的负面评价，比如会存在学习资源分布不均现象，"以理工科为主的大学，文化资源对于我们人文学科的学生来说是很缺乏的"。

在院校声誉方面，通过情感极性分析可知，同样主要存在正面评价和负面评价，并且正面评价较大。在情感类型方面，主要有"喜爱""贬责"与"憎恶"三个方面。情感强度主要有3级，强度中等且无明显跨度。这些学生在谈及院校声誉时，更多地将其作为一个可利用的资源优势，例如院校良好的声誉可以成为今后找工作、实习以及继续升学的一个有利筹码，这就不难猜测，越是一流研究型大学的学生越易从中受益。"学校的声誉成为自己获取更多学习资源和机会的必宝"。反之对于那些院校声誉一般的学生而言，且评价存在"贬责"与"憎恶"等负面情绪，例如"学院名声感觉不好，好多老师都出去开公司，风气太差了"。有关院校资源在情感极性、情感类型以及情感强度的总结，具体见表4-22。

表 4-22　　　　　　　　院校环境情感文本分析

院校环境	情感极性	情感类型	情感强度（级）
学习氛围	正、负、中	喜爱、贬责、憎恶	1—5
教师引导	正、负、中	"喜爱""憎恶""贬责""怀疑""尊重"	1—7
机会创设	正、负、中	喜爱、赞扬、相信、憎恶、贬责	1—7
行政服务	正、负、中	喜爱、快乐、憎恶、贬责	3—9
同伴互助与激励	正、负、中	喜爱、相信、赞扬、贬责、恐惧	1—5
人脉信息	正、负	喜爱、憎恶、怀疑	3、5
硬件资源	正、负	喜爱、怀疑、贬责、憎恶	2、3、5
院校声誉	正、负	喜爱、贬责、憎恶	3

四　家庭背景是间接不可控的影响因素

心理学与社会学会经常关注家庭结构对于大学生发展的影响。但正如学者[1]所认为的，来自这方面研究的一个基本前提是大学生虽然远离家庭，但家庭的影响仍然持续存在。家庭背景包括父母的教育水平、经济状况、社会地位和家庭文化等，这些因素在很大程度上决定了学生在教育资源、学习支持和发展机会方面的起点和条件，也是本科生在入学前已经存在的既定条件，于学生而言是不可控的。家庭背景因素又是通过影响学生所处的学习环境、资源获取和心理预期等方面，间接地对本科生的学习经历和发展产生影响。故家庭背景是间接不可控的影响因素。

通过被访者的家庭背景节点的编码进行分析发现，"教育方式"以及"情感支持"在家庭背景因素中较为突出。在家庭教育方式中，已有的研究都表明父母的教养方式对中国大学生的学业乃至心理健康等都有着潜在的影响[2][3]。在本书中，多数学生的父母多是"民主型"的教养方式。其中"开明"是对其家庭教育方式最直接的表达。但父母这种"民主型"

---

[1] 周廷勇、周作宇等：《大学生发展的影响因素模型：一个理论构想》，《教育学报》2016年第5期。

[2] 童星：《大学生学业拖延与父母教养方式的关系：基于我国定量研究的元分析》，《高教探索》2020年第3期。

[3] 罗蕾、明桦等：《父母教养方式与大学生社会责任感的关系：自我控制的中介作用及其性别差异》，《心理发展与教育》2018年第2期。

教育方式也与学生自身的学习行为和表现有密切关系。对于那些一向自律、表现较好的孩子，父母反而更少"操心"，给予孩子较大的自主权。正如一名被访者所言："一直以来我都比较自律，知道应该做什么，所以父母对我也很放心，不太过问我什么"。但也有个别偏"管制型"的父母，对于每次考试成绩、重要的学习活动等，父母都会要求他们进行汇报。"我妈妈从小就觉得我每次都考第一，那就要一直保持这样的优秀才可以。""即使到现在我爸爸还非常关心我在大学里的成绩，毕设情况等。"但即使这样，被访者都对自己的父母表现出了极大的理解和宽容，"我挺能理解我的爸爸，毕竟他现在就我一个最亲的人，也比较孤独""我妈妈对我十分严格，但在生活和学习上却也像我的朋友，她性格温和，总是润物细无声地支持和鼓励着我"。这就涉及来自家庭的情感支持方面，无论是"民主型"，还是偏"管制型"的父母，他们对于子女在学业和生活中情感支持都是较大的。埃德尔曼[1]认为父母在大学生的学习生涯的参与可能以不同的形式出现，有时候能有效地促进学业成果，有时候也可能是学业成功的障碍。"无论学生在大学过渡期获得了何种程度的支持，都可能伴随着某种程度的焦虑。而来自父母及其家庭的精神支持却是他们日常生活的一个重要方面"[2]。可见，来自家庭方面的"教养方式"以及"情感支持"对于本科生的影响较大。

这些本科生大多数家庭条件一般，他们会使用"普通家庭""都是工人""经济条件一般"等叙述自己的家庭情况。但本书欲揭示和强调的是并不是家庭背景的结构效应如何在大学场域得以维持以及如何表现的，而是个体如何极力地突破先赋的限制性因素以及有效地发挥结构中的优势。自布尔迪厄提出家庭资本的社会概念，将家庭资本划分为经济资本、文化资本和社会资本三大类，并阐释这三类资本如何以不同的形态影响学生的一生以来，后续的研究者更多地将目光聚焦在弱势群体的教育机会公平上。目前，中国高等教育改革为处于不利社会阶层的家庭后代提

---

[1] Edelman L., "The Effects of Parental Involvement on the College Student Transition: A Qualitative Study" (https://digitalcommons.unl.edu/cehsedaddiss/132/).

[2] Hart J. A. and Swenty C. F., "Understanding Transitions to Promote Student Success: A Concept Analysis", *Nursing Forum*, Vol. 51, No. 3, Jun. 2016.

供了向上流动的制度保证,但很多处于劣势地位的学生依旧会面临着诸如较低的教育期望、自我效能感低、不自信、不善社交、学业表现一般等现象。优势家庭的学生不仅在高等教育机会中受益良多,而且在教育内部还被指导寻找其他方式来巩固自己的优势。"有效维持不平等"理论[1](Effectively Maintained Inequality,EMI)描述的就是优势家庭入学后优势是如何存续的。该理论认为即使优势阶层接受高等教育的数量达到饱和,不平等还将在高等教育中以另外的形式维持。但本研究中却发现这些学生很多来自普通的工人家庭,他们在努力地规避先赋中的不利因素发展自己,到了大学阶段也开始学会谅解和理解"不完美"的父母或原生家庭。"我开始反思我自己,而不是责怪父母""因为来自农村,和周围人的差距很大,所以到了大学我就很想快速地提高自己",即使发生了一些意想不到的"家庭变故",他们在一度陷入消极情绪后会自我调节并快速地投入眼前的工作和学习中。有研究表明学生的背景变量——年龄、性别、民族、年级、专业领域、生源地、就读高中层次、复读与否和父母最高学历等只能解释4%的"知识—技能获收"个体间差异。[2] 上述发现与国外研究结果较一致:相比先赋性条件这类难以改变的因素,对学习结果产生影响的诸多因素中,学生在校期间的学习经历是可以左右的。[3] 正如这些学业优秀的本科生,会"取长补短"地发展自己。而对于那些拥有先赋优势的学生而言,他们也会通过"有效维持不平等"的方式延续和发挥自己的优势。总之,也正是这些普通个体的努力突围,让我们切实地感受到大学教育功能的丰富性和可能性。

---

[1] Samuel R. and Lucas, et al, "Seven Principles for Assessing Effectively Maintained Inequality", *American Behavioral Scientist*, Vol. 61, No. 1, Jan 2017.

[2] Cen Y., "Student Learning and Development in Chinese Higher Education: College Students'Experience in China" (https//doi. org/10. 4324/9781315695853).

[3] Kuh G. D., Kinzie J., Buckley J. A., et al, *What Matters to Student Success: A Review of the Literature. Commissioned Report for the National Symposium on Postsecondary Student Success: Spearheading a Dialogue on Student Success*, Washington DC: National Postsecondary Education Cooperative, 2006, pp. 51 – 74.

本章小结

本章主要关注优秀本科生学习经历影响模型中的诸多影响因素——学习特征、学习参与、院校环境以及家庭背景。研究发现院校环境是学生个体不可控的关键影响因素，对于优秀本科生学习经历的影响较大，而家庭背景相对较小。并且诸多因素在不同性别、学科和院校类型的本科生之间的影响不同。

当个体的前置性因素（最突出的是家庭背景因素）以及院校环境对个人产生的正向影响，并且学生个体呈现出良好的学习特征和学习参与情况时，本科生成长与发展的增值空间最大。但当外界的各种限制性因素无法满足本科生的发展需求，即使他们呈现出优秀的学习特征以及学习参与状态，其个体发展的增值空间也会在某种程度受到限制。此外，模型中主要影响因素——学习特征、学习参与、院校环境以及家庭背景对本科生学习与发展的影响方式也不尽相同。学习特征是直接可控的重要影响因素，表现为学习认知、学习品质、学习动机等方面的优异；学习参与是间接可控的关键影响因素，通过竞赛、科研、论文发表和社会实践等间接影响学习成效，受学校类型影响较大；院校环境是不可控的关键影响因素，却深刻而广泛地影响着本科生的学习与发展。

学生对院校环境评价的情感复杂，涉及学习氛围、教师引导、硬件资源等多方面，情感强度从中性到极端不等；家庭背景作为间接不可控的影响因素，父母的教养方式和情感支持影响着学生的学习态度，并且这些学生到了大学阶段都在极力地突破家庭结构中的不利因素——"努力突围"，同时也在积极地发挥和有效地利用自己的先赋优势——"锦上添花"。

第 五 章

优秀本科生学习经历与院校环境的互动考察

行动者的意图并非自己就能开花结果，如树枝一样，盘根错节地连接着树根通向大地。行动主体势必要与一种复杂的过程连接在一起，在这个过程中，结构通过"文化形式"占据了一席之地。不过，个体的能动性确实也有自己真实的范围和创造力，而且永远不会提前被确定下来。研究者必须凝神去发现它们，不仅仅理解它们是如何"运转"的，更要理解某种被称作"结构"的东西是如何运转的。在对影响优秀本科生学习经历的诸多因素进行探究后，本书接着将目光聚焦到了"院校"与"个体"两个重要的利益相关主体上，力图在打开院校结构性的缝隙中，看到优秀本科生个体与院校环境之间的互动。

第一节 研究设计

一 理论基础

早在20世纪50年代，赖特·米尔斯就提出了社会系统（结构）与个体能动性之间的关系问题。随后，吉登斯则明确指出传统社会学理论中存在着结构与行动、社会与个体的二元对立，结构功能主义体现的是"强结构—弱行动"，解释社会学则体现的是"强行动—弱结构"。吉登斯提出"结构二重性"来替代对立的二元论，其关注是"结构如何经由行动构成，反过来行动又如何被结构性地建构"①。吉登斯的结构化理论事实上已经开启对"米尔斯之问"的探索，传统分离对立的二元关系的整合与协调也成为当代社会科学研究的一项重要任务。在吉登斯的结构化理论看来，"社会科学的研究的基本领域既不是个体行动者的经验，也不是任何形式的社会总体的存在，而是在时空向度上得到有序安排的各种社会实践"。②在他看来，人类社会行为既具有与自然界某些再生物种的反复循环性特征，也有着与自然界物种完全不同的"认知技能"，这也是社会实践循环往复的再生产的核心要素。"结构二重性"的基本逻辑就是个体的行动与结构二者的构成过程并不是"彼此独立的两套既定现象"③，即体现着非此即彼的二元论，而是体现着一种二重性。在结构二重性观点看来，社会系统的结构特征对于它们循环反复组织起来的实践来说，既是后者的中介，又是它的结果。④ 行动者在再生产结构性特征的同时，也再生产出促成这种行动的条件。⑤ 结构并不完全"外在于"个人，而是内在于人的行动中。结构对人的行为也并非只有约束。相反，结构也具有能动性，结构就是"循环反复地卷入社会系统的生产和再生产的要素，包括各种规则和资源。"表现为规则和资源的结构既为行动的个体提供了条件，也是行动者能动性发挥的非预后果，重新构成了促发下一步行动的环境，社会系统实现了生产和再生产。而行动者能动性的发生，也并不仅仅是那些表现为规则和资源的结构为其提供的条件资格，还在于行动者具有的"反思性监控"能力，即对自己行为意图以及他人对此反应具有清晰的认识，并根据情境对自己的行为作出适应的改变的能力。吉登斯提出的"结构二重性"理论同时考虑到人的能动以及结构两方面要

---

① ［英］安东尼·吉登斯：《社会学方法的新规则——一种对解释社会学的建设性批判》，田佑中等译，社会科学文献出版社 2003 年版，第 275 页。

② ［英］安东尼·吉登斯：《社会的构成：结构化理论纲要》，李康等译，中国人民大学出版社 2016 年版，第 2 页。

③ ［美］乔纳森·特纳：《社会学理论的结构》，邱泽奇译，华夏出版社 2006 年版，第 23 页。

④ ［英］安东尼·吉登斯：《社会的构成：结构化理论纲要》，李康等译，中国人民大学出版社 2016 年版，第 23 页。

⑤ ［英］安东尼·吉登斯：《社会的构成：结构化理论纲要》，李康等译，中国人民大学出版社 2016 年版，第 24 页。

求。该理论不仅弥合了社会学传统上的二元论，强调主观与客观，行动与结构，微观与宏观之间的相互包容，也能为当前的教育实践和现象提供一个新的理论分析视角，成为基于"过程—结构"分析策略背后依赖的思想源泉和理论基础。

二 分析策略与框架

社会科学研究中长期存在两种研究策略，一种是"过程—事件"分析。它的倡导者们认为需要在"有事情"的动态过程中展现事物的逻辑，从而解密事件背后更为复杂的社会关系。这一分析策略旨在打破静态结构分析存在的局限，同时这一分析策略也意味着，过程可以作为一个相对独立的解释源泉或解释变项。[①] 另一种是"结构—制度分析"策略，它的倡导者们则正好相反，强调的是"社会（结构—制度）"因素对个人行为的"刺激、鼓励、指引和限定"作用，以及个人在社会运行过程中的受动性[②]，"过程—事件"分析和"结构—制度"分析作为两种分析策略，在中国的社会科学研究中得到了广泛应用。也有学者[③]试图综合两种分析策略，建构更具统合性的分析策略。由于本科生学习经历所涉及的影响因素盘根错节、复杂多样，虽不能一一数尽，但总能"以小见大"地探究他们是如何发展自己，不断走向优秀的。故本书采用融合了行动与过程、运用院校结构与日常学习经验的"过程—结构"的分析策略来探究这一动态历程。

根据吉登斯的"结构二重性"理论，表现为规则和资源的结构不仅对行动者个体具有制约作用，也对其具有能动的促进作用。本章的研究思路是：采取"过程—结构"的分析策略，援引"结构二重性"理论，从规则与资源视角解析优秀本科生学习经历中所嵌入的院校结构。首先研究院校结构对这群本科生学习经历影响的制约性表现；其次探究院校

---

① 谢立中主编：《结构—制度分析，还是过程—事件分析？》，社会科学文献出版社2010年版，第140页。

② 谢立中：《结构—制度分析，还是过程—事件分析？——从多元话语分析的视角看》，《中国农业大学学报》（社会科学版）2007年第4期。

③ 卫小将、姜利标：《一种"情境—行动分析"视角的生成：山西井村妇女的群体性抗争》，《妇女研究论丛》2013年第2期。

环境结构对其学习发展的促进性表现；最后探析这群本科生是如何发挥自己的能动性，即如何利用院校环境中提供的规则和资源、采取了哪些策略来克服对其发展的不利因素、争取有利于自身发展的资源和条件来实现自己的学业目标，逐步实现优秀的。其分析框架如图5-1所示。

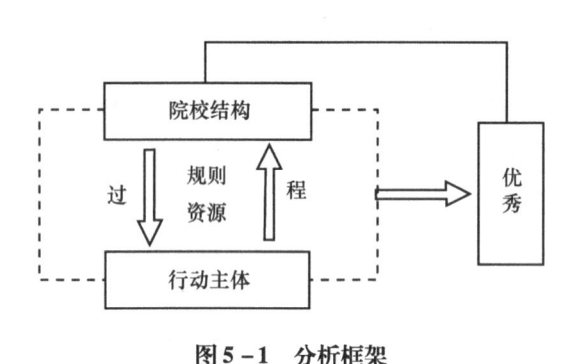

图5-1 分析框架

第二节 院校结构性因素的呈现

在对院校结构性因素进行探讨之前，需要对本章的结构以及结构性进行必要的阐释。在功能主义者看来，结构更多地理解为社会关系或社会现象的某种"模式化"（patterning）。[1] 正如有机体的骨骼构架或形态，也正如一幢建筑体的整体构架。这里的结构似乎"外在于"人的行动，"成了不依赖其他力量而构成的主体的自由创造所遭受的规约的来源"[2]。但在结构化理论中，是需要通过认识到"结构"与"系统"之间的差异来把握结构的内涵特征的。故结构究竟可看作在某一固定范围内一系列可以允许的转换的生成框架（Matrix），还是指左右这一生成框架的转换规则在结构主义思想传统中总是含糊不清的。吉登斯将结构看作这种转换的"规则"和"资源"，"是使社会系统中的时空'束集'在一起的那

---

[1] ［英］安东尼·吉登斯：《社会的构成：结构化理论纲要》，李康等译，中国人民大学出版社2016年版，第15页。

[2] ［英］安东尼·吉登斯：《社会的构成：结构化理论纲要》，李康等译，中国人民大学出版社2016年版，第15页。

些结构化特征"①,也正是这些特征,使得千差万别的时空跨度存在着相当类似的社会实践,并赋予它们以'系统性'的形式。"结构可以概念化为行动者在跨越'空间'和'时间'的'互动情境中'利用的规则和资源。正是这些规则和资源,行动者在空间和时间中维持和再生产了结构"②。总之,在吉登斯看来,实践在时间和空间中延展,行动者在相互依存与互动中运用并不断生成规则与资源,这一过程构成了日常生活的社会结构。因此,个体的行动和社会互动与社会结构是彼此交织的,并不是独立存在的社会现实,而是构成同一现实中的双重性。

在参考吉登斯的"结构二重性"里的诸多学术性概念的基础上,本书中的院校结构具体指的是在大学这一实体的院校环境中的结构,院校结构也即院校环境结构的简称,其表现出的结构性特征,即院校结构性。

一 院校结构中的制约性因素

结构的二重性首先表现在,结构是自身反复不断地组织起来的行动的中介。作为自身组织起来的行动的中介,结构也往往会对行动者实现自己的目标产生制约作用。结构化理论倡导结构包含在个体行动的生成之中,并且也起到约束作用。这正如婴儿学习母语的经历一样,无论是哪种语言,都预先假定了一系列固有的语言或语法结构、需要遵从的规则、固定框架等,在这个意义上可以说现在的语言结构约束着个体的思维和行动,而语言学习的过程又对认知活动构成特定的限制。对本科生而言,大学的前置性特征会以各种形式限制学生的可能性,院校客观存在的事实所具有的特征是"客观"的,会限制着学生的行动范围。在本科生的学习经历与学业生涯中,院校环境是他们行动的中介,有意义的教育行动都倚靠包括物理人文、可见及不可见在内的院校环境的支持,也会对他们在校期间的学习活动与行为产生制约作用,即这些本科生是在院校结构提供的"框架"内进行行动并实现自己的学业目标。吉登斯

---

① [英]安东尼·吉登斯:《社会的构成:结构化理论纲要》,李康等译,中国人民大学出版社2016年版,第16页。
② [英]安东尼·吉登斯:《社会的构成:结构化理论纲要》,李康等译,中国人民大学出版社2016年版,第16页。

认为,"结构可以在实践中表现出来,但不是具体实践的外显模式,而是一些记忆中的原则。结构本身也不是具体的存在,它没有时间和空间的边界,它必须以知识的延续或实践的延续才能存在"[1]。鉴于吉登斯将"结构"界定为规则与资源,因此本书在分析院校环境层面的结构对本科生学习与发展的制约时,也将其归纳为两类:一类是规则性制约,一类是资源性制约。而制约的约束性特征,在吉登斯看来,最好是将其描述为"在某一既定情境或情境类型下对一个或一群行动者的选择范围有所限制"[2]。

(一)规则性制约

所谓规则指"行为的规范和表意性符码,其中规范包括政治、经济和法律制度,表意性符码则是具有意义的符号",如语言,一个手势,一声尖叫等。两者的功能和作用不同。其中,在行动者之间的互动中往往起到制约作用的则表现为行为规范的规则;而在行动者之间的互动中起到沟通作用的表现为表意性符码的规则。在本科生的学习经历中,作为规则的院校制度、政策文件、口谕要求等都会对其学业产生一定的影响,有的表现为制约作用,有的表现为促进作用。从对这些本科生的学习经历进行分析来看,院校结构中对本科生的学习和发展形成的规则性制约主要表现在"不得不上的无聊乏味的课程""打卡、凑人数等的形式主义"以及"需要搞好关系的潜规则"等。

1. 无聊乏味的课程:不得不上

随着精英化时代的逐渐远去,普及化时代的高等教育日益呈现出多样化的特征。其中,表现最为明显的就是入学群体的多样化。在高等教育入学机会拓宽的同时,生均成本也在相应地下降。在这种形势下,本科生的学习以及教学问题无疑成为高等教育的焦点议题。课堂是教师教学活动与学生学习活动的实践集合体,也是本科生高等教育体验的核心。[3] 正如研究

---

[1] Anthony Giddens, *The Constitution of Society: Outline of the Theory of Structuration*, Oxford: Policy Press, 1984, pp. 17–18.

[2] [英]安东尼·吉登斯:《社会的构成:结构化理论纲要》,李康等译,中国人民大学出版社2016年版,第167页。

[3] Kane R., Sandretto S., Heath C., "An Investigation into Excellent Tertiary Teaching: Emphasising Reflective Practice", *Higher Education*, Vol. 3, No. 47, Jan. 2004.

所指出的"学生从大学里受益最直接、最核心、最显效的是课程"①。这表明,大学的课堂、课程和教学是教育的核心组织方式,是实施教育的共同载体。教学活动组成课程,而具体课程与教学的实施大多发生在课堂情境中。在实际调研中,笔者发现,学生对于大学课程教学有很多感触。许多本科生都坦言,他们经常需要花费时间和精力去上一些他们认为"无聊透顶"的课。

> 案例1:杨某是一位985高校的文科生,大四。相对于其他被访者,她认为自己的大学过得较为平淡和不理想。她与很多其他的被访者一样,认为自己上了几年的专业课,但真正给她留下印象很深刻的课却寥寥无几。相对于自己的专业课,她反而更喜欢自己的选修课。她认为这可能与自己遇到的老师有很大关系,因为她在大学里接触到的很多教师并没有达到其内心期望。"我会比较期待类似电视里的那种,就是师生间可以为一些话题争论谈话,或者同学间也可以这样,不论是课上还是课后,就是学习氛围浓厚一点,大家可以争论,可以辩论,可以一起读书,可以交流"。除此之外,她不明白自己为什么要上这些课,这些课与自己所学专业有什么关系,对课程的实用效能也并不很了解。在大学的前两年,虽然很多课程她并不是特别认可和喜欢,但由于课表被排得满满的,再枯燥无趣的课程她也会按时上课、完成相关的课业任务。因为她内心总觉得学生逃课的行为是不好的,虽然不喜欢,但却有一种"超我"在约束着自己按时上课、完成作业。令她不解的是,对于自己感兴趣的课程,当想进一步深入了解和学习时,发现课程又戛然而止了。

在该案例中可以看到,该学生对所学专业的课程并不满意。正如该学生所言,这与"自己遇到的老师"有关,说明授课教师的教学能力和知识素养深刻影响着本科生的课程和学习体验。此外,"课程安排得满满的"以及不明白"课程与自己专业的关系"等问题,反映了课程制度设

---

① 吴岩:《建设中国"金课"》,《中国大学教学》2018年第12期。

计上的不合理。研究者①通过对中国高校与美国高校、欧洲高校学分转换与累积系统（ECTS）进行比较分析后指出，中国高校本科课程制度设计中，总学分太高、课程数量过多，导致课堂教学效果不佳、知识碎片化、学生自主学习能力得不到锻炼、教师对学生学习缺乏有效指导等问题。这些问题在传统的课程设计和课时安排中普遍存在，因为这些设计大多从院校管理的角度出发，很少真正以学生为主体来考虑制度设计。这种情况体现在多个方面，如课程设置与专业之间的关系、课程量与学习量、学习负担及其效果、课程与专业之间的逻辑等。结果是本科生对课程感到困惑和不解，无法找到课程本身的意义。加上教师教学效果不理想，这进一步制约了学生在课业上的学习与表现。然而，即便如此，他们依旧会按时上课、完成课业要求，并参加相关的考试和考核。

2. 形式主义的规定：打卡、凑人数等

在中国高校以"育人"为基本理念迅速发展的同时，形式主义作风也较为常见。所谓形式主义，是指关注事物的表面而非实质内容的思想方法和工作作风。从哲学的角度来看，形式主义违背了内容决定形式、内容与形式相统一的哲学原理。其背后反映的是急功近利和功利主义的政绩观，体现着"华而不实"的现象。大学生对这种不必要的形式主义往往是抵触和无奈。然而，形式主义的发起者往往不是学生，而是行政管理人员，并蔓延至学生会、各大社团等组织。这种情况通常是由于行政人员的管理重心在于对上级的负责，而不是对学生的利益负责。这导致了在科层制管理的组织系统中，活动命令的发出者往往不会考虑到学生的实际需求和利益。以下描述的是大学里存在的形式主义的典型案例。

案例2：徐某，男，目前就读于985高校，大四。该生论述了发生在学校里的形式主义事件，并且这些事件让他苦恼和厌烦。他认为学校的"破事"太多，很多很多的琐事"烦到自己"。例如学院需要办一些活动，他们的行政人员就要"拉一些人在场充面子"，出于"不想去但又不敢不去"的心理，每次都会硬着头皮过去，但其实那

---

① 胡娟等：《本科教育到底需要多长学习时间——本科生学分学习量的国际比较分析》，《复旦教育论坛》2016年第1期。

些活动在他看来根本没有什么意义，举办的目的也只是应对上面的领导，起不到任何的教育目的，纯粹是在"凑人数"。该生还谈到这种形式主义也表现在上课、开会、学习等需要"打卡"和"签到"上，以表明自己没有缺席。例如他谈到学校为了防止学生的逃课行为，所有学生都要课前打卡，但他认为这样的举措让很多学生都认为是"画蛇添足"的做法。因为学生不认真上课或者存在逃课行为，问题的根源是在教师，在课堂，而非学生。并且上有政策，下有对策，他们会衍生出很多的"代课群"，花费25—50元找一个人代上一节课，这种现象虽然在他们学校并不常见，但也发生过，并且在很多高校都很流行，"很普遍的，哪个高校里没这种反而比较奇葩了"。令徐某不解的是，他听闻一流大学搞学术，二流大学搞纪律，三流大学才搞形式，在他这样一个公认的一流大学里，形式主义却无处不在，可想而知其他大学了。

以上案例可能是目前很多高校的一个缩影。高校的行政人员为了贯彻上级领导的指示，往往通过发送指令、文件或提出要求来表明自己是在落实任务、积极推进工作。这种工作逻辑诱发了高校中存在的"表面应付"行为。随着大学都在争创双一流建设，以成果为目标、数字评估为导向的新兴的管理主义文化也日益盛行。在大学内部，各级部门要强调任务落实和绩效考核，院校体制遂通过层层监督检查和传导压力来保证目标活动的完成。受制于现有条件的限制，执行人员就不得不借助"形式主义"来完成相应的考核评估，其目的是完成任务以便顺利"交差"。

事实上，虽然形式主义在科层制组织中常被批评为低效和表面化，但在特定情境下，它也具有重要的功能。形式主义能够通过符号性功能，缓解不确定性、维护组织秩序、促进组织协调和应对外部压力，帮助组织在复杂的环境中维持稳定和合法性。但当形式主义违背了教育的初衷，而不是促进教育的意义与功能时，就会本末倒置，这不仅会浪费学生宝贵的时间资源和精力，还会增加学生的心理负担。大学生在院校组织结构中处于权力链的最底层，他们的自主权力被一系列院校规定和行政命令所限制。这种形式主义作风不利于为学生创造一个良好、宽松和民主的学习环境和氛围，成为本科生学习与发展的制约性力量。

3. 不易抗拒的潜规则："搞好关系"

在院校结构中的规则制约性因素里，所谓的规则包括在一定历史条件下形成的法律法规、命令、政策、礼俗等规范，也包括那些不成文却潜意识引导个体行为的诸多"潜规则"。潜规则相对于"明规则"而言，是指看不见、没有明文规定但约定成俗的规则。这些规则虽然未被正式记录，却被广泛认同和遵循，成为一种隐形的行为约束，潜意识中左右着人们的行为和决策。从小到大，我们在学校生活中会接触到潜规则的影子。例如，为了排个好座位、当上班干部、获得教师的额外照顾，家长可能会动些"小心思"或者与老师"套近乎"。这种情况已经司空见惯，人们逐渐默认了其合理性。到了大学，本科生都是即将步入社会的成年人，他们更懂得趋利避害，深知"识时务者为俊杰"的道理。他们会理性考量个人的利益得失，做出对自己有利的行为决策。这种理性决策在很大程度上受到了潜规则的影响，学生们通过遵循这些潜规则，试图在复杂的院校环境中获得更好的发展机会和资源。

> 案例3：王某，女，目前就读于地方性本科院校，大三。该生论述了很多大学里的潜规则，其中最明显的一个潜规则表现就是"搞好关系"。这指代两方面，一是指与各个老师搞好关系；二是与同学搞好关系。王某提到，在大学里要想有好的成绩和发展，不仅需要认真努力学习，还要注意和老师们处好关系。比如上课坐前排，下课积极主动询问老师问题，多刷一些存在感，慢慢地就能被老师记住，这样也能增加平日的考核分，因为没有老师不喜欢积极主动的学生，印象分就增上来了。此外，如果想评奖评优，也需要长点"心眼"，明白一些潜规则，那就是积极争取一定的职务，不论是在班里还是团委或是校组织部门，因为对于自己今后的综合测评、入党等都有非常大的作用，这也离不开相关人员的举荐。并且该生还论述道，学校相关的项目比赛、外出学习与交流机会等各种"福利"，如果与上面老师"混的开"，争取下来的概率就很大。除此之外，"群众基础"也很重要，因为很多时候大家在"争抢"有限的资源时不免会进行公开投票，这个时候仅仅有辅导员、班主任等老师的帮助还是不够的，"人缘"在这个时候就非常关键。

"搞好关系"之类的潜规则之所以在大学里较为流行，是因为迎合者都在为成为潜规则的既得利益者做准备。即使不少学生并非带着强烈的功利目的，他们也知道，掌握校园潜规则可能会带来的诸多益处。在符合正义逻辑又合情合理的情况下，"巧用"这些潜规则并不是"精致的利己主义者"的体现，反而能够更加激发自己的学习动力。当这些形形色色、无孔不入的潜规则用隐晦的方式普遍存在大学校园，便会对本科生的学习与发展产生各种影响。这些潜规则就像循环链一样，它的每一次成功运行都加强了它的力量与可信度，激发它的下一次不断地运转和扩散。现代大学是理性的组织形式，其结构和形态呈现出高度的科层制，大学校园内的潜规则也在无形中左右着本科生的学习行为，不仅如此，还塑造着他们的世界观和价值观。

(二) 资源性制约

资源也可以分为两类，一类是配置性资源，一类是权威性资源。配置性资源指"对物体、商品或物质现象产生控制的能力，或者更准确地说，指各种形式的转换能力"；权威性资源是指"对人或者说行动者产生控制的各类转换能力"。[①] "前者指的是在权力实施过程中所使用的物质性资源，它源于人类对自然的支配；后者指的是在权力实施过程中的非物质性资源，它源于社会中的一些人对另一些人的支配。"[②] 作为"社会事实"，制度也是一种资源，拥有什么样的制度和规则，直接或间接地影响行动者的选择。此外，制度也是一种情境要素。在大的情景系统中，就包含有制度的因素。作为影响人的行为的结构性要素，制度恰恰是最为普遍的与人互动的变量。[③] 处于院校结构中的资源，各种资源的利用和转换都更多地与权威性资源交织在一起，共同对处于院校中的学生产生方方面面的影响。以上章节已经探讨影响优秀本科生学习经历的诸多因素，其中，院校环境所占的比重较大。而院校环境中的诸如制度性表现、院

---

① [英]安东尼·吉登斯：《社会的构成：结构化理论纲要》，李康等译，中国人民大学出版社2016年版，第30页。

② 侯钧生：《西方社会学理论教程》，南开大学出版社2010年版，第392页。

③ 周作宇：《教育改革的逻辑：主体意图与行动路线》，《北京师范大学学报》（社会科学版）2020年第1期。

校声誉、学习氛围、图书馆等硬件设施、人脉信息等本质上都是院校结构里的资源，其对本科生产生的影响并不都是正向的。院校结构中的配置性资源和权威性资源都在不同程度上制约着本科生的学习和发展，主要表现在师资水平的参差不齐、院校培养单位引导功能的削弱以及学习资源与平台受限等方面。

1. 师资水平的参差不齐

师资是大学里最重要的资源。对于本科生而言，师资力量对他们的影响主要反映在教师的教学水平上。教学是大学最重要的功能和实现育人的主要途径。有研究者[1]根据2019年《中国本科教与学调查》数据，发现当前本科教学能力存在诸多问题：如很多教师缺乏背景性的教学知识，对学生的知识基础了解不足；教师在课前未做到认真备课，对学生学习中的困难关心不足；对教学目标设置、学生的反馈意见和课程作业的布置和反馈缺乏重视等。虽然党和国家一直致力于深化本科教学质量的改革，但如果教师自身的知识和能力素养得不到提高，改革终将难以改变现实。目前很多本科院校的老师依旧囿于教师、教材、教室三中心，对于自己的学科知识和研究水平长期"放任自流"，对于学生自主性、个性化发展的关注远远不够，学生往往也只是"被动地学"，极大地影响本科生的培养质量。

案例4：张某，男，目前就读于地方性本科院校，大四。张某论述到自己在上学时期上课和普通其他的二本院校是一样的，首先，老师大多是走走过场，他在上面讲，下边有没有听也不怎么管，因为很多学生根本就不喜欢自己的专业或学科。期末考试，老师给画画范围，标记一下重点，顺利及格，就好了。他觉得学生与老师也是相互作用的，很多教师都不是特别负责任，认真听讲的学生也少，老师也就讲得比较简单，不会往深度讲。其次，现在本科上课，一个老师要面对十几甚至几十个同学，这样就限制了学生与老师进行充分交流的机会。他认为，上了大学，有没有遇上好的老师要靠运

---

[1] 张静华：《高校教师本科教学能力存在的问题及对策研究》，《中国高教研究》2020年第5期。

气,因为老师的水平参差不齐。比如投资学本身是一门很深的课程,但给他们授课的那位女老师没有任何实操经验,上课就是照着PPT念。但是他隔壁班的那位老师却是一个实操经验很丰富的老师,上课也比较有趣,也有很多学生会"慕名而来"听这位老师的课程。总体上来说,大学期间很多老师都没有达到他内心的期望,水课非常多,尤其对于老师上完课就走的行为,他认为这纯粹是把教学当成一种任务,他们的内心是没有学生的。他认为学生们都喜欢能够在知识、方法以及人生智慧上能启迪你的老师,但是那样的稀缺资源在他看来是可遇不可求的。

以上案例反映了本科教学中的"顽疾"——"水课"过多,以至于高质量教学成为稀缺资源。不重视教学、上课走过场的大学教师,必将在时代发展和大学教育改革中被淘汰。然而,目前在中国高等教育,特别是本科教育中,这种现象依然常见。教育部提倡"四个回归",其中"回归本分"强调教师要热爱教学,潜心教书育人。然而,实现这一目标并非易事,需要学校、行政部门、教师和学生的共同参与和合作。任何一方的缺失最终损害的都是学生的利益。

大学师资特别是教学师资的水平差异,对学生的学业影响十分显著。大学校园是为国家培养和输送优质人才的场所,师资队伍的质量对大学的教学水平有着决定性作用,还影响着大学生人格和精神世界的发育。大学生刚刚踏入成年人的行列,尚未形成完整的人生观、世界观和价值观,大学教师的教学方法和内容对他们有潜移默化的影响。本科生知识体系的构建、批判性思维的培养以及人文素养的提升,都离不开好教师的引导和帮助。

总之,师资水平的参差不齐直接导致教学质量堪忧,不仅制约本科生专业或学业发展,还会对其思维能力和价值观等综合素质的提高产生不利影响。

2. 院校引导功能的削弱

专业是人才培养的基石。为更好地服务于学生的专业发展,院校权威性资源的规范和合理使用至关重要。许多本科生在选专业时都较为草率,并且进入大学后,与高中时代的院校环境和学习节奏相差较大,他们往往并不清楚如何更好地安排自己的学业生活和未来的职业生涯，更不清楚未来自己要成为一个怎样的人。这一切都需要学校乃至相关院校培养单位发挥适当的引导功能，为学生提供清晰的专业发展和职业规划路线图，帮助他们节省不必要的时间和精力。这种引导不仅可以使人、财、物等各种资源配置更好地服务于学生的发展，还能帮助学生在学业和职业上做出明智的选择，从而在大学四年中更有效地实现自身目标。

> 案例5：媛某，女，就读于985高校，目前大四。该生特别论述了自己四年的学业生涯中的"坎坷"。她提到自己在大学参加过形形色色的各种活动，遇到过很多的挫折和弯路，而有些挫折能够帮助她很好地认识自己，定位自己，但一些不必要的弯路也是可以避免的，这样会省下很多时间和精力去探索和追求更多有意义的事情。故她认为学院方面发挥自己的引导力很重要，不能全靠学生自己摸索，否则学院就丧失了基本的对大学生的引导功能。她叙述到自己所在的经济学院并没有给予学生一个很清晰的定位——即培养的学生，未来是走"学界"还是"业界"。而如果学院自身定位不清晰的话，学生就会成为最终的牺牲品。她提到学院里的学生绝大部分都想毕业后走"业界"，但是整个课程体系却没有管理学院那么具有针对性和实用性。由于在入学的时候，学院并没有给予学生关于专业以及未来规划方面的相关引导，致使很多学生在大学期间都要"自食其力"，不少大学生还会陷入迷茫，陷入被动。该生论述道，自己虽考上了中国顶尖的大学，但是周围很多学生都是很迷茫的，对自己未来发展有着清晰规划并矢志不渝地践行的大学生很少。很多的大学生到了毕业的十字口，都是自己能够干什么才去选择了干什么，假如自己有条件能够保研，于是就觉得继续攻读研究生，至于为什么要读以及到底将来要从事什么并不是很明确。该生形容自己"我是一个被过去而制约住未来的人，而不是用未来的目标去定义现在的自己如何发展。"

以上案例反映出这位本科生对于院校引导的强烈渴求和需要。对于本科生而言，专业引导和职业生涯规划对他们而言具有重要意义，以便让他们的大学生活过得更加"通透"和"明白"，即通过接受专业教育他们会成为什么样的人。如果未来想从事相关职业，又需要拥有哪些必备素质和技能，应该如何更好地规划大学生活等。然而高校的人才培养目标可能就存在诸多问题，例如对内是否很好地遵循学科知识结构、对外是否与时代发展下新兴岗位需求进行对接，这都关系到该专业人才培养目标的达成度和本科生的培养质量。案例中，院校提供的课程体系与培养目标以及学生自身的定位和追求之间存在较大的龃龉。可见，倘若院校没有发挥好引导功能，学生就容易对自己所学专业乃至课程感到不解和迷茫，也不知"为何而学""未来何所去"，他们也必将花费很多的时间精力进行探索。随着高等教育普及化的发展，对于高等教育质量的要求也反映在个性化的人才培养方面。如何引导每个学生进行自我定位，制定差别化的专业发展路径、培养方案以及职业规划方案是高校改革和发展要面对的时代命题。

3. 学习资源与平台受限

在探索本科生学习经历影响因素中，学习资源与机会创设等作为院校环境中较为突出的影响因素。对于很多的本科生而言，院校资源支持是学习质量提高的保障，建立和完善高校学习环境支持体系也是高等教育内涵式发展的重要途径。高校学习环境支持体系的建立和完善，不仅能够激发其学习的外部动机，而且对于增进大学的归属感和认同感也至关重要。倘若高校无法给学生提供充足学习资源和发展平台，这无疑会极大地限制学生发展的可行性。

案例6：李某，男，就读于普通本科院校，大四。该生是在新成立的校区，又因为自己的学校很一般，所以他觉着自己的学习资源和平台发展都很受限。因为是新校区，学校里的硬件设施相对并不完善、交通也不便利，让他一度苦恼。他论述到自己上大一的时候，图书馆还没有建立起来，直到大三图书馆才像一个"正常"的图书馆。并且他提到在校内上网是可以的，但是却不能上中国知网，因为他们学校的VPN里不包含知网服务，他们需要上知网查资料时，每次都只能拔了网线，用自己手机的流量打开，连上流量然后再挂

VPN 上中国知网，这让所有在校生都颇为吐槽。而且就整个学校来说，学习氛围一般，很多学生只是想混个毕业证。交通方面，就表现在大四找实习时。因为地理位置偏，很多企业都不来这个校区招聘，并且自己面试、实习都要坐地铁、公交很长时间，整个下来人就很疲倦。至于该校在科研支持方面起到的作用更是微乎其微。他提到学校里有关如何查找文献、做文献的课程几乎没有，并且学校的数据库类型很少，学校的老师也不注重科研的训练和指导，总之学术上获得的支持很少。该生因为打算继续攻读研究生，对于某些科研上的选题还是挺有兴趣，只是一直没有很好的资源支持，也就不了了之，现在想起来他觉得都是遗憾。

以上案例反映出中国高等教育系统中存在的层级化特征。根据2015《中国教育统计年鉴》和相关年份教育部发布的《全国教育事业发展统计公报》计算，在高等教育圈层结构体系中，首先由里到外是C9联盟加中国科学院大学，其目标是建设世界一流的高水平大学；其次是除第一圈层10所院校外的其他"985工程"院校、"211工程"院校，这些院校多为教育部直属或省部共建院校；再次是老牌本科院校，即这些院校多为省属重点院校，目前大多数拥有硕士学位授权，少数院校甚至还拥有博士学位授权；从次往外扩展就是新建本科院校，即1999年以后通过创建、升格、转设或合并而来的这类院校在本科院校中数量最多；最后，为高职高专院校。目前正在形成以"双一流"（一流大学与一流学科）为表现形式的新的圈层结构。可见，之所以会出现以上案例中的情况，其中一个原因就是越是处于等级化圈层结构低端的本科院校，其在院校支持的硬件以及包括教学、师资、科研以及学习服务等资源条件就相对越少。可见，高校的圈层结构并不只是高校的目标设定不同、学位点授权资格不同，还更多地体现在院校资源获得的差异上。在中国高等教育系统中，公办高校的办学经费主要来自财政拨款，办学经费单一，不同归属的高校经费之间差异较大，再加上高等教育系统的层级化特征，更加剧了院校资源分配的马太效应。因此，打破现有本科院校的分层系统、跳出原有的单一标准划分的等级制分层结构对于学校自身的可持续发展和学生的培养展都具有重大而深远的意义。但在以上案例中，除了反映出中国高等教育系的层级化特征，还反映出院校自身服务意识的欠缺，如建立了新校区，却没有提供相应的配套的学习资源和硬件设置，也没有为学生尽可能创造各种发展的机会和外出交流平台等。这不仅会抑制学生学习的激情和兴趣，也容易致使本科生"平庸化"。

二 院校结构中的促进性因素

根据"结构二重性"理论，结构一方面是人类行动的中介，另一方面也是人类行动的产物。在院校环境中，院校结构一方面要通过处于院校场域中的人——教师与学生的行动而不断得以构成或再生产出来；另一方面，作为能够再生产的结构不单只对学生的行为起着制约作用，它还是个人行为得以可能的中介。由于行动者是有认知能力和行为意图的，故作为规则和资源的院校结构不仅对行动者的行为具有制约性还具有促进性。这种促进性表现在，结构中不仅存在种种制约本科生学习的诸多因素，也存在有利于其学业发展的促进性因素——规则性促进因素和资源性促进因素。

（一）规则性促进

1. 课程体系的建设

根据系统论可知，系统的结构决定系统的功能。大学课程体系作为一个系统，其正向的功能总是大于其负面功能。随着经济社会的发展，大学课程结构体系在不断变革，以发挥不同时期大学课程的功能和作用。大学课程作为院校专业人才培养的重要载体，其本体功能以育人为核心。大学课程体系的设置和安排是否合理、灵活与多元都关系着其育人功能的实现。中国大学课程设置和考核方面实行学分制，学分设置根据不同的专业介于120—160分之间。主要分为理论教学与实践教学两大模块。理论教学一般包括思想政治理论课程、通识课程、专业基础课程、专业课程（包括专业必修和专业选修）等；实践教学一般包括专业实践和实训、专业实习、社会实践（含创新创业实践）以及毕业论文等。随着创新创业教育的发展和提倡，目前很多高校也在探索弹性学制，允许学生调整学业进程，鼓励学生进行创新创业活动而保留学籍等培养方式的创新。一些有条件的高校也相继探索面向区域内的课程与师资的共享，与国内外高水平大学实施学分互换的课程体系等。

S1：我们的课程很多，包括普通心理学、心理学史、教育学、发展心理学、变态心理学、解剖心理学、教育与心理统计学等专业课程，大学英语、政治等必修课程以及……二类通识课程。在课程学习中，我慢慢发觉自己对于理论性强的课程不感兴趣，比如《心理学史》，我完全听不进去，也没有兴趣。我更喜欢实践性强的课程，比如《团体心理辅导》，这一门课程分为理论课和实践课，理论课就是学习团体辅导的理论，教我们应该怎么做，下一节课就是实操，老师将我们当作团辅的对象或者我们小组内自己开展团辅活动，这样就能够将所学的理论知识与实践很好地结合起来，后面的《心理咨询》课程也是如此。通过这些课程，我学到了很多专业技能，也让我更加热爱自己的专业。

S2：我觉得学校以学分的形式"规定"我们要修哪些课程，每门课程学分的多少都是有它的道理的。大一的时候，我们主要学的是一些教育学原理，教育学的历史，就是相当于给我们打一个基础，然后在大二的时候会增加一些对于儿童发展的一些理论，对于特殊儿童万一遇到应该要怎么去做之类的。到大三的时候我们会有一些教法课，比如说艺术教育要怎么做，语言教育要怎么做，社会教育要怎么做，大三的时候真正是非常系统地将大一、大二所学的理论都串联起来。还有一些选修课程也很有趣，老师上得也很认真。还有不少必修的通识类课程，一开始觉得是没有必要的，等到上了接触之后，才发现很多通识类课程是在潜移默化影响和改变人的思维和视角的。

案例中的本科生会偏爱不同类型的课程，通过一系列的课程学习深化自己对专业的认知。一些课程设置和安排可能一开始不被学生所了解，但并不能因此而否定课程本身的价值与合理性。本科生的课程选择本质上属于在既定的规则下进行的有限自由选课，这些外在的限制性条件有其缺漏的同时，也具备一定的合理性。例如，对于不同课程学分和课时的要求不同、不同类型课程之间差异的比例等。当然，目前大学课程理论课程与实践课程之间的区分、学分设置的合理性以及各种类型课程之间的比重与逻辑等依旧存在诸多问题。但通过案例可知，尽管问题存在，但学生依旧能够受其所益，这反映了院校结构中课程建设对于本科生学习与发展的建设性意义。

2. 评奖评优制度的激励

大学里有着比任何其他教育阶段都更加丰富多彩的活动和展示自己的舞台。本科生往往根据自己的需求和兴趣参与各种形式的项目比赛、社团活动等，而这背后都有相应的评奖管理制度作为支撑。人性假设理论认为，每一项管理制度的背后，都存在关于人性及其本质的基本看法，强调人的行为动机根源于经济诱因，需要通过物质刺激（如金钱）来满足人的经济需求，从而调动人的积极性，这也是高校各种评奖评优制度建立的基础。

在大学里，比较常见的比赛有"外研社杯"全国英语演讲大赛、大学生数学建模比赛、电子设计竞赛、机器人大赛、创业计划大赛（"小挑战杯"）等，甚至包括社团内部、学院或系所内部的项目活动和比赛。这些活动无时无刻不在吸引着学生的投入和参与。通过参与这些活动，学生不仅能够提高口语表达、团队合作和创新能力，还能扩展人脉，增加就业筹码。而各种评奖评优制度的设立，更是激励着学生的积极参与。此外，这种激励制度还渗透在学生专业或课业发展的各个方面，如各种奖助学金的设立，尤其是国家奖学金，对那些在德、智、体、美等方面全面发展的学生予以全面肯定和鼓励。更为重要的是，这些评奖评优制度具有较强的竞争性，不仅能够激励学生奋发学习，还能通过增强其竞争意识，营造浓厚的学习氛围，提高大学生的综合素质，树立教育榜样。总的来说，大学里的各种活动和评奖制度，不仅为本科生提供了展示自我和发展的机会，还通过激励机制促进了学生的全面发展。

> S3：我学习的目的并不是为了能拿到各种荣誉、奖学金。当然如果付出了之后能够获得这些奖励，对我来说肯定是件很开心的事情。其实一开始并没有特别在意，但当无意中拿到过一次国家奖学金或者参加挑战杯、"外研社杯"全国英语大赛获得了意想不到的成绩，就会变得更加有动力，从而也会激励自己要更加努力，也算是给自己的一个肯定吧！
>
> S4：整个大二是非常繁忙的一个学年，不仅要参加竞赛，参加

各种比赛，奖学金评比，我还要力争拿到国家奖学金，因为我当时是一心想去香港大学的，只有一些比赛的成绩是不够的，如果能够拿到国家奖学金的话，我相信是一个很好的说服力嘛，所以我其实也是基于一个比较功利的目的去争取国家奖学金，不仅在每门课上都是 A，绩点分全班前五，然后在各种综合分上也进行争取，不管是志愿活动啊，还是体育活动啊，还是各种竞赛啊，我都去参加、参与并且努力争取拿到最好的名次，最后也拿到了大二学年的国家奖学金。

以上案例反映出大学里各种评奖评优的规定和政策对于本科生的激励。但这种激励不仅成为自身积极进取、努力向上的动力，也被更多地用来证明自身实力并借此实现个人学业目标和学业计划的有效途径。可见，荣获奖学金、赢得比赛名次和奖项对于本科生而言，其诱惑不仅仅在于经济上所得，更代表着一种实现优秀的标签、一种自我认可的符号象征，这样一种标签和符号也可以转换成一种能力信号，向他人或者市场证明和展示自己的综合实力，提升自身的竞争力从而实现个人的发展目标。

3. 境外交流机会的选拔和提供

在经济全球化以及高等教育国际化的时代框架之下，对外交流与合作已成为高等院校不断深化改革、提升国际竞争力的重大战略。愈来愈多的高校致力于提高师生国际化素养与综合竞争力，将学校发展融入国际化进程，通过树立和铸造具有民族性和全球性的大学精神，提升中国高校的国际影响力。例如，高校为学生创设各种类型的语言培训、文化体验、学术交流、社会调研、联合培养等项目，积极地吸收国内外先进的经验和发展模式，大力拓展学生境外交流项目的形式和范围，以满足国际化人才培养的需求。这一切对于本科生国际化视野的开拓、学术能力和专业素养的发展都是大有裨益的。

S5：我大四上学期去美国参加了我们这个学科的一场国际会议，这次会议对我的触动挺大的，不仅真正地让我接触到这个领域的"大佬"，而且被他们的学术精神打动。通过参加这次会议，让我意识到自己还有很多不足的地方，大大开阔了我的学术视野，并激励着我今后要继续努力。

S6：我大三的时候去了加拿大英属哥伦比亚大学交流了一个月，那个时候就接触到其他专业的同学，有来自汉语言文学、英文、化学、物理等专业的各种同学，也接触到很多国外的教授，并参观了几所国外的学校。那个时候看得东西更多了，虽然说那些知识是书本上有的，但是我没有亲自感受过。这些经历都会拓宽我的眼界，让我了解到原来别人是这么做事情，原来别的专业的人是这么看待教育，这么看待自己的大学生活的，我接触到的信息多了，也就可以从不同的角度去看待我自己的大学生活。

该案例中的论述者都来自上海同一所高校，是中华人民共和国教育部直属、中央直管副部级建制的全国重点大学，世界一流大学建设高校（A类），国家"985工程""211工程"重点建设高校，也是一所世界知名、国内顶尖的综合性研究型大学。近年来，该校紧跟高等教育国际化浪潮，拥有广泛的对外交流合作关系，同全球多个国家和地区的大学和机构签订合作协议，进行人才的双向输送和交流。不仅本校师生每年出国交流频次较高，秉持着"引进来，走出去"的理念，该校每年接受海外来访人员也有上千次，包括举办和承办各种国际会议。从学校层面来说，该校每年都会设立专项经费，鼓励学生参加各种境外交流活动。例如，针对本科生专门开设的长达6—12个月的境外学习访学制度（不拿学位）、与境外各高校开展的各种学位或双学位项目、校级学期交换项目、各种国际会议的申请和项目经费的申请等。并且，该校为提高资助经费使用效益、扩大学生受益面，国际交流处会与该校的教务处、人事处、财务处等各个部门联合制定学生海外学习、实习项目遴选办法，并对本年度学生交流项目进行立项评审和经费资助。学校针对本科生、研究生涵盖了很多境外交流和学习的项目类型，只要学生自己意愿比较强烈、积极性较高且符合申请条件，境外交流和学习的机会并不难获得。学校对相关活动的信息宣传也比较到位，通过辅导员、班级群以及学校网站都能及时看到信息推送。可以看出，该校在境外交流机会方面的支持力度很大，也提供了较为丰富的支持资源。通过以上的案例片段，我们也能觉知，境外学习和交流的经历给本科阶段的学生都留下了深刻的印象，不仅能够丰富学生的专业认知和学术视野，也提升了他们对所在院校环境的总体评价。

(二) 资源型促进

1. 学习氛围的营造

"办大学就是办一个氛围"[1], 学校氛围对于大学的意义不言而喻。学校氛围 (school climate) 是指学校中被成员所体验并对其行为产生影响的、相对持久而稳定的环境特征。[2] 安德森[3]通过对 1964—1980 年相关文献进行研究发现, 学校氛围对学业成果尤其是学业成绩影响显著, 例如融洽的人际关系、良好的组织纪律性等都与高学业成就有关。科恩等[4]研究发现, 学校氛围影响学生学习能力的方方面面, 当学生在校园中体验到安全感、受到他人关注以及适当的支持时, 会"促动"其去学习, 学业成就因而提高。当然, 作为学校氛围对学业成就的影响是跨文化性的, 并且学校氛围的灵魂和精髓往往就体现在学习氛围的浓厚上。研究者[5]认为良好的学习氛围是个体本科生的学习动机、策略与方法、本科生群体中的生生互动和校园内学习环境等多方面处于最佳状态的综合体现。总之, 无论大学整体的学风建设, 还是培养单位所在的班级、院系内部层面的学习氛围都作为一种无形的院校资源影响着本科生的学习与发展。

> S7: 我们学校的整体的学习氛围就比较浓厚吧, 感觉大家都很上进, 没什么乱七八糟的事儿。学校的学风是学校历史传承下来的, 也是要靠我们一代一代的学子发扬下去。我尤其喜欢我所在的班级, 在班上, 大家会营造这么一种互帮互助的气氛, 一起努力学, 而不是各自为营、孤军奋战。我们班基本上所有的荣誉都拿了。什么优良学风班、先进团支部标兵等都被我们班包揽了。我也知道我的高

---

[1] 李福华:《高等学校学生主体性研究》,安徽人民出版社 2004 年版,第 57 页。

[2] Hoy W. K. and Hannum J. W. , "Middle School Climate: An Empirical Assessment of Organizational Health and Student Achievement", *Educational Administration Quarterly*, Vol. 33, No. 3, Aug. 1997.

[3] Anderson C. S. , "The Search for School Climate: A Review of the Research", *Review of Educational Research*, Vol. 52, No. 3, Sep. 1982.

[4] Cohen J. , Mccabe E. M. , Michelli N. M. , et al, "School Climate: Research, Policy, Practice, and Teacher Education", *Teachers College Record*, Vol. 111, No. 1, Jan. 2009.

[5] 徐国兴:《我国本科教学质量提升策略探析》,《教育发展研究》2017 年第 5 期。

中同学在别的学校就没有我们班这种互帮互助、一起努力向上的氛围。其实很多人到了大学，班级的同学之间很多都不怎么联系和交往，就以我的一个哥们为例，他在清华，他们班除了他自己的舍友，其他人一年都见不到一回，各忙各的。但我们班不会。我们班期末考试之前还会在一起复习，平时还会一起准备讨论有关课程和学习方面的问题，相互答疑，考前还会一起复习考试的材料这个样子。一起玩，一起学很开心，也很有归属的感觉。

以上叙述包含了院校和院系组织层面上的学习氛围。在院校层面，学生感受到的学校氛围表现在学校整体的"气质"和"校风"上。不仅如此，该生特别强调了院系层面以班级为组织单位的学习氛围对他的影响。在他所在的班级友爱互助、学习氛围浓厚，这让他找到一种强烈的归属感。但这样一种浓厚互助的学习氛围并不完全是由院校环境"给定"的资源，是需要依赖于师生进行"内生"（endogenous）式的循环再生产，将这种无形的软资源散布在班级组织内部各个角落，无形中感染和影响着院校环境中的个体。

2. 人脉与信息资源的获得

正如一名被访者所言"人的作用无论在何时都是第一的，影响也是第一的。"大学里的"人脉"也是不可忽视的宝贵资源。人脉即人际关

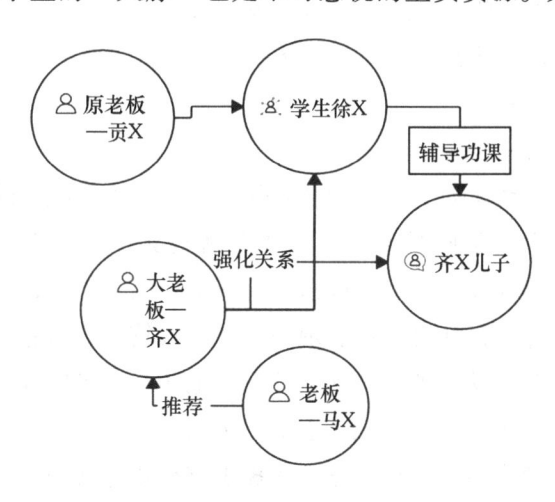

图 5-2 徐 X 案例中人物关系

系、人际网络，体现着人的人缘、社会关系，通过各种渠道所达到的领域，它是经由人际关系而形成的人际网络。在上一章节中，"人脉信息"是院校环境下的二级节点，也是院校环境因素中的一个子要素、子因素。同样，"人脉信息"作为院校资源中的促进性因素影响着本科生的学习经历与发展。

> S8：我（徐×）大三的时候决定了要申请去美国读博。至于成不成功，一是看个人的科研能力，这个是自己可以争取的，还有一个是推荐信，这个是要看命的了（笑），就是看遇到什么样的人，看看什么机缘。在我申请的过程中，我导师（第二个实验室的老板马×）很帮忙，他就把我引荐给了我的大老板齐×（也是该学院的副院长，也是该实验组的大老板），大老板对我也不错，然后他有个儿子今年要参加高考，正好我本来也是上海生源，所以就跟他儿子见了个面，指导了一下，然后吃了个饭，于是反正他（大老板）也就记住了我，然后到9月份的时候就开始确认推荐信的来源，就确认了三封，原来实验室的老板（第一个实验室的老板贡×），然后现在的老板（第二个实验室老板马×），还有就是这个大老板（齐×），三个推荐信，然后申请过程中最有用的就是这个大老板（齐×）的推荐信了，他帮我联系和推荐了很多学校，然后也是私底下我在网申系统里面需要填一些意向的导师，然后我把意向老师的名单给他看，他亲自帮我去联系了一些认识的导师，最后我选择去普林斯顿大学进行深造。

这个案例生动体现了人脉信息资源对于本科生学业发展的重要性。案例中人物关系可参见图5-2。美国学者马克·格拉诺维特根据双方互动频率、情感程度、密切程度以及互惠交换四个维度，将社会关系划分为强与弱两种。强社会关系表现为互动次数较多、情感较深、关系亲密、互惠交换多，反之则为弱社会关系。他还在大量实证研究的基础上提出了"弱关系力量"的假设。他认为在非完全竞争性劳动力市场上，个人社会关系网络中能够给个体求职提供有重要意义的求职信息和帮助的社会关系，并不是那些亲密或熟悉的人（强社会关系），而是那些关系较疏远的人（弱社会关系），弱社会关系比强社会关系更"强"。① 在该案例中，徐某之所以能够顺利被普林斯顿大学录取，除了自身较为出色的科研能力外，他口中提到的三位"老板（原实验室老板贡×，现实验室老板马×，现实验室大老板兼副院长的齐×）的推荐信才是促使他成功圆梦的关键因素。相对于自己的父母、亲戚、朋友，实验室的老师则更多的与徐某本人是"弱关系"。但"弱关系"在适当情境下却可以发挥比强关系更大的效用，因为"强关系"获得的信息资源的异质性较低②，而弱关系可以帮助个体跨越社会结构与阶层的界限以获得更多的有效信息，从而将其他群体内部的重要信息传递给该群体之外的个体。③ 案例中，徐某借助第二个实验室的老板马×顺利"连接"和认识到实验室的大老板，也是自己所在学院的副院长——齐×，并在通过给其儿子进行高考辅导进一步拉近和强化与齐×的关系，最终也正是借助关键人物——齐×的帮助，他才获取到了比其他人更多的有价值的升学渠道和人脉资源。可见，正是处于弱关系中的实验室老板马×及时发挥了"桥梁"作用，使得学生徐×结识到齐×，才最终建立了与齐×的弱关系，加上之前的贡×，三个弱关系的相互叠加呈现出了极快的、低成本的和高效能的信息和资源供给效率，徐某最终实现了自己海外直博的梦想。

3. 声誉与平台的搭建

声誉与平台是大学的"无形资产"，于本科生而言是一种宝贵资源。有学者[④]认为院校声誉是指高等院校作为一种特殊的社会组织形式所获得的社会大众的信任和赞美的程度，是高等院校综合实力和社会形象的外在表现形式，还有学者[⑤]认为大学社会声誉是大学利益相关者对大学形象

---

① 钟云华、应若平：《强弱社会关系对大学生求职影响的实证分析》，《高等教育研究》2007 年第 12 期。

② Friedkin N., "A Test of Structural Features of Granovetter's Strength of Weak Ties Theory", *Social Networks*, Vol. 2, No. 4, Jan. 1980.

③ Granovetter M., "Economic Action and Social Structure: The Problem of Embeddedness", *American Journal of Sociology*, Vol. 91, No. 3, Nov. 1985.

④ 舒颖岗：《大学声誉培育与高水平大学建设》，《国家教育行政学院学报》2011 年第 12 期。

⑤ 季小天、江育恒等：《大学社会声誉的形成机理初探：基于"身份—形象—声誉"分析框架》，《江苏高教》2019 年第 8 期。

感知与评价的综合结果。而平台与声誉紧密关联，高声誉的院校能够吸引更多的优质资源，包括优秀的师资力量、科研经费和先进的设备设施。这些资源反过来又进一步增强了院校的平台实力，使得学校能够提供更高质量的教育与研究环境。从制度理论视角来看，院校之间的地位差异往往体现在院校声誉与平台资源获得上的差异，并且这种差异不仅在以师生为核心的大学共同体内有共同承认的标准，在校友、企业用人单位、媒体等相关利益者群体中同样能得到承认。由于中国高等院校"圈层结构"渗透，一方面，影响着大学内部资源的获得和供给；另一方面对外也同时左右和影响着社会声誉的获得。

> S9：复旦最好的就是她的名誉与名声嘛，有非常多国外的知名大学，比如像哈佛、MIT呀，他们的教授会在官网上发出一些征集AR（Assistant Research，研究助理）的招人通知，如果有同学有这个能力的话，就可以通过写邮件证明自己，申请当他们AR的机会，如果当得好的话，他们可以成为日后申请博士或者硕士生的一个强有力的筹码，所以说复旦的声誉也是一个很重要的获取学习资源的秘宝。

> S10：毕竟学校牌子在这放着，朴实严谨的学风，一些老师就喜欢我们学校毕业的大学生。找工作、找实习、联系校友啊，在这方面还是占优势的。也正因为学校提供的平台和机会，我也才能在本科期间参加各种项目活动和竞赛，综合能力得到很大提升，也使得自己大学生活过得丰富多彩，所以我很感激，也很喜欢我的大学。

通过以上案例可以看出，院校声誉和平台作为院校的无形资产和稀缺资源对于本科生发展的重要意义和作用。在案例S9中，该生主要论述到学生在申请国外大学的AR（Assistant Research，研究助理）时院校声誉和平台所给予的"便利"，能够成为其顺利进阶硕士生或直博的"强有力的筹码"。而在案例S10中，院校声誉与平台不仅使得学生在找工作、实习和联系校友等方面"受惠"，这种益处还贯穿在院校培养的过程中，例如对于学生综合能力的提升和锻炼等。

第三节　嵌入结构的能动性

关于能动性，托马斯在《未适应的女孩》一书中曾提出的"处境"之定义，认为人在做出自主的行为之前总是要经历审视和辩说的阶段，可以称之为处境的定义。吕炳强[1]提到当行动者身处辩证的或逻辑的震荡状态之中，他不仅要自主地界定自己的"处境"，他还需要根据情境和现实穿梭于两种震荡之间，自主地调整主体经验中的各个定义（自己的、对手的、"暂时无人认领或带自主性或被给予的"）。至此，结构在构成约束性限制的同时，也提供了行动赖以可能的资源和条件，成为个人主动性行动的后援。正如笛卡尔所言的"人是一棵有思想的芦苇"，相对于既定的社会现实，人不是被动地接受存在，人并不纯粹是文化麻木的载体，他有着自己的思想以及据此开展的行动空间，不断地适应、调整乃至改变这些结构。

在吉登斯看来，"对于个体实施的行动，我们不能错误地将它可以描述的特性当成个体对它持续的监控过程"。能动作用不仅仅指人们在做事情时所具有的意图，还指他们做这些事情的能力（能动作用之所以意味着权力，原因即在于此，参见《牛津英语词典》中对"agent"词条的释义："行使权力或造成某种效果的人"）。"能动作用涉及个人充当实施者的那些事件，即在行为既有顺序的任一阶段，个人都可以用不同的方式来行事。倘若这个人不曾介入，所发生的事或许就不会发生"。[2] 在此，个人可被视为积极的能动主体，可以透过有目的、反思性的行为而作用于行动过程。通过对这些学业表现优秀的本科生研究可以发现，在成为学优生或者在不断向着优秀迈进的路途中，他们并不是一群由地理位置、学校层次或类型等不同被院校资源差异限制了的学生，而是能够通过"行动的理性化"和"反思性监控"不断调整自己的行为，实现既定的学业目标和发展规划，在契合院校教育制度的同时，不断突破着个人发展的限域，努力收获较为理想的学业成果。

---

[1] 吕炳强：《行动历程中的叙事与筹划》，《社会》2011年第4期。
[2] ［英］安东尼·吉登斯：《社会的构成：结构化理论纲要》，李康等译，中国人民大学出版社2016年版，第9页。

一 行动的理性化

在吉登斯看来，行动的理性化是具有资格能力的行动者在行动的时候"维持通晓"行动根据的能力，也就是说当被问及行动的理由或依据时，行动者可以提供出来。吉登斯指出：行动者的理性化"是指行动者对自身活动的根据始终保持'理论性的理解'——这同样是例行性的，一般也不必大惊小怪。"[1] 行动者的这种理性化过程，表征着行动者的日常行动能力，表现为行动者习惯性地保持对自己行动的各种环境条件和行动意义把握的一种理论性领悟。但是，行动者拥有这样的理解，并不意味着他们能够对行为的各个具体部分都能以话语形式给出理由，更不等于以话语形式详细地阐明这类理由的能力。[2] 这就涉及行动主体行动理性化的资格能力问题，吉登斯将其分为无意识的动机、实践意识、话语意识。首先大多数时候行为人的动机都处于无意识状态，很少有人能够清晰将其描述，并且动机往往并不直接导致行为的发生，或很少直接激发行动，只是行动的一个潜在可能。其次，更多的行为者仅仅停留在了实践意识（即行动者自身的结构性特征，其内嵌于日常生活的情境化实践）层面，即知道"去做"却不能以"言语"的形式给出明确的意图和理由，不能在话语意识层面进行明晰的表达，故在吉登斯看来，实践意识与话语意识的区别就停留在"什么是可以被言说的，什么又只管去做的"[3] 之间。虽然吉登斯未明确将行动理性化的资格能力按照理性或思维等级进行排序，但我们不难推测，无意识的动机、实践意识、话语意识是随着行为主体的理性化程度的增强而发生。类似于弗洛伊德的"自我（ego）""本我（id）"和"超我（super-ego）"，却又超越了这种基于传统精神分析的三维概念，直接对接于基于理性化的个人实践。

通过研究发现，这些优秀本科生的理性化程度较高，兼具实践意识

---

[1] ［英］安东尼·吉登斯：《社会的构成：结构化理论纲要》，李康等译，中国人民大学出版社2016年版，第5页。

[2] ［英］安东尼·吉登斯：《社会的构成：结构化理论纲要》，李康等译，中国人民大学出版社2016年版，第5页。

[3] ［英］安东尼·吉登斯：《社会的构成：结构化理论纲要》，李康等译，中国人民大学出版社2016年版，第6页。

和话语意识的资格能力。即他们不仅真实地在校园场域中"实践"着，并且愿意尝试对个体行动给出理由和描述，这也间接促成了本人能够根据他们的"话语意识"所累积的材料展开这项研究工作，否则一切基于访谈和调查的研究则无从开启。反之，他们话语意识和实践意识的高低不仅反映了行动主体行为理性化程度和能力的高低，也间接影响研究者资料收集的真实性和丰富性。

首先这些优秀本科生行动理性化的最直接表现就是"学习参与"。在上述的章节中，学习参与作为影响本科生学习经历重要影响因素之一，重要性不言而喻。这些本科生会积极投入有利于其个人发展的各种教育实践。除了日常忙碌地进行以课程为核心的专业学习，他们的学习参与会拓展至科研参与、项目竞赛、社会实践、社团活动等各个方面。参与本身无疑成为本科生行为理性化以及实践意识的直接体现。不仅如此，他们还会在话语意识层面给予意图的解释和描绘。

其次，这些本科生在具体时空中的行动轨迹，反映了其在校期间通盘的"计划"或方案，即分别以"课业"或是"专业"发展核心的第一筹划；以"个人兴趣"为核心的第二筹划；以个人的休闲娱乐为中心的第三筹划，这都是本科生在院校场域中"实践意识"最直接的体现。当然，被访者在表述其经历的过程，也是话语意识的呈现，两者并非泾渭分明，"鉴于行动者社会化过程与习得经验在很多方面都不同，这两者之间的区分也可能随之发生变化。话语意识与实践意识之间不存在什么固定界限"[①]，都是行为主体理性化的呈现。这种行动的理性化的目的就是充分利用院校提供的各种资源，将院校的促进性因素发挥至最大化，抓住一切提高自身能力的机会，打通关系网，获得及时信息，选择适合和有利于自身发展的一条路径。

最后，面对院校结构中的诸多限制性因素，他们知道如何"趋利避害"，并且极力地规避原生家庭乃至院校结构中的不利因素，充分发挥自己的能动性将"劣势"转"优势"，比如会更加刻苦地努力学习、参与活动、蹭课、积极建立人脉关系网等，但这种理性诉求的积极表达更多地

---

① ［英］安东尼·吉登斯：《社会的构成：结构化理论纲要》，李康等译，中国人民大学出版社2016年版，第6页。

停留在个人层面，或者同辈之间的对话中，他们甚少与学校或上级部门进行直接反映或者表达不满情绪。詹姆斯·C.斯科特的《弱者的武器》研究了马来西亚农民对政府的"日常"形式的斗争，农民反抗的日常武器有：偷懒、装糊涂、开小差、暗中破坏等；他们很少会去冒险与当局直接对抗，他们更可能通过不合作、偷懒和欺骗去蚕食这些政策；他们几乎不需要协调或计划，不需要名目，他们利用心照不宣的理解和非正式的网络：长期以来正是这类反抗最有意义和最有成效。① 作为一直以来"中规中矩"、符合教育期待的"好学生"或正在优秀道路、向着个人目标奋进的本科生，面对不喜欢的课、厌恶的老师或者看不惯的"官僚作风"和形式主义，他们往往采取的是"积极的消极主义"策略。例如，他们中的绝大部分不会随意"旷课"，即使对他们来说一些课程"实在无趣"；面对学校里并不浓厚的学习氛围或宿舍氛围，他们会刻意躲避寻求有利于自己学习的安静场所；面对地理位置偏僻导致就业和升学信息的闭塞，他们也会想方设法采取各种途径"打听信息"；而面对诸多看不惯的"形式主义"等作风，会转向寻求符合内心所欲和喜欢的"文化圈"。

总之，无论处于何种院校类型中的优秀本科生，他们的共同之处就表现在其高度理性化支配的道德律使得诸如"旷课""自暴自弃""一味地抱怨""随波逐流"等类似行为很少在他们身上发生。他们对于院校层面进行的教育教学改革参与也很少，或者根本了无兴致。当前高校管理日趋精细化，大量引入市场化运作机制。以量化考核为主的评估体系已渗透教学科研等多个领域，而以工作量统计和绩效考核为特征的"审计文化"也逐渐成为现代大学管理的普遍现象。大学就如一架高速运转的机器，为了保障这架机器的高速运转，学生的时间和安排也被各种事项和要求"充斥"和"填满"。但这些本科生也并非完全如马克斯·韦伯所描述的，成为机器上不断运转的一个小小的齿轮，并按照机器指定的路线行动。他们不断地借助自己在大学参与中的经验积累，在遵循着院校环境中的规范和预期的同时，积极践行个人的理性化行动，从而不断参与再生产的院校结构。即这些优秀本科生能够不断受惠于凭借个人理性化而获得

---

① [美]詹姆斯·C.斯科特：《弱者的武器》，郑广怀等译，译林出版社2007年版，第1—3页。

的各种资源，行动的持续效应得以发生，个人不断得到发展，这就不难理解为何"一旦在路上了，道路就会越来越畅通"。

二 反思性监控

人类具有反思的本性。[①] 休谟曾说过：通过热切而不懈地追求世俗的声望、名声、荣誉，我们经常省察我们自己的举止和行为，考虑它们在那些亲近和尊重我们的人们眼中形象怎样。这种仿佛在反思中打量我们自己的恒常习惯，使我们所有关于正当和不正当的情感永葆活力，使本性高贵的人对他们自己和他人产生一定的敬畏，这种敬畏是一切德行的最可靠的卫士。当我们的注意力转向自身的心理活动，也就是与这些心理活动保持距离并且对它们进行考量的时候，反思就开始了。[②] 恩斯特·卡西尔曾论述到生物与人的区别。从生物学的视角上看，人与生物也许并无本质区别，为了满足各种直接需求和实现利益。但随着人类文化与文明的演进，我们就会意识到，其实从人类意识的最初萌芽开始，就有"一种内省的生活伴随并补充着那种外向的观察"，并且"人类文化越往前发展，这种内省的特征就越加显著"[③]。

结构化理论在解读行动者与结构的互动同时，也对行动者社会行动的反思性特征进行了分析，认为行动者认知能力所特有的反思性特征是推动社会实践循环往复的关键要素。不同于人类基于因果关系链的逻辑认知，也不同于无须明言就知道如何"进行"的实践意识，反思性监控强调对人们所展现的、持续发生的社会行动的监控过程。[④] 反思性监控提出的前提性假设就是我们的能动行动是一个持续且复杂的过程。正如以上所论述到的，人类对行动有着不同程度——实践意识和话语意识的理性化理解。这意味着行动必然指向目的性，但由于人并不能认识自己所有的行动，

[①] ［美］克里斯蒂娜·M. 科尔斯戈德：《规范性的来源》，杨顺利译，上海译文出版社2010年版，第55页。

[②] ［英］大卫·休谟：《道德原则研究》，曾晓平等译，商务印书馆2001年版，第128—129页。

[③] ［德］卡西尔：《人论》，唐译编译，吉林出版集团有限责任公司2014年版，第6页。

[④] 陈逢文、付龙望等：《创业网络演化过程如何发生——基于"结构—行为"互动机制的案例研究》，《南开管理评论》2019年第2期。

所有行为总会产生很多意外的后果，这些意外的后果就会再次成为行动发生的前提条件影响后续的行动。因为我们永远无法完全预知接下来的结果，故需要不断调策略。"活动的反思性监控是日常行动的惯有特性，不仅涉及个体自身的行为，还涉及他人的行为。也就是说，行动者不仅始终监控着自己的活动流，还期望他人也如此监控着自身。"[1] 反思性监控的发生，就会对行动策略进行调整，生产结构也会随之变化。正是由于反思性监控的存在，使得行动者一方面依据惯例行动；另一方面及时调整自己的行动以达到自身的目标，再生产出新的规则和资源。

对于这些优秀本科生而言，"学习特征"决定着反思性监控的触角和力度，并且反思性监控的发生需要依赖于学习特征中的学习认知、学习品质和学习动机。根据优秀本科生学习经历影响因素的模型可知，学习认知、学习品质和学习动机是本科生学习特征最集中的三个表现。首先，从学习认知层面来看，无论在其知识的信念系统和能力的信念系统上，都分别引导着个体行动的方向，正是因为在认知层面确定"是什么"，才会意识乃至潜意识层面意识到"如何去做"。也正是因为这群学业优秀的本科生拥有较强的学习认知，才使得构成行动者日常活动的反思性监控过程成为可能，两者是互补互利的。其次，从上述章节中提取的"学习品质"编码节点来看，其中包含了"学习态度""策略与方法""时间管理"以及"目标规划"四个编码要素。其一，在学习态度上，反思性监控就体现在本科生学习的"认真""努力""专注"和"坚持"等这些优秀的学习品质中。沉浸在学习情境中的个人，要实现对个体思想或思维层面上的"优质"监控，这些反映着良好学习态度的品质是必要的，否则学生在学习任务中就会任由思绪飘浮，三心二意，漫不经心，因为绝大多数人的思想和意识流在未经反思性监控的作用下多数都是杂乱无章的，正如杜威所言："我们醒时的生活许多是消磨在稀里糊涂的心思、漫无目的的回想、欢乐而无稽的期望、倏忽即逝的模糊印象等等前后并无关联的细微琐事之中的。"[2] 其二，在具体的策略与方法上，无论是深度

---

[1] [英] 安东尼·吉登斯：《社会的构成：结构化理论纲要》，李康等译，中国人民大学出版社2016年版，第5页。

[2] [美] 约翰·杜威：《我们怎样思维》，姜文闵译，人民教育出版社1993年版，第2页。

学习还是浅层学习，都是本科生在调动自己的知识和能力储备对具体的学习情境进行的策略化处理。其三，对于时间的管理则是反思性监控中最为外观的体现。其四，这群本科生会根据个人的任务和目标及时地调整和规划个人的"时间表"。最后，在学习特征的动机层面，无论工具性动机、内在动机还是成就动机，都是行动的潜在可能，虽然并不与行动的连续性直接联系在一起，却是反思性监控得以进行的关键，倘若无动机的激发过程，行动的理性化和反思性监控都无法完成。

三 过程—结构的整合

多罗维茨和马什也指出行动者是在一定结构条件下活动，现有的研究过于强调行动者意图，建议在研究中重新重视新制度主义、理性选择主义以及新马克思主义。"谁参与行动"关注的是主体的构成，而院校环境中的诸多促进性和制约性因素则关注的是结构问题。在本书中，行动主体就是这些进入大学校园的本科生，结构则是院校环境的结构。正如帕翠西亚·岗伯特认为的"社会结构的基本要素深嵌于我们的教育制度中，分化了个体在制度内的体验。不过，结构特点也在资源、机遇、具体职业与角色培训方面促使大学千差万别"[1]。以往研究者也探讨了大学环境中的各种结构特征对学生教育结果的各种密切关系。

对于本科生而言，院校结构的差异就在于院校环境中资源供给的差异。虽然有研究者认为"几乎没有任何可靠证据能够表明高校的等级、声望或类型，对学生在学识、认知及智力等方面的发展有任何重大的实质性影响"[2]。但通过本研究发现，其实更多的是影响方式的不同，而并非无"实质性影响"。"大学的结构和组织特征并没有直接影响学生的发展，而是通过校园环境、师生关系、生生关系以及学生个体的努力间接地影响学生的发展，院校的结构特点对学生发展的影响，更多地被认为是一种间接影响而非直接影响，需要通过院校环境、学生努力的质量

---

[1] [美]帕翠西亚·岗伯特主编：《高等教育社会学》，朱志勇、范晓慧译，北京大学出版社2013年版，第96页。

[2] 岑逾豪：《大学生成长的金字塔模型——基于实证研究的本土学生发展理论》，《高等教育研究》2016年第10期。

以及学生与同伴、教师的互动才能实现。"① 院校环境的结构差异往往通过教师引导、学院/学校机会的创建、各种人脉信息的获得、院校里的硬件设施和学习氛围，乃至院校声誉等的资源性的差异体现出来，以不同的方式作用并影响着本科生的学习与发展。

综观以上研究，这群本科生之所以能够表现优秀，成为相对意义上的"优秀生"，在于其能够在日常的学业发展中根据个人需要将行动理性化，充分利用院校结构中的促进性资源和规则，并规避与最小化制约性的资源和规则，同时借助反思性监控协调与院校组织结构中的各个关系，在发挥个体能动性过程中不断实现个人能力的增长和发展，而他们这种行动流又进一步产生新的"资源"和"规则"，即院校结构的巩固和再生产，故这群本科生在不断受惠于再生产的院校结构，一步一步达成既定的学业目标，实现"优秀的循环"。图 5-3 则是将上述章节中涉及得影

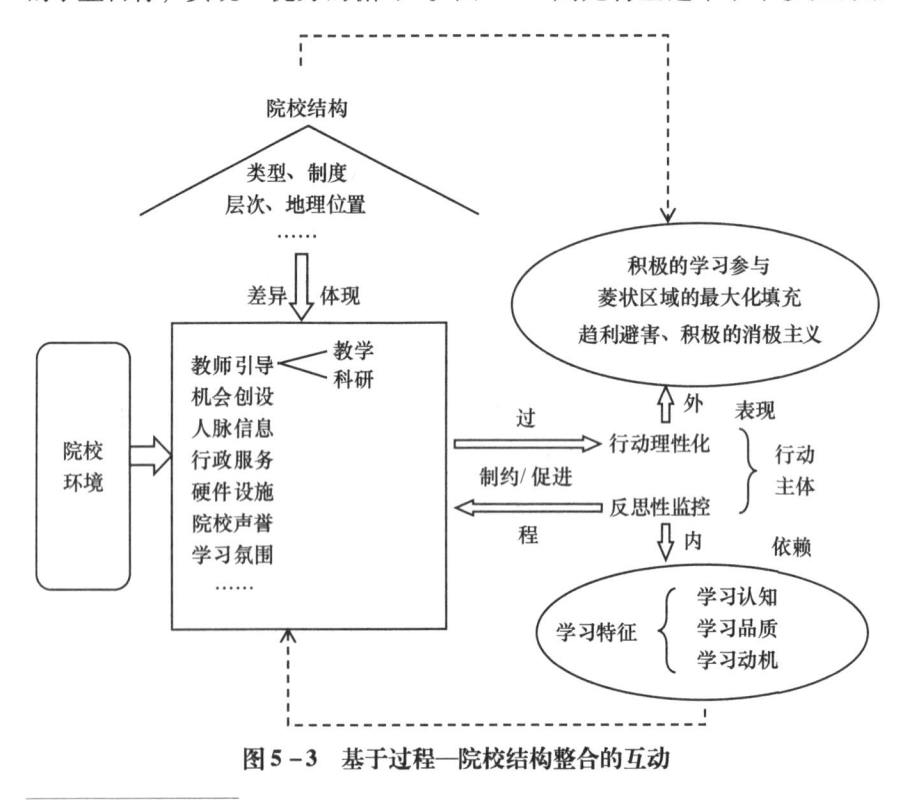

图 5-3 基于过程—院校结构整合的互动

---

① 吴凡：《我国研究型大学本科生学习成果的影响机制——兼论大学生学习经验的特殊性》，《高等教育研究》2017 年第 9 期。

响本科生学习经历的诸多因素加以组织,并利用过程—结构的分析策略的框架进行统整,最终呈现出本科生作为行动主体是如何与院校结构进行互动而不断走向优秀的。

本章小结

本章通过对优秀本科生的学习经历诸多影响因素进行回溯,探究优秀本科生与院校环境结构之间的互动。研究采取"过程—结构"的分析策略,援引"结构二重性"理论,从规则与资源视角解析本科生学习经历中所嵌入的院校结构。而(规则性/资源性)"制约"与(规则性/资源性)"促进"是院校环境结构对学生的影响和作用方式。规则更多地表现在院校政策、制度、规定等方面。而资源更多地体现在诸如院校声誉、学习氛围、图书馆设施、人脉信息等方面。院校结构中的规则性制约主要体现在"不得不上的无聊课程"、诸如打卡及凑人数等的形式主义、搞好关系的潜规则等。资源性制约表现为配置性资源和权威性资源,它们都在不同程度上制约着本科生的学习与发展,具体主要表现在师资水平的参差不齐、院校培养单位引导功能的削弱以及学习资源与平台受限等方面。在院校结构的促进性方面,规则性促进表现在课程体系的建设、评奖评优制度的激励以及境外交流机会的选拔和提供;资源性促进则主要表现在学习氛围的营造、人脉与信息资源的获得、声誉与平台的搭建等。

研究还发现,院校结构的差异本质上体现为院校环境中的资源和规则性之差异。这群本科生之所以成为学优生,在于他们并不是一群完全由地理位置、学校层次或类型等不同院校资源差异限制了的个体,而是能够根据个人发展需要对外将行动理性化——主要表现为积极的学习参与、菱状区域内的最大化填充、趋利避害、积极的消极主义等;对内通过反思性监控——主要依赖于以学生的学习认知、学习品质和动机为核心的学习特征——调整自己的目标和行动。他们会充分利用院校结构中的促进性资源和规则,并规避与最小化院校结构中的制约性资源和规则,不断实现着学业目标和个人能力的增长,而他们这种行动流又进一步巩固院校结构性的"资源"和"规则",即院校结构的巩固和再生产。这些本科生在不断受惠于再生产的院校结构,他们既符合教育制度内的各种期望,也不断地为自己赢得更多发展的可能性。

第六章

优秀本科生学习收获的组合机理

在对优秀本科生与院校环境的互动过程进行探究之后,最终要回归到高等教育的人才培养问题。这就需要我们去关注优秀本科生学习经历的最终成果——学习收获。这些优秀本科生最终取得了哪些学习收获?这些学习收获又呈现出怎样的样态?院校结构中的诸多因素又是如何促成其不同样态的学习收获?因果机制的问题远比现象本身复杂得多,本章在以上章节开辟的征途中继续前进,试图拨开云雾去解释现象背后的事实和逻辑机理,在探究优秀本科生学习收获的同时,对促成优秀本科生不同学习收获的因素组合和运作机理做进一步的探讨与分析。

第一节 研究设计

一 研究内容

本章主要探究优秀本科生的学习收获以及影响其学习收获的因素组合机理。主要研究内容如下。

第一,这群学业表现优秀的本科生在校期间具体的学习收获有哪些,又呈现怎样的样态?

第二,院校结构中的诸多因素是如何促成了优秀本科生不同的学习收获?

二 方法与过程

(一)研究方法

本章主要采用定性比较分析法(Qualitative Comparative Analysis,

QCA）。它是由美国社会学家查尔斯·拉金所提出的一种基于布尔代数和集合理论的、以案例定量分析为导向的研究方法。作为架构理论（Configuration Theory）的代表方法，它适用于复杂的因素或要素分析[1]，它认为若干要素的配置组合会产生某个结果，而单个要素的变化对结果的影响非常有限。简单来说，QCA旨在分析变量间的因果关系和什么样的因素组合在一起会促成某一结果的产生。[2] 与传统回归方法或结构方程模型相比，QCA具有鲜明的特点，第一，不同于以往的单案例分析，QCA采用了跨案例的研究方法，既能有效区分不同案例的异质性，又能观察不同案例的共性；第二，不同于传统的定量分析，QCA对案例的数量要求通常为10个到80个，这也使得QCA在分析中小样本时会更具优势；第三，QCA假定导致某种社会现象的因果关系是复杂多元且非线性的，其运算得到的因果关系也是以原因组合的形式来呈现的；第四，QCA还聚焦于导致某一结果的充分和必要条件，这也是传统回归分析或结构方程模型所不能及的。[3] 可见，QCA是一种融合定性和定量研究的一种方法。近年来，越来越多的学者使用QCA探究教育领域的诸多议题，在国内教育学核心期刊上发表的论文数也是日益增多[4][5][6]。QCA方法又可分为清晰集定性比较分析（crisp sets qualitative comparative analysis，csQCA）和模糊集定性比较分析（fuzzy sets qualitative comparative analysis，fsQCA）。清晰集定性比较分析是对样本构念的赋值只存在"0"或"1"两种情形，"1"表示对集合的完全隶属关系，"0"则表示对集合的完全非隶属关系。模糊集定性比较分析则是对清晰集定性比较分析的一种拓展，对变量的

---

[1] Rihoux, Benoit and Charles C. R., *Configurational Comparative Methods: Qualitative Comparative Analysis (Qca) and Related Techniques*, Newbury Park, CA: Sage, 2009, pp. 209 – 210.

[2] ［比］伯努瓦·里豪克斯、［美］查尔斯·C. 拉金：《QCA设计原理与应用：超越定性与定量研究的新方法》，杜运周等译，机械工业出版社2017年版，第7页。

[3] 陶秋燕、李锐等：《创新网络特征要素配置、环境动荡性与创新绩效关系研究——来自QCA的实证分析》，《科技进步与对策》2016年第18期。

[4] 王雪、何海燕等：《"双一流"建设高校面向新兴交叉领域跨学科培养人才研究——基于定性比较分析法（QCA）的实证分析》，《中国高教研究》2019年第12期。

[5] 何霞：《共同体视角下教师跨界学习行动——基于定性比较分析方法》，《中国远程教育》2020年第8期。

[6] 王楠、王保华：《网络舆情对高校形象的影响因素研究——基于30个案例的定性比较分析》，《国家教育行政学院学报》2020年第8期。

赋值是在"0—1"的区间内,允许"部分隶属关系"的存在。就本书而言,研究变量赋值存在部分隶属关系,故采用模糊集定性比较分析的方式。

研究者[1]发现,大学环境以及大学前的教育经验都会对学生的发展发挥着重要的影响作用。总之,影响本科生学习经历的因素亦是复杂多样,作为研究者,我们无法穷尽和捕捉到所有因素,但可以思考的是现有的因素情境条件下,不同因素之间的重要性是否具有差异,是否将所要探究的诸多因素放到了公平位置?哪种情境条件下某些影响因素会得到凸显,哪种情境条件下看似重要的影响因素却被"稀释"了?优秀本科生之所以能呈现出不同样态的学习收获,是在不同情境下、多种复杂因素交织的结果,并且在不同的情境中,每一因素所发挥的影响是不同的。基于以上缘由,故本章采用 QCA 法对优秀本科生学习收获的组合机理进行探究。

(二)研究过程

首先,本书仍基于核心案例(详细信息见第二章)对优秀本科生的学习收获进行编码和归类,以此来探究这群优秀本科生学习收获的呈现样态。其次采用定性比较分析法对构建的多案例进行比较分析,将质性材料进行量化处理。依次将案例中涉及的因素进行编码、赋值构建真值表,进行单变量必要性分析(以判断单个原因变量和结果变量之间是否存在充分关系或必要关系)、原因组合分析(即分析不同的原因组合是否也对结果变量具有良好的解释力),以深入考察哪些情境因素组合更容易形成或导致不同样态的学习收获,即学习收获的不同表现形式;最后通过"理想类型"法进行案例的合成分析,深入揭示不同样态学习收获的组合机理。

第二节 学习收获的不同样态

在某种程度上来说,本科生在大学期间的学习收获同样是衡量其优

---

[1] 周廷勇、周作宇等:《大学生发展的影响因素模型:一个理论构想》,《教育学报》2016年第 5 期。

秀程度的一种评价手段。回看本书纳入优秀本科生的标准，即"优秀本科生"的操作性定义（国家奖学金获得者）可知，其"优秀"不仅仅体现在学业成绩，还须"德才兼备"。倘若从另一个评价维度考察与定义"优秀"，也需要进一步关注本科生学习经历的结果，即从学习收获的角度进一步审视。

一 学习收获的定义

"学习收获"（learning outcome 或 learning achievement）研究的历史较为短暂，并且与其他高度相关的术语的关联性较高。学者们经常会将学习收获与课程开发领域的"学习目标"混淆。在现有的有关学习收获文献中，学习收获这一术语被认为根植于20世纪初的目标运动以及20世纪50年代本杰明·布鲁姆的"掌握学习"理论和著作中。学习收获概念的发展被描述为一个线性过程，从目标运动开始，继而通过掌握学习理论，最后是基于学习收获的教育活动。[1] 最早明确提出学习收获概念的是罗伯特·米尔斯·加涅，他在《学习收获与其效果》一文中对学习收获的定义为：学习收获是一种人们习得的持续性状况，并使各种行为表现可以被观察到。[2] 此后，有许多研究者和机构组织给出了不同的看法。例如，澳大利亚教育心理学家毕哥斯和科林斯认为，学习收获是授课过程的一个环节，是授课结束后学生表现的某种绩效，学习收获有质和量的区别。[3] 美国高等教育认证委员会认为，学习收获是特定学习经历后所获得的知识、技能和能力，但又不限于学习，也包括参与某个或某些机构或项目活动所产生的另一些行为成果或经验，例如提高就业水平、增加职业流动性、改变生活模式、获得教育机会等。[4] 总之，学习收获是一个纷繁复杂的概念，全面理解学习收获并非易事，需要"应用概念分析方法，

---

[1] Prøitz T. S., "Learning outcomes: What Are They? Who Defines Them? When and Where Are They Defined?", *Educational Assessment Evaluation and Accountability*, Vol. 22, No. 2, May. 2010.

[2] Gagne R. M., "Learning Outcomes and Their Effects: Useful Categories of Human Performance", *American Psychologist*, Vol. 39, No. 4, Apr. 1984.

[3] Biggs J. B. and Collis K., *Evaluating the Quality of Learning: The SOLO Taxonomy*, New York: Academic Press, 1982, pp. 10-12.

[4] Statement of Mutual Responsibilities for Student Learning Outcomes, *Accreditation Institutions and Programs*, Washington, DC: Council for Higher Education Accreditation, 2003, pp. 1-5.

须区分不同层面、不同视角和不同情境下的学习收获概念意涵"[1]。

蒂恩斯[2]为了探究"学习收获"的定义方式以及相关概念，搜集了从20世纪70年代始的一系列高质量出版物（包括期刊、书籍、工作报告等），并对搜集到的文献进行分析发现，一些研究者从他们自己职业的角度出发来定义和讨论"学习收获"，如医学、教师教育或社会学。此外，也有研究者从学习收获作为其所在机构的一种工具或为这种实施做准备的角度来讨论学习收获。还有一些研究者在政治或意识形态框架内探究这一概念。对于特定的学习收获理论，如基于结果的教育理论，研究者之间同样存在诸多差异，而涉及学习收获的概念定义方面，蒂恩斯综合以往的研究文献发现，"学习收获"的定义可归类为"既有定义"（Established Definitions）和"替代定义"（Alternative Definitions）。既有定义根植于行为主义、目标运动、课程规划运动或掌握学习运动的基本思想。这些定义通常假定学习收获是一种书面陈述、目的或期望的成果，并通过学生的外在表征得以体现。而学习收获的替代定义通常是对既有定义的批判。采用替代定义的研究者们植根于更开放的学习视角，如认知主义、建构主义和社会文化理论。他们持有的一个关键信念是，所有的学习不能被简化为预先指定的书面学习结果陈述。因为不可能通过预先指定的学习结果涵盖所有的学习，学习结果不可能衡量所有的学习活动。

此外，研究者在探究学习性投入对学习收获的影响时，其学习收获的衡量多以平均学分绩点（GPA）、升学率、学业成绩等作为测量标准。同时，智力测量仍旧是研究者惯常采用的手段，例如以学生批判性思维发展作为衡量学习收获的标志，其操作化的测量方式却还是通过单一的智力检测。而从定性的语词表达来看，研究者多使用"学业成就""学习成果""学业成功""教育收获"等词汇来表征学习收获。可见，对于学习收获的定义以及操作化测量手段较为单一，较少从学生身心发

---

[1] Ewell P. T., *Accreditation and Student Learning Outcomes: A Proposed Point of Departure*, Washington, DC: Council for Higher Education Accreditation, 2001, pp. 30–33.

[2] PrØitz T. S., "Learning outcomes: What Are They? Who Defines Them? When and Where Are They Defined?", *Educational Assessment Evaluation and Accountability*, Vol. 22, No. 2, May. 2010.

展的各个维度去衡量学习收获。总之,关于学习收获的概念,国内外没有统一的定义,但是基本的范畴大同小异,基本上认同学习收获是指学生在一定的资源、条件和环境下所取得的、较之于以前所发生的良性变化。本书将学习收获定义为本科生在校期间所发生的积极变化或取得的进步。以下是优秀本科生学习收获的三个层面,也反映了学习收获的三种样态。

二 学习收获的三种样态

通过进一步处理优秀本科生学习收获的访谈资料发现,其学习收获主要呈现三种样态或形式:一是聚焦于专业知识与技能;二是关注内/外社会心理发展;三是道德价值观的重塑。本书在核心案例中发现,就专业知识与技能获得方面,所有的被研究者都有涉及,故占比100%;内/外社会心理发展方面的个案占比只有73.3%;而在道德价值观方面,只在8位被研究者身上得到了体现,占比仅有26.7%。通过图6-1可见三种样态的不同占比,具体的编码举例情况如表6-1所示。

表6-1　　　　　　　　基于学习收获的维度编码（个）

编码项	编码举例	个案数	占比
专业知识与技能	手语技能大大提高/查文献的技巧和能力提升了/专业知识越来越扎实了/知识与技能上有了很大的提升	30	100%
内/外社会心理发展	大方自信/遇事不逃避、不怯懦/遇事能够坚持下去了/解决问题的方式、思维方式都有所提高/协调和合作能力/与人沟通与协作的能力/累积人脉等/换位思考的能力/组织和策划的能力/社会交往技能/尊重他人/摆正自己的位置/不断学习的能力/信息的获得能力	22	73.3%
道德价值观	个人品质、责任感变强/如何做人/确定自己认同的世界观/做一个对社会有贡献、为他人着想的人/有着宽广的胸怀和格局,不能心中只想着自己等	8	26.7%

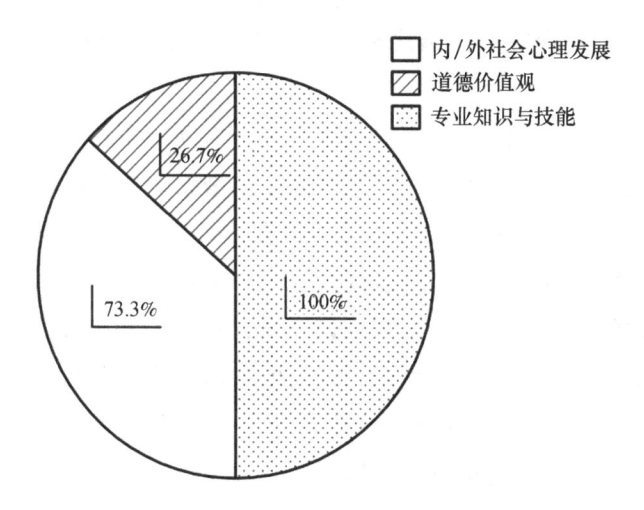

图 6-1　学习收获三个维度的占比（共 200%）

（一）专业知识与技能

进入 21 世纪知识经济时代，中国对大学生专业知识结构及能力水平提出了更高的要求。高等院校要培养一批具有专业知识能力及实践技能的优秀人才，为社会主义现代化建设服务。潘懋元指出，在诸多的教育规律中，其中一条是教育和人的发展的有关规律，简称为教育的内部规律。[①] 为了提高高等教育的社会效能，我们需要深入探索教育的内在规律，进而"确立洞悉决定性与选择性相统一的教育因果关系"。[②] 找寻教育内部规律要建立在对知识的理解和把握之上。大学是追求高深学问的场所，学生要以知识与技能的学习为基础，由知识转化为技能，由技能到思想道德价值观的建设，这也符合人在探索知识和学习文化的心理机制，即从对知识的渴求到心灵的熏陶、精神境界的提升。大学不同于中小学，大学追求高深知识的属性决定了知识生产的灵活性和创新性。有研究者认为在高等教育中，知识与能力的关系居于核心位置；客

[①] 潘懋元：《教育基本规律及其在高等教育研究与实践中的运用》，《上海高教研究》1997 年第 2 期。

[②] 彭虹斌：《教育规律内涵的再认识——复杂哲学的视野》，《华南师范大学学报》（社会科学版）2004 年第 1 期。

观知识转化为主观知识、主体性知识转化为个性化能力等各项活动，都是为高校师生实现能力价值之社会性与对象化转换目的而铺设的认知基础。①

专业知识与技能的学习是本科生在大学期间最主要的学业任务。在他们一生的其他时间和地点，都不可能如此毫无牵挂地汲取着大学给予他们的养料。在诸多其他机构承担了很多传统的传播知识功能的时代，大学仍旧是传播专业知识与技能的最核心、最权威的机构。本科生在学习专业知识的同时，要学会拓宽知识渠道，不断丰富来自其他专业、学科的基本知识。现实中，一些理工科院校的学生普遍存在重理工而轻视人文社会科学，而人文类专业的学生可能自然科学的知识基础较为匮乏，这些都不利于本科生的可持续发展。专业与博学这两者是相互依存、相互发展的，在某一领域不仅要具备专业知识，具备一名专业人员的相关标准，同时在日常的学习与生活中又要跳出固有的圈子，实现对专业知识的延伸发展。只有这样，才能够满足日益竞争的社会对综合性人才的需求，建立"专"与"博"相结合的知识结构。

大学教育可以提供激发思维所必需的知识与获取知识的手段，为学生更好地分析和评价他们未来生活中即将遇到的各种问题做准备。②但这些知识以及获取知识的手段更多地与大学的教学与课程息息相关。本书发现，这些优秀的本科生在知识与技能方面的收获，更多地得益于大学期间的课程以及围绕专业进行的相关实践活动。由于不同院校环境结构的影响，他们在专业知识与技能的收获上也是有所差异的。

（二）内／外社会心理发展

内／外社会心理发展也是本科生在大学期间的一项学业收获。帕特里克·T. 特伦兹尼基于美国 1967—2003 年发表的 5000 余篇研究文献中的两卷综述发现，高校学生在大学生涯中除了专业知识与技能的提高，也包括在内／外社会心理方面发生的显著变化。内在社会心理包括了身份认

---

① 郎耀秀：《大学生实现知识—能力—价值的转换机制与高校的管理之道》，《杭州师范大学学报》（社会科学版）2011年第3期。
② ［英］安东尼·史密斯、弗兰克·韦伯斯特主编：《后现代大学来临?》，侯定凯等译，北京大学出版社2014年版，第14页。

同、自我概念和自尊心等,而外在的社会心理变化具体表现在人际交往技能、自主性、独断和理智取向等。[1] 大学生的社会心理发展源于其社会性发展的需要。大学生的社会性伴随着教育参与、教育活动能力的提高,其社会性得到不断完善的过程是个体的遗传因素、社会文化因素、院校环境因素等多重因素共同作用的结果。大学生通过在具体的实践生活中学知识与文化,在与他人的社会互动中学会担任具体的社会角色,来逐渐形成与发展自己稳定的内/外心理结构。它既是一个逐渐形成社会行为规范的过程,也是个体不断接受外界环境刺激,通过同化、顺应等机制,形成符合社会角色期待的一个过程。

研究发现这群本科生在内/外社会心理发展上经历了一个变化历程。首先,在内在社会心理发展上,"自信""遇事不逃避""不怯懦""坚持""敢干"等表明学生在自我效能上发生的变化;而诸如"发现自身能力的不足""换位思考的能力""摆正自己的位置""尊重他人"等表明其在自我认知、同理心上的成长;"思想的碰撞""思维的方式""处理问题的方法/能力""问题解决的可迁移性"等表明其在理智上的增益。外在社会心理发展方面,本科生则更多地使用"沟通协调能力""人脉的积累""语言表达能力""向优秀人学习的能力"等进行自我描述。并且这群本科生在论述自己在社会心理发展方面的变化时,更多的是从叙述自己的参赛经历、项目合作和学习经历、实习等具体的社会互动事件中得以体现。

(三) 道德价值观

作为培养人的社会活动,教育的根本宗旨在于丰富人性、培育德性、发展理性,实现学生作为人的社会本质、文化本质和精神本质[2],这也是教育"育人"的价值所在。康德将教育学分为自然的学说与实践的学说。自然的教育是人与动物共有的教育,或者就是抚养。实践的教育或者道德的教育是人受到教化的教育,为的是他能够像一个自由行动的存在者那样生活(人们把一切与自由相关联的东西都称为实践的)。它是导向人

---

[1] [美]帕特里克·T. 特伦兹尼、鲍威等:《只见树木,不见森林:什么在影响美国大学生的学习》,《北京大学教育评论》2018年第1期。

[2] 王学:《教育功利性取向的德性反思》,《南京师大学报》(社会科学版)2021年第2期。

格性的教育，是一个自由行动的存在者的教育，这个存在者能够自立，成为社会中的一员，但自身又具有一种内在的价值。据此，构成它的是：（1）在技能方面的学院式的机械的教化，因此是说教性的（传授者的）教化。（2）在明智方面的实用性的（家庭教师的）教化。（3）在德性方面的道德的教化。① 人在"教性教化"中需要学的是技能，以便服务于最终成为人的那个目的；通过明智的教化获得公共的价值，更好地学会适应社会；而最后道德的教化，才能最终完成整个人类的价值。可见，道德才是人最终成为人，完成人最终价值的根本。

哈佛大学前校长德里克·博克指出"如果道德价值观的影响已经减弱，教育工作者有责任尽其所能来促进学生的道德发展"②。大多数教育决策者和公众似乎同意学校和大学应该促进学生道德的发展。然而，它是否能被教授仍存在争议。有人曾问教育研究者西奥多·纽科姆："大学能够为一个人做什么？"他的回答清楚而简单："很少有能够得到明确论证的。"③ 社会学家马丁·特罗甚至认为（高等）教育根本不能达到促进人道德发展的目的。"我相信发展道德判断的能力是我们所希望的高等教育的一个功能。但毫无疑问，高等教育大众化的特点，尤其是大批量的学生通过他们所在的机构受到非个性化的处理，他们与教师没有任何亲密或持久的关系，这对他们道德能力的发展没有任何帮助。"④ 之所以存在这种悲观的论调，是因为当前高等教育存在着较为普遍的道德危机，大学在促进学生道德发展上并没有满足人们的期望。还有研究者⑤认为高等教育之所以在促进学生道德价值观方面未满足社会期待，主要是未能

---

① ［德］伊曼努尔·康德：《论教育学》，杨云飞等译，中国轻工业出版社2019年版，第25—26页。
② Derek C. B., "Can ethics be taught?", *Change: The Magazine of Higher Learning*, Vol. 8, No. 9, Jun. 1976.
③ Tavris C., "What Does College Do for a Person? Frankly, Very Little", *Psychology Today*, Vol. 8, No. 4, Jan. 1974.
④ Lind G., "Favorable Learning Environments for Moral Competence Development. a Multiple Intervention Study with 3,000 Students in a Higher Education Context", *International Journal of University Teaching and Faculty Development*, Vol. 4, No. 4, Oct. 2013.
⑤ Sprinthall N. A., Reiman A. J. and Thies-Sprinthall L., "Role-taking and Reflection: Promoting the Conceptual and Moral Development of Teachers", *Learning and Individual Differences*, Vol. 5, No. 4, Dec. 1993.

提供良好的教学。大学教学似乎经常缺乏这三个有效的基本要素：自由讨论和相互尊重的道德氛围；承担责任的机会；反思和影响控制的指导。这三者必须在大学教学中进行有效的结合才能有效促进学生道德的发展。研究者[1]在对 300 多名本科生进行干预研究后发现，通过有效的情境干预和教育设计，高等教育也确实可以有效地提高学生的道德价值观。

道德价值观是个人价值观体系的重要组成部分。随着经济全球化的不断深入，多元文化冲突与融合已经成为当今高校的时代境遇，对当代大学生的道德价值观带来了深刻的影响。反观当今中国大学生的道德价值观，在坚持社会主义主流价值观的同时，每一个个体被置于一种更广阔的关系结构中，在兼顾国家、社会和个人三者利益关系中，个人本位化倾向也较突出，对于道德价值观的取向和认同也更趋于开放与多元化。对于新生代的 00 后大学生，他们的个体特征也烙印着鲜明的时代印记。一方面，在他们的认知中，有着高尚的道德价值观固然是公认的值得学习的榜样，然而在现实生活中，他们却存在各种价值观念上的冲突、困惑和矛盾；另一方面，他们的道德认识和道德行为经常发生脱节，忽略道德人格的修养，背信违约、败德乱纪等现象屡有发生。[2] 本书中，也只有 26.7% 的学生表现出自己在道德价值观方面的成长。

第三节 促成学习收获的因素组合

一 数据处理过程与结果

（一）变量测量与校准

在条件和结果变量的处理上，QCA 方法的一个关键步骤是对数据进行"校准"。根据变量的校准方式，QCA 又可分为二分校准的清晰集定性比较分析（csQCA）和模糊校准的模糊集定性比较分析（fsQCA）。在 fsQCA 中，每个变量都被认为是一个模糊集合，即变量代表的案例在这个

---

[1] Lind G., "Favorable Learning Environments for Moral Competence Development. a Multiple Intervention Study with 3,000 Students in a Higher Education Context", *International Journal of University Teaching and Faculty Development*, Vol. 4, No. 4, Oct. 2013.

[2] 杜坤林、诸凤娟：《"90 后"大学生道德价值取向实证分析与研究》，《中国青年研究》2012 年第 3 期。

集合中具有范围在 0—1 之间的不同程度隶属。因此，在进行 QCA 分析之前要通过校准程序将每个研究变量转换成一个模糊集，以确定各条件的隶属度。[①] 校准方法包括直接方法和间接方法两种。采用直接校准法的研究者通过确定 3 个定性锚点使用软件中的校准程序对各变量进行校准，而间接校准法则通过考察数据分布、理论知识和实践经验对各变量进行定性赋值。[②] 鉴于本书使用的数据为定性访谈资料，参考克里利[③]的做法，通过打分方式对每个样本的变量进行逐一赋值，赋值标准采用四值集，即 1（代表完全隶属于该条件集合）、0.67（偏隶属于该条件集合）、0.33（偏不隶属于该条件集合）以及 0（完全不隶属于该条件集合）。四值集赋值标准能够更加精细地反映出变量在案例间的差异。基于上述章节中的因素编码和概念抽象，发现导致优秀本科生学习收获的两大因素源——院校结构（包含院校环境差异带来的"资源性支持"和"规则性激励"）和以学生为代表的行动主体（包含个体的"行动理性化"和"反思性监控"）。各变量的概念界定如表 6-2 所示。

表 6-2　　　　　　　　各影响因素变量的概念界定

	变量	概念界定
学习收获	①专业知识与技能	指学生在自己所学专业上获得的知识和运用知识的技能和素质
	②内/外在社会心理发展	指行为个体或群体在社会相互作用中产生的心理和行为上的发展变化。内在社会心理发展表现在身份认同、自我概念等方面；外在社会心理发展变化更多表现在人际交往技能、自主性、独断和理智取向等
	③道德价值观的发展	指有关道德的判断、推理等思维以及价值观念上的活动，是道德认知中的高级成分

---

① Fiss P. C., "Building Better Causal Theories: A Fuzzy Set Approach to Typologies in Organization Research", *Academy of Management Journal*, Vol. 54, No. 2, Apr. 2011.

② Ragin, "Redesigning Social Inquiry: Fuzzy Sets and Beyond" (https://doi.org/10.7208/chicago/9780226702797.001.0001).

③ Crilly D., "Predicting Stakeholder Orientation in the Multinational Enterprise: A Mid-range Theory", *Journal of international business studies*, Vol. 42, No. 5, Jun. 2011.

续表

变量		概念界定
院校结构	①资源性支持	具体指学生在校期间获得来自学校环境和资源的支持度，具体指教师引导、机会创设、人脉信息、硬件设施、学习氛围等编码因素（具体编码节点和因素信息见第三章和第四章）
	②规则性激励	指那些对个体或社会行为进行约束或激励的政策、规定等
行动主体	①行动理性化	指行动者对自己行动的各种环境条件和行动意义把握的一种理论性领悟，即根据个人的需求给予行动以目的与意义的解说
	②反思性监控	指行动者对自身所展现的、持续发生的社会行动进行反思和监控的一项活动。根据其反思性水平的高低，反思性监控由常规的、构成延续行动者日常行为基础的低层次反思，到反思性审查、反思性认可这样一个高阶发展状态

（二）必要性分析

在进行充分条件组合分析之前，首先应对单变量进行必要条件分析。[①] 在组织与管理研究中，传统研究方法（如回归和相关性分析等）主要关注能够导致给定结果产生的充分条件，而在识别必要条件的逻辑关系上还量小力微。必要条件是促成结果产生所必须存在的条件，但是其存在并不能保证结果必然发生，其基本逻辑用关系式可表达为"NO X→NO Y"。即假设存在条件 X 与条件 Y，若 X 是 Y 的必要条件，则 X 不出现时，Y 一定不出现，但 X 的出现并不能得到 Y。在 QCA 方法中，必要条件的识别是通过计算结果集合作为条件集合的模糊子集一致性来判断的。

[①] Fiss P. C., "Building Better Causal Theories: A Fuzzy Set Approach to Typologies in Organization Research", *Academy of Management Journal*, Vol. 54, No. 2, Apr. 2011.

各影响因素变量的赋值依据如表6-3所示。

表6-3　　　　　　　　　　各影响因素变量的赋值依据

变量	赋值依据	编码举例
专业知识与技能	按照被访者对于自己所学到的知识与技能的程度或感受的定性描述。特别注重被访者对于"很大/高""一定""进步了""学到了"等词的运用。当被访者对于自己在有关知识和技能上的提高使用"很大/高/快""尤其"等程度较为强烈的表达时，赋值为1；当使用"一定""有所提高"等用词时，赋值为0.67；当使用"了解""知晓""掌握"等较为模糊的表达时，赋值为0.33；当未涉及以上有关程度的表达或情感倾向较弱时，赋值为0	1. 大学这四年，我在自己的专业知识和技能上有了很大的提高（赋值1） 2. 我在专业技能方面得到了一定的锻炼（赋值0.67） 3. 我了解到了一些与专业相关的知识和技能（赋值0.33） 4. 对专业知识的学习算是刚入门（赋值0）
内/外社会心理发展	按照被访者对于自己有关社会心理发展的程度或感受的定性描述。特别留意被访者对于"比以前……更……""虽然……但是……""之前……但现在……""开始……"等不同的时间段作比较的语句表达。当被访者在今昔对比中表达自己有非常明显的改变时，赋值为1；当变化的程度较为明显时，赋值为0.67；当被访者发现自己开始或者有着逐渐的改进的变化时，赋值为0.33；当被访者今昔变化程度较小时，赋值为0	1. 到了大学之后，发现自己的思维方式思考问题的方式有了很大的改变（赋值1） 2. 我觉得自己变得比以前要更开朗一些，然后也更自信了（赋值0.67） 3. 我慢慢开始尝试接纳自己，也试着理解我的家人（赋值0.33） 4. 我一直性格就这样，现在还是不怎么爱和别人打交道（赋值0）

续表

变量	赋值依据	编码举例
道德价值观	按被访者对于自己道德观念和有关的价值信念的看法及定性描述，衡量标准即是否有明显的利他行为。① 特别留意"应该是……""必然会……""肯定是……""还是要……"等判断、条件语句。当被访者对于有关的道德判断和观念表达出较为强烈的价值判断和情感倾向时，且服务对象为他者而非为己之利时，赋值为1；当被访者的道德观念来源于自我而非外在的他者时，赋值为0.67；当被访者对于利己与利他的道德观念和价值信念的表达较为平衡，情感倾向较为中立时，赋值为0.33；当利己的道德观念和价值信念表达得较为明显和强烈时，赋值为0	1. 一个优秀的大学生肯定是对自己有要求，对社会有着强烈责任感的人（赋值1） 2. 我觉得人还得追求精神世界的发展，不能看别人追求什么就盲目跟风，问问自己到底要的是什么（赋值0.67） 3. 不是说非得为社会奉献，为身边人奉献那么高大上的，我觉得就是做个好人吧，不害人（赋值0.33） 4. 没有比成绩更重要的了，毕竟我们本来就是学生，其他事情我们也左右不了（赋值0）
资源性支持	按照被访者对于来自院校环境或者体现院校结构性因素层面上的情感倾向进行赋值。特别留意被访者的情感表达，例如"很好""讨厌""舒适""感觉一般"等。当被访者表达出很强烈的正向的情感，赋值为1；当表达出的总体语句，正面的情感倾向大于负面的或中立的情感倾向时，赋值为0.67；当被访者表达出的语句情感正负倾向都不突出和明显时，赋值为0.33；当表达出负面的情感倾向时，赋值为0	1. 学院对我们本科生举行的各种大赛，学术交流活动都特别支持，资金啊，行政服务方面感觉都比较充足和到位（赋值1） 2. 不少老师还是比较认真负责的，虽然也有一些令人讨厌的老师，只知道读PPT的（赋值0.67） 3. 我们学校的学习氛围一般般吧，不是特别好，但也不至于都是混日子的（赋值0.33） 4. 感觉这门课很水，几乎学不到什么，全靠自学（赋值0）

---

① 吴潜涛、李志强：《论道德利他的本质、类型及其特征》，《教学与研究》2014年第7期。

续表

变量	赋值依据	编码举例
规则性激励	从事的活动能够从相关的政策文件、规定等获利。在访谈资料中，表述为"做某事"或"如果某情况发生，则会有或产生……"结果的形式。当被访者感受到较强的外界激励时，赋值为1；当被访者会有意识考虑到外界激励时，赋值为0.67；当被访者表达出对于外界的激励可有可无的意向时，赋值为0.33；当被访者明确意识到自己行为不受外界激励的驱动时，赋值为0	1. 我从一开始就要好好学习，立志拿国奖的，这也算是对自己的一种证明和认可（赋值1） 2. 大二的时候我有一点为了拿高分去学习的这种感觉，因为我大一拿了国家奖学金，然后就是有一种被停在杠头上的感觉（赋值0.67） 3. 能拿到奖项当然更好，拿不到也要努力为之一拼（赋值0.33） 4. 我不是为了拿高分，拿奖项才去努力学习的，那样也没啥意义（赋值为0）
行动理性化	依据被访者对自己行动的各种环境条件和行动意义把握的一种理论性领悟程度进行赋值。当被访者能够明确自己的行为意图时，赋值为1；当被访者能够意识到自己的行为意图时，赋值为0.67；当被访者对自己的行为意图并不明确时，赋值为0.33；当被访者无法对自己的行为给予意义解释时，赋值为0	1. 资源就在那里，拓不拓展，完全看你自己是不是有这个想法，有这个能力，敢不敢突破交流的障碍，学会net-working等（赋值1） 2. 其实大学非常靠自主学习能力的，老师不会主动来找你，你想要与众不同，想要进步，就需要主动去找老师（赋值0.67） 3. 大家都说我很善于抓住机会，其实我并没有特别意识到，就是不让自己停歇下来吧！（赋值0.33） 4. 本书中不存在无行动理性化表征的案例

续表

变量	赋值依据	编码举例
反思性监控	基于结构化理论，本书主要从三个方面对这一构念进行测量：当行动者提到的想法、观点存在差异时，没有延续以往的活动轨迹和行为时，赋值为1；当行动者能够解释与以往想法、观点存在的差异，即行动者能够以话语的形式表达差异，赋值为0.67；当行动者仅仅提到"想法、观点与以往不同"时，赋值为0.33；当行动者并无以上明显的话语表征时，赋值为0	1. 尽管这个社团很锻炼人，但不是我理想中的社团，所以我主动从社团中退出了（赋值为1） 2. 一个优秀的大学生可能是站在比较高的一个位置，用整体的眼光去看待自己的大学生涯的，而不是像我一样站在时间线上的一点去看我的未来（赋值0.67） 3. 我以前觉得自己无所不能，现在发现自己能发挥的力量其实很小（赋值0.33） 4. 无以上明显的话语表征时。（赋值为0）

结合上文中对各变量影响因素的赋值情况，得出影响因素变量的 QCA 模糊集数据矩阵如表 6-4 所示。

表 6-4　　　　边界选择的 QCA 模糊集数据矩阵

案例序号	专业知识与技能	内/外社会心理发展	道德价值观	资源性支持	规则性激励	行动理性化	反思性监控
1	0.67	0.33	0	0.33	0.33	0.67	0
2	0.67	0.33	0	0.33	0.33	0.33	0
3	0.67	0.67	0	1	1	1	0
4	1	0.33	0.67	1	0.67	0.67	1
5	1	0.33	0.33	0.67	1	1	0.67
6	1	0.67	1	1	1	1	0.33
7	1	0.67	0.67	0.67	1	0.67	0.67
8	0.67	0.67	0.33	0.33	1	0.67	0
9	1	0.67	0.33	0.67	1	1	0.33
10	0.67	0.67	1	0.67	0.33	0.67	1

续表

案例序号	专业知识与技能	内/外社会心理发展	道德价值观	资源性支持	规则性激励	行动理性化	反思性监控
11	1	0.33	0.33	0	0.33	0.67	0
12	0.67	0.67	0.33	0	0.33	0.67	0.33
13	0.33	0.67	0.67	0.67	0.33	0.67	0.67
14	1	0.67	1	0.67	0.33	0.67	1
15	1	0.33	0	1	1	1	0
16	0.33	1	0	0.67	0.33	0.67	0
17	0.67	0.33	0	0.33	1	1	0
18	1	0.67	1	1	0.67	0.67	1
19	0.67	0.67	0.67	0	0.67	0.67	1
20	1	1	1	1	1	1	1
21	1	0.67	1	1	1	1	1
22	1	0	0	0.67	0.67	0.67	0
23	1	1	0.33	1	1	1	0.33
24	0.33	1	0.33	0.33	0.33	1	0.33
25	0.67	0.33	0	0.67	0.33	0.67	0
26	1	0.33	0	1	1	1	0
27	0.67	0.67	0.67	0.67	0.33	0.67	0.67
28	0.33	1	0.67	1	0.67	0.67	0.67
29	0.67	0.33	0	0.67	0.33	0.67	0
30	1	1	0	1	1	1	0

注：QCA方法的样本选择逻辑仍然是基于案例的理论抽样，抽样过程中尽可能进行差异化，以便形成覆盖变量的不同姐合（Ragin，2008）。与样本回归的优势（外部效度）不同，QCA强调发现样本内部变量之间的"构型组合"对结果的影响（多因影响一果）。

本书使用fsQCA3.0软件的"Necessary Conditions"程序，分别对三个结果变量进行了必要条件分析。具体操作步骤则是将资料数据在Excel中编码后另存为csv格式，用fsQCA3.0软件打开数据集。执行"File-Open-Data"命令，导入数据文件。数据导入后，用fsQCA3.0软件对变量数据进行简单的描述性统计分析，并开展必要性检验。执行"Analyze-Necessary Conditions"命令，在软件窗口中设定结果变量为"IT"，然后将所有前因条件加入分析中（包括否定条件）。点击"Run"后可以得到影响因素的必要性检验结果，如表6-5所示。

先前研究指出，当某个条件的一致性高于0.9，且具有较高的覆盖度时，便可认定其为必要条件。[①] 从表6-5可以看出，对于专业知识与技能和内/外社会心理发展来说，行动理性化是一个必要条件，缺乏行动理性化便无法导致较高的专业知识与技能。而对于更高层次的道德价值观来说，除行动理性化外，反思性监控也是一个必要条件，说明缺乏反思性监控便无法有效促进道德价值观的发展。

表6-5　　　　　　　　　单变量的必要性分析

条件变量	专业知识与技能		内/外社会心理发展		道德价值观	
	一致性	覆盖度	一致性	覆盖度	一致性	覆盖度
资源性支持	0.774	0.916	0.833	0.749	0.807	0.417
~资源性支持	0.379	0.900	0.405	0.731	0.416	0.431
规则性激励	0.801	0.935	0.813	0.721	0.773	0.393
~规则性激励	0.366	0.895	0.425	0.791	0.483	0.515
行动理性化	**0.902**	0.901	**0.963**	0.731	**0.904**	0.394
~行动理性化	0.265	1.000	0.311	0.893	0.383	0.631
反思性监控	0.408	0.878	0.481	0.788	**0.936**	0.879
~反思性监控	0.662	0.825	0.647	0.613	0.351	0.191

（三）组态分析

组态分析的目的是探索促成给定结果产生的充分条件或充分条件组合。[②] 与必要性不同，充分性的基本逻辑关系式是"If X→Then Y"，即假设存在条件X与结果Y，若X是Y的充分条件，那么当X存在时，Y必定存在，反之不成立。用公式表达如下，其中X（条件变量的隶属集合）

[①] Douglas E. J., Shepherd D. A. and Prentice C., "Using Fuzzy-set Qualitative Comparative Analysis for a Finer-grained Understanding of Entrepreneurship", *Journal of Business Venturing*, Vol. 35, No. 1, Jan. 2020.

[②] Ragin, "Redesigning Social Inquiry: Fuzzy Sets and Beyond" (https://doi.org/10.7208/chicago/9780226702797.001.0001).

作为 Y（结果变量的隶属集合）的子集的一致性是它们的交集占 X 的比例。与必要条件关注单一条件的必要性不同，组态分析通常考察多条件组合的充分性，即多条件的交集与结果集合的模糊子集关系。若案例在条件 A、B、C 三者的交集 A * B * C 中的隶属度一直小于或等于其在结果集合 D 中的隶属度时，就存在模糊子集关系，可推断出 A、B、C 三者共同出现促成了结果 D 的发生。

组态分析步骤如下。（1）使用 fsQCA3.0 软件的"Truth Table Algorithm"程序，依次将"专业知识与技能""内/外社会心理发展"和"道德价值观"作为结果变量，将"资源性支持""规则性激励""行动理性化"和"反思性监控"作为条件变量进行分析。（2）设定最小案例频数和一致性门槛值进行真值表完善。调节真值表覆盖的最小案例频数是为了排除相对琐碎的组态，但在提高案例频数的同时保留至少 80% 的原始案例数。[①] 在对真值表进行初步观察后，本书仅在"专业知识"结果分析中提高最小案例频数为 3，同时保留 86% 的原始案例，在"内/外社会心理发展"和"道德价值观"作为结果的分析中保留默认值为 1。设定一致性阈值是为了排除子集关系较弱的组态。本书使用了菲斯（Fiss）[②] 推荐的 0.8 作为一致性阈值，并结合 0.6 的不一致比例降低（PRI）阈值来确保结果的效度。[③]（3）进行标准化分析获得 QCA 的解。标准化分析后得出 QCA 的三种解。其中，复杂解未考虑任何逻辑余项，完全由案例数据得出。简约解使用所有逻辑余项但不评估其合理性。中间解则根据研究人员设定的条件考虑了简单反事实分析。参考先前研究，本研究主要报告合理有据、复杂度适中的中间解，并综合中间解和简约解来区分核心条件和辅助条件。若一个条件同时出现于简约解和中间解，则被定义为对结果产生重要影响的核心条件。反之，若该条件只在中间解中出现，

[①] Douglas E. J., Shepherd D. A. and Prentice C., "Using Fuzzy-set Qualitative Comparative Analysis for a Finer-grained Understanding of Entrepreneurship", *Journal of Business Venturing*, Vol. 35, No. 1, Jan. 2020.

[②] Fiss P. C., "Building Better Causal Theories: A Fuzzy Set Approach to Typologies in Organization Research", *Academy of Management Journal*, Vol54, No. 2, Apr. 2011.

[③] Gupta K., Crilly D. and Greckhamer T., "Stakeholder Engagement Strategies, National Institutions, and Firm Performance: A Configurational Perspective", *Strategic Management Journal*, Vol. 41, No. 10, Jun. 2020.

则将其定义为起辅助作用的辅助条件。沿用以往研究的惯例，将 QCA 软件报告的文字结果转化为图表以提升研究结果的可读性[①]，经由上述步骤，组态分析的结果如表 6-6 所示。

表 6-6 组态分析结果

变量及覆盖度	专业知识与技能 1a	专业知识与技能 1b	内/外社会心理发展 2a	内/外社会心理发展 2b	道德价值观 3a	道德价值观 3b
资源性支持	●		⊗	•	•	
规则性激励		⊗	●			•
行动理性化	•	●	●			
反思性监控		⊗		●	●	●
原始覆盖度	0.746	0.239	0.368	0.426	0.743	0.709
唯一覆盖度	0.578	0.071	0.221	0.279	0.132	0.097
原始一致性	0.929	0.893	0.908	0.919	0.920	0.916
解的覆盖度	0.817		0.647		0.840	
解的一致性	0.920		0.896		0.928	

注：其中，黑色圆圈"●"表示核心条件存在（对结果变量影响较大的变量）；⊗代表核心条件缺乏；•代表辅助条件存在（对结果变量的影响相对较小）；⊗代表辅助条件缺乏；空格表示该条件可存在亦可不存在。

（四）结果解读

由表 6-6 可知，促成高专业知识与技能的组态有两种（1a 和 1b），解的一致性为 0.920，意味着这两种组态所包含的案例中一共有约 92%的案例表现出高专业知识与技能。解的覆盖度为 0.817，意味着两种组态一共可以解释约 81.7%的高专业知识与技能案例；促成内/外社会心理发展的两种组态（2a 和 2b），解的一致性为 0.896，意味着这两种组态所包含的案例中一共有约 89.6%的案例表现较明显的内/外社会心理发展。解的覆盖度为 0.647，意味着两种组态一共可以解释约 64.7%的高社会心理发展案例；促成道德价值观的两组组态（3a 和 3b），解的一致性为 0.928，

[①] Misangyi V. F. and Acharya A. G., "Substitutes or Complements? A Configurational Examination of Corporate Governance Mechanisms", *Academy of Management Journal*, Vol. 57, No. 6, Dec. 2014.

意味着两种组态所包含的案例中一共有约92.8%的案例表现出较高的道德价值观。解的覆盖度为0.840，意味着2种组态一共可以解释约84%的高道德价值观案例。

通过组态结果可知不同组态形成的条件组合情境。在专业知识与技能组态中，高资源性支持和高行动理性化（1a）的结合能够有效地促成专业知识与技能的增长；此外，在低规则性激励与高行动理性化以及反思性监控缺乏的组合情境下（1b）同样能够促进专业知识与技能的增长。在内/外社会心理发展组态中，当低资源性支持、高规则性激励与行动理性化进行情境条件组合时（2a）能够促成学生在内/外社会心理发展上的收获；同样，当高反思性监控、行动理性化与资源性支持进行条件组合（2b）时也能够达成学生内/外社会心理的发展。在道德价值观组态中，高反思性监控、行动理性化与资源性支持进行因素条件的组合（3a）时能够显著地促成学生道德价值观方面的收获；而当高反思性监控、行动理性化与规则性激励进行因素条件的组合（3b）时，也能促成学生在道德价值观上的收获。具体见表6-7。

表6-7　　　　　　　　　　不同组态的条件组合情境

组态类型	条件组合情境
1. 专业知识与技能	● 1a（高资源性支持＊高行动理性化） ● 1b（低规则性激励＊高行动理性化＊反思性监控缺乏）
2. 内/外社会心理发展	● 2a（低资源性支持＊高规则性激励＊行动理性化） ● 2b（高反思性监控＊行动理性化＊资源性支持）
3. 道德价值观	● 3a（高反思性监控＊行动理性化＊资源性支持） ● 3b（高反思性监控＊行动理性化＊规则性激励）

注：＊代表组合符号。

二　情境因素组合下的学习收获

（一）专业知识与技能组态

1. 1a（高资源性支持＊高行动理性化）

通过表6-7组态分析结果可知，导致专业知识与技能结果的组态有两种。组态1a为高资源性支持和高行动理性化的组合。表明学生在高资源性条件支持情况下,那些具备高度行动理性化的个体会产生较高的专业知识与技能。该组态中高资源性支持作为核心条件,表明其在组态形成的条件组合中发挥着重要作用,它与高行动理性化共同促成了高专业知识与技能的提升。

研究发现组态1a更多地出现在资源条件较好、层次类型较高的本科院校中。因为处于该院校中的本科生,其面对的院校环境相对较好,在院校声誉、机会创设、学习氛围、教师教学水平等方面都能给予学生较高的资源性支持。在这种情境下,学生的行动理性化作为促进其学习与发展的助推剂,与院校结构下的资源性支持一起极大地促成了本科生专业知识与技能的提高。以案例1为例进行说明。

> 案例1:王某是一个"90后",高考时用她自己的话来说是"发挥得不理想"(安徽省文科排名164名),所以进入了南开大学。由于自己入大学时各科高考成绩较高(数学、英语135分以上,语文120分以上),于是被安排进入了一场"分班"考试,顺利通过后她被分到了"经管法实验班"。实验班里是学三个专业的课程,分别是管理学、经济学和法学,然后本科毕业后会提供两个学位。这是进入大学之后又重新筛选后的一个特色班级,但课程任务却十分繁重,从周一到周五几乎都在上课。根据她的回忆,她从大一到大四的核心任务就是课业学习。她虽然也参加了一些竞赛以及社团活动,但更多目的就是为了"刷简历""拿素拓分",用她的来说"比较功利的目的"。此外,她也很善于利用校友关系网去获取对自己有价值的信息,并且懂得"察言观色",知道如何在高校里更快速地获取自己所需。由于她的专业成绩一直名列前茅,最终以优异的成绩顺利被保送到本校继续攻读研究生,在回顾总结自己四年的大学收获时,她尤其强调了自己专业能力上的开拓和进步,还有自己学习上不怕吃苦、肯干与坚韧的意志力。

案例1中的王某属于典型的学霸型的本科生。这类学生沿袭和保留着高中时代的高度自律和认真刻苦的学习品质,在进入以双一流为代表的高水平研究型大学后,表现出较高学术期望值和较高的投入度。本科期间，她积极发挥学习的能动性和自主性，借助院校环境中的各种丰富的资源性支持——"经管法"实验班、紧张而高质量的课程学习、保研资格等，保持着较高的行动理性化，即使是参与各种社团和竞赛活动，其行动目的也保持着较高的工具理性——为了"刷简历"。由于王×自小就保持着勤奋刻苦的学习习惯以及不甘人后的心理，所以外在的规则性激励于她而言可有可无，即使没有感受到较强的规则性激励，她依旧能保持着奋发向上、努力学习的品质。这种类型的学生的"眼界"一直在前方，其生活类似被切割为方方正正的田字格，每完成一项任务，下一项任务接踵而来，"本科期间就是不让自己闲着，要忙起来，一闲就会莫名地慌张"。他们对于学业的成功甚至有种压迫式的追求，觉得自己必须以最高效的方式去完成自己的目标，从而接着下一个学习目标。"上课""学习""自习"是该生频繁提到的学习活动，可以预测该生最终在自己所学专业上取得的知识与技能的收获更多地来源于课程的学习。总之，无论该类学生自身的性格特质和家庭背景如何，外界的高资源性支持与强烈的行动理性化相结合很容易促使学生在专业知识以及相关技能上取得较大收获。

2.1b（低规则性激励 * 高行动理性化 * 反思性监控缺乏）

组态 1b 为低规则性激励、高行动理性化以及反思性监控缺乏的组合。表明处于低规则性激励及反思性监控下的本科生，由于行动理性化的突出，同样能够达到高专业知识与技能的获得。该组态中虽然院校资源促进性条件并不突出，但高行动理性化作为核心条件，说明高行动理性化在该条件组合中发挥着重要作用。这意味着院校资源性条件的差异并不会决定和影响本科生在专业知识和技能上的所得，但前提是高行动理性化的主导和表现。以案例 2 为例。

案例 2：周某，女，江苏苏州人，就读于江苏省一个普通的本科院校。对她而言，大学期间印象最深刻的事有两件：一是打比赛；二是学习。在打比赛方面，她整个大学经历绝大多数都在"打比赛"中度过的。例如美团的营销比赛、ERP 沙盘、管理决策、外研社杯演讲比赛、写作比赛、英语竞赛等，并且也取得了一定的成绩，虽然自己的专业课成绩不是非常突出，但正因为参赛经历较多，在奖学金的综合测评中加分也很多，但她表明自己并不是为了这些分数和奖项才去努力付出的。其次便是学习的种种感受。她对大学里遇到的很多授课老师的总体印象并不好，觉得很多老师上课并不认真，教学方式方法都很墨守成规，教学态度不严谨。此外，她认为自己所在的院校因为是"专升本"，很多学生自律性很差，学校的学习氛围不是很好，包括图书馆在内的各种硬件设施也不理想，没有学习的动力。在科研方面，学院也组织过类似的科研活动，但由于没有系统地组织和指导老师，自己也很遗憾没有机会从事过科研上的活动和锻炼。但由于周某善于学习，并不断寻求让自己变得更好的各种机会，所以不论是参加各种比赛还是对待课业学习，她都用尽全力，愿意下苦功夫，最终她通过考研，实现了自己成为一名研究生的学业目标。

在以周某为代表的典型案例中，其所在院校为普通本科院校，院校在学术氛围以及学术资源的支持度上相对不足，但这并没有成为她学业成功的绊脚石。这类学生积极发挥着行动的理性化，参与各项比赛，在实践中不断磨炼自己，寻求自我发展。他们虽然对于自己所处的院校环境并不满意，却努力抓住和利用周围一切可用的资源和学习机会、不断地充实和提高自身的能力以改变现状。如果说1a组态中的本科生更青睐通过不断地刷简历、拿比赛荣誉以及保研（或考研）等方式为找到理想职业不断累积筹码，处于1b组态类型下的本科生更期望能够凭借自己的努力向更好的院校逆袭，改变目前所处的环境。不过，案例中的周某虽然如愿以偿考取了研究生，但随之面临的便是莫名的茫然和焦虑感，会经常陷入自己为何要读研，适不适合读研等自我怀疑中。该类型的学生类似德雷谢维奇所指的"优秀的绵羊"，即他们大都聪明、有天分、斗志昂扬，但同时又充满焦虑，对未来一片茫然。[1] 由于反思性监控的缺位，他们在高度的行动理性化进程中很少进行内省与自我审视，他们追求的是可见的学习成果，相对于其他组态的案例，这类学生的学业收获更多地体现在以课业或专业为核心的知识和技能上。

---

[1] ［美］威廉·德雷谢维奇：《优秀的绵羊》，林杰译，九州出版社2016年版，第1—3页。

(二) 内/外社会心理发展组态

1. 2a (低资源性支持＊高规则性激励＊行动理性化)

组态 2a 表明促成本科生内/外社会心理发展的组态有两种，其中组态 2a 为低资源性支持、高规则性激励与行动理性化的组合。表明在资源性支持不足或较低的情况下，在具备高规则性激励的个体与行动理性化情境下同样可以促进学生内/外社会心理的发展。规则性激励作为组态中的核心条件发挥着重要作用。如案例 3 所示。

案例 3：赵某，河北沧州人，经过高考千军万马过独木桥的激烈角逐，最终以较为优异的成绩考入了南昌大学。由于分数优势不是特别明显，最后选择调剂，就读于南昌大学公共管理学院心理学专业（原体育与教育学院心理学专业，大三时学校进行了院系调整和合并）。目前刚知晓自己被成功保研至南京大学心理学系继续攻读研究生。刚进大学时的他内心很纠结。因为自己是高考调剂过来的，对心理学专业并不是很感兴趣，对于其他专业也没有很明确的方向。于是赵某选择主动去了解一些自己感兴趣的东西。大一上了一门职业生涯规划课，在课上结合兴趣、能力和专业后，赵某给自己定了四个方向的职业，分别是电视台幕后、出版社主编、人力资源管理和室内设计师。但随着专业学习实践的不断深入，自己慢慢也就淡化了转专业的想法，并把身心都投入本专业的学习与实践中。印象最深刻的是他做专业课汇报，汇报结果得到了授课老师极大的认可和表扬，这让他信心倍增。大学期间，他参加过很多学术竞赛活动，如挑战杯、创新创业竞赛等，并且他也很热衷于参加各种社团活动，在社团工作中多属于"领导型"角色，最终在大三成了学生会的副主席，个人的综合能力也得到很大锻炼。大三上学期就开始实习，尤其到了大四更多的时间就放在了专业实习和毕业论文方面。最后虽然专业课成绩不是很突出，但因为在社团以及比赛活动中表现较为优异，不仅荣获了国家奖学金，也顺利拿到了保研名额，这也成为他在大学期间很有成就感的一件事情。总结自己的大学生活，虽然有很多遗憾，但过得很充实，每一次进步和别人的认可，都让自己变得更加自信。

该案例中的赵某，明显受规则性激励驱动较多。刚入大学一心想转专业的他，在没有充足的资源性条件支持下，慢慢地接受自己的专业。在一次专业课汇报后被授课教师当众表扬，让他意识到自己是有能力学好本专业的。他热衷于参加各种社团和竞赛活动，并在社团和项目活动中担任"领导者"角色，可见他的行动理性化程度较高，并且不是基于"刷简历""拿素拓分"等工具理性的行动化，更多的是基于个人兴趣和能力提升。他不仅成了学生会副主席，在人际沟通、组织协调、临场应变等能力上有着明显的提高。由于竞赛活动中表现突出，他也赢得了很多奖项，最终凭借自己的努力获取到了保研名额。这些包括头衔职位、荣誉奖项以及保研资格等在内的一系列规则性激励大大增强他的自我认同，从而让他变得更加自信阳光。

以组态2a为代表的案例中，常见于本科生所在院校的资源性条件一般，但由于学生个体的自主性很强，并且容易受到各种规则性激励，激发其自我认同，使得这类本科生的学业收获不仅体现在专业知识和技能，而且在人际互动、理智的增长、自我认同等内/外社会心理上的发展也较为显著。

2. 2b（高反思性监控 * 行动理性化 * 资源性支持）

组态2b表明当学生同时满足高反思性监控、行动理性化以及资源性支持的情境条件时，能够显著地促进本科生内/外社会心理的发展。其中反思性监控作为核心条件，表明在该条件组合中发挥着重要作用。行动理性化与资源性支持都作为辅助条件存在，与反思性监控一起作用于本科生的内/外社会心理的发展。与2a组合相比，行动的理性化都作为必不可少的重要条件存在，差别在于是否受到外在的规则性激励，以及资源性支持的力度和反思性监控水平。这里，反思性监控作为一个核心条件首次出现，由此说明了另一种情景条件的组合：当这些本科生拥有较高反思性监控水平时，可以不受外在规则性激励驱动，在个人行动理性化驱动下实现内/外社会心理的发展。具体见案例4所示。

案例4：陈某，女，就读于宁波工程学院机械制造及自动化专业。曾获国家奖学金、浙江省政府奖学金、校特等奖学金等。获得全国大学生数学竞赛一等奖、省大学生物理创新竞赛一等奖、省数学竞赛一等奖等，本科期间也长期在庵东卫生院担任义工。回顾自己的大学生涯，她认为自己的大学生活主要围绕"学习"和"比赛"而展开的。通过参加比赛，被访者在技术上、心态上以及与人的沟通方面都得到了很大的锻炼。在考研复习方面，她一直稳扎稳打过来的，她觉得自己所在的大学虽然不是很有名气，但却非常重视竞赛和考研。上至院校，任课教师，下到督导员，保洁阿姨都在为学生的考研以及比赛努力创造一个良好的氛围和条件，在物质、人力资源、技术指导等方面都给予学生最大条件的帮助，这让被访者感到很"舒心"，认为学校在这方面做得真的很好。在总结和回顾自己大学四年的收获时，除了对自己在专业知识和技能上取得的成就外，该生尤其强调了自己在人际交往、眼界以及思维方式等方面上的转变。她说经历了大学4年的磨炼，她变得更加坚定，做事不再唯唯诺诺、瞻前顾后。并且她学会了重新定义和理解自己与父母、与他人乃至与社会之间的关系，对自我与他人的认知有了重新的认识。她会发现做义工确实是一件虽然很累却能让自己内心充盈、感到快乐的一件事，让她意识到"为他人"的这种责任感是有必要的。用被访者自己的话来总结就是大学四年不仅改变了"可见的表面"，内在收获也很多。

案例4中的被访者陈某虽就读于一所普通的地方性本科院校，但这丝毫并不影响她成为一名优秀的本科生。多数的案例显示院校声誉和层次越高，其学生享有的资源性支持就相应越大，而在2b这一情景组态下的案例却表现出与众不同的"反例"。该院校虽然学术声誉在国内并不高，但却给予学生较人性化的情感与资源支持，在学生竞赛和考研复习等关系学生前途和发展的诸多事项方面较为上心，给学生创造了一个"舒心"的学习环境，并且日常的与专业相关的竞赛活动会通过网页消息、辅导员通知等宣传到位，无论是在资金的支持，还是实验室的硬件配备或是教师的领队方面都较为到位，这些也都恰好满足了学生的发展需求。可见"学生与环境的融合程度"[①]要比单方面的院校给予更为重要，院校层次和学术声誉略低的院校并非不能做到"以学生为中心"、提供给学生充足的资源性支持。在此案例中，该生拥有较强的反思性监控，在发挥行动理性化的同时，她不仅勤于锻炼自己的口头表达、人际交往能力，且表现出较为坚强和自信的意志，并在反思自己与他人与社会的关系中，也发展出了"利他"的心理品质。总之，以组态 2b 为代表的案例中，学生虽不处于学术声誉较高、办学条件与水平较高的研究型大学，但由于院校方重视学生的发展与学习，力所能及地为学生提供支持性资源，使学生能够并乐于发挥自身的行动理性，最终在较高的反思性监控的作用下促成了学生在内/外社会心理发展上的较大增益。

（三）道德价值观组态

1.3a（高反思性监控 * 行动理性化 * 资源性支持）

组态 3a 为高反思性监控、行动理性化以及资源性支持条件的组合。其中反思性监控是核心条件，表明反思性监控在该条件组合中发挥着重要作用；行动理性化与资源性支持作为辅助条件存在。表明具备高反思性监控的学生，在行动理想化和资源性支持的情景组合下，更容易促成其在道德价值观层面上的发展。以下结合案例 5 进行说明。

> 案例 5：李某，22 岁，出生于安徽省安庆市，父母都是工人。目前就读于上海交通大学机械与动力工程学院。因自己是从较为偏远的地区考入上海交通大学的，所以觉得自己的学习能力和基础相对比较弱，刚进入大一时就很想快速地提高自己的能力。李某说自己的性格是偏内向、安静型的，再加上自己是理工科专业，就很自然对一些科创类的项目比较感兴趣，从大一就参加了大学生的创新项目。日常主要的学习活动就围绕着科研以及专业课程。到了大二分流专业，李某选择了新能源方面的专业，因为自己有想往这个领域发展的意愿，到了大二的他也变得更加主动，会主动寻找加入老师相关的课题和科研项目的机会。到了大三，他的目标和规划也就越

[①] 吴凡：《我国研究型大学本科生学习成果的影响机制——兼论大学生学习经验的特殊性》，《高等教育研究》2017 年第 9 期。

来越清晰，就是以后要走科研道路。他在学长的感染以及老师的引导下，自己的科研项目做得也越来越好，不仅在国家级比赛赢得了不错的奖项，也发表了数篇比较理想的论文。通过不断地科研训练，他坦言自己在审慎思考、统筹全局以及科学的管理与任务分配上的能力得到大大提升。目前，李某直接被保送本校的研究生。他清晰而理性地意识到自己大学与以往初高中时代的不同，这表现在学习方式、思维体系、个人的思想和定位等方方面面。他认为一个优秀的大学生无论选择什么从业方向，对自己首先都要有一个明确规划，知道自己想要追求的是什么，然后矢志不渝地去达到那个目标。其次，就是那种兼济天下的情怀，做事不能只想着自己，要有一个大的世界观和格局。总之，他认为那种拥有具有明确抱负又有着坚强的意志力去践行，且心系社会和他人的大学生才是一个真正的优秀的人。

从案例5中可看出，李某是属于典型的"科研型"学生，并且反思性监控水平较高。本科四年，他主要以科研参与为核心展开行动的理性化。科研参与本质上是一种高级的学习形式，不仅能从认知层面锻炼其口语表达、独立思考、团结合作以及解决问题等方面的能力，同时也是提升本科生自主创新能力的重要途径之一。本科生科研已日益融入世界一流大学的本科教育体系中。[1] 本科生在校期间的科研训练无论是在学业层面、自我认知上都会产生影响，不仅如此，在社会性发展方面，本科生参与科研对其人际交往能力、自主性、自尊、利他主义等都会产生影响。[2] 正如案例中所展现的，李某通过不断的科研训练，在人际交往、团队合作以及时间的管理和统筹方面都得到了锻炼。并且李某很清楚地意识到大学与高中时代的差异，同时他将探索科研道路的过程等同于探索自我的过程，"把探索自己的边界往外去扩展，路就慢慢向能看见的方向越走越窄，而那一条路正是自己要去的路"。总之，他本科期间的经历进

---

[1] 刘宝存：《美国大学的创新人才培养与本科生科研》，《外国教育研究》2005年第12期。
[2] 李湘萍：《大学生科研参与与学生发展——来自中国案例高校的实证研究》，《北京大学教育评论》2015年第1期。

一步发展了他审慎的反思性能力。他对于优秀本科生的认知并不仅停留在可见的学业成绩、荣誉奖项的多少上。在李某看来，优秀是一个由知到技、由技升德的过程，那些有着明确规划和抱负信念且具有担当精神的大学生才是真正优秀的人。

这类学生常见于学术资源和声誉较好的研究型大学，这类大学通常能够为学生的科研训练和发展提供较为充足的资源性支持。这类本科生能够将自己的专业作为一项"志业"，与个人的生活和发展紧密联系，并且力图惠利更多的群体。当然，缺少了反思性监控这一核心条件，即使学生个体理性化程度再高，院校资源性支持再强，也无法达到道德价值观这一层级。反思性监控不仅能够在促进知识与技能的可迁移化上做出努力，并且也使得学生审慎和有目的的行动成为可能。

2.3b（高反思性监控＊行动理性化＊规则性激励）

组态3b为高反思性监控、行动理性化以及规则性激励的组合。其中反思性监控依旧是核心条件，表明无论是组态3a还是组态3b，反思性监控在促成道德价值观层面组合上始终发挥着核心的重要作用。行动理性化和规则性激励作为辅助条件存在，表明具备高反思性监控的学生，在行动理性化和规则性激励情景组合下，更容易表现出道德价值观层面上的发展。以下结合案例6进行说明。

案例6：赵某，21岁，就读于同济大学××学院（因被访者要求，隐去具体学院名）。他论述自己的大学生生活主要整明白三件事。第一就是被班主任看中当上了班长，做班长成为影响他大学生活的一个重要事件，决定他今后想成为怎样的人。第二便是专业的选定——在计算机和经济学之间，他最后选择了自己更为感兴趣的经济学，这决定着他今后要选择的职业。第三就是毕业后选择直接就业还是继续升学。"这三件事整明白了，就把我自己以及我要走的路也整明白了"。他提到现代大学里诱惑很多，大家都拼命为自己做加法，他却认为要学会给自己做减法。他认为只有学会做减法，才会没有过多的杂念，也不会像很多大学生那么迷茫了。"当了班长其实一个让我非常能够看清楚自己内心这么一个事情，就是它让我真正认清我自己是个什么样的人。或者我心里想要的是什么"。在当班长过程中，他积极带领班级，调动班级的学习氛围，组织管理班级的各项活动和事宜，因为处于学院改革期间，行政系统很乱，他们没有"实质"的辅导员，他相当于承担了整个班级的管理工作。在他的带领和组织下，班级学习氛围、学业表现、班级凝聚力、学风等方面表现得非常突出。他把更多的时间用于服务身边的同学，看似自己放弃了很多机会，例如打比赛拿奖、参加项目等，甚至由于与自己坚持的理念不同，还放弃了校学生会主席竞选的机会，但他的收获却也是无形的。"知道自己内心想要的是什么，就不会追求在他人看来很风光的表面"。由于他自身学业成绩以及综合素养较为优秀，最终也是成功保送硕博连读。在谈到对于优秀大学生时，他同样表现出较高的反思性监控水平，认为真正优秀的大学生是不盲从和相互攀比的，他很清楚自己要成为怎样的人，要过怎么的人生，在此基础上保持自律而努力践行。

案例6中的赵某与3a案例中的李某属于反差性较大的两种案例，与李某不同，赵某性格较外向，是一位十分热心且热衷于从事学生服务活动的本科生。该生所在院校虽属于中国高水平的研究型大学，但资源性支持在这一组态中并不突出，因为该生多次吐槽学院在改革时期较为混乱的行政服务和院校管理。正因为此，班里的学生一度陷入遇到事情不知找谁的处境。而赵某作为班长经常临危受命，逐渐成为班级的领头人。他努力发挥着个人的行动理性化，积极组织班级活动、课程研讨会、搭建读书角、搞团建等。他所在的班级也不负众望，连续3年拿下了优良学风班、先进团支部标兵等荣誉称号，这也大大激励了赵某为大家服务的热情和信心。这是他用心付出和经营的一个班级，作为班长的他，与班级里的同学一起共同进步和成长。不难想象，他的课外生活都在围绕着"班长"这一身份展开。有学者估计，大学生的学业收获有70%来源于课外经历。[1] 大量实证研究表明，课外活动参与能够为学生发展带来积极影响，参与程度高的学生不仅能够取得较高的学业成就，自信心、发

---

[1] Wilson E. K., *The Entering Student: Attributes and Agents of Change*, College peer groups Chicago: Aldine, 1966, pp. 71–106.

展目标、成熟的人际关系等指标得分也较高。①该案例中，赵某长期担任班长，在组织和管理课堂内外各种活动的历程中得到了锻炼，也坚定了他内心的想法，即未来想成为怎样的人。虽然他在服务班级群体的活动中投入的时间和精力较多，但并不意味着他学业功课的松懈，反而促使他更加认真学习，作为班长榜样带领好学风班风。正是因为他的反思性监控程度较高，才能更好将"事情整明白"，并与自己未来的职业发展和人生规划进行关联，通过身体力行追寻自己所爱。"社会教的是技能，大学教的是思维""现代大学生重要的是要学会做减法"等就是赵某反思性水平的呈现。当发现外界的既得利益并不符合内心坚持的理念，他也会选择全身而退，正如他放弃竞选校学生会主席那般。但假设他所用心经营的班级团体并没有想象中的那样出色，团体内部关系并不融洽，他还会一如既往，花费大量的时间与精力为学生服务吗？对这一假设，我们无法替他做回答，这一切行动都源自他自己内心的力量，通过反思性监控，内心能够为自己的行动设定怎样的判断标准。但通过周围教师、同学对他认可，以及带领班级拿下的种种荣誉能够表明，建立在社会互动与互惠的规则性激励对他的行为有着较大的推动力。通过这一案例，显示了高反思性监控与行动理性化、规则性激励的结合（即组态3b）是如何表现出较高的道德价值观的。

（四）跨组态对比与解析

通过对比促成优秀本科生学习收获的六种组态后发现，首先是资源性支持与规则性激励条件，它们更多地在组态中表现为核心条件和补充条件，其内在差异一方面来自学生个体感受的差异，这取决于学生与院校环境的融合度，另一方面源自院校资源供给的差异。但本质上资源性支持与规则性激励的差异都是院校结构性差异的体现。其次在行动理性化条件方面，无论是促成专业知识与技能增长、还是内/外社会心理发展以及道德价值观增益方面，行动理性化都作为较重要的条件存在（分别以核心调节和辅助条件存在），其区别是作为核心条件还是辅助条件存在，但都是这群优秀本科生必备的情境条件。最后在反思性监控上，其

---

① 孙沛睿、丁小浩：《大学生课外参与投入的适度性研究》，《大学教育科学》2010年第6期。

知识与技能的发展并不需要反思性监控作为核心或补充条件存在，但是在内/外社会心理的发展上反思性监控可以作为核心条件存在。此外在促进道德价值观层面上的发展上，反思性监控成为必不可少的核心条件。表6-8呈现的是跨组态下各情境因素条件的对比。

表6-8　　　　　　　　跨组态下各情境因素条件的对比

条件	对比特征
资源性支持 规则性激励	本质是院校结构性差异的体现，不同的院校环境给予学生的资源性支持和规则性激励的程度不同
行动理性化	被研究者在行动理性化程度上的差异不大，普遍都较高；其差异可能更多地体现在行动理性化的类型上
反思性监控	在内/外社会心理发展上有凸显，在道德价值观层面成为必不可少的核心条件，而在知识与技能层面并不凸显

研究发现，不同的情境因素组合条件促成了本科生呈现不同样态的学习收获，并且这些情境化条件在每一组态中的影响作用也存在差异。例如来自院校结构的资源性支持在组态1b中被作为核心条件，故其主要在促进学生知识与技能发展上起到的贡献较大，而在促进本科生的内/外心理发展以及促进道德价值观层面的影响力就相对较小；规则性激励在组态2a中是作为核心条件出现，故其主要在促进内/外心理发展上的贡献较大；行动理性化在所有组态中的影响都较大，说明无论学生达成何种样态的学习收获，行动理性化都是必要条件；而反思性监控在组态3a与3b中都作为促使本科生道德价值观发展的核心条件，说明对于道德价值观的发展而言，反思性监控是核心和关键影响力。

以上研究又进一步引发我们思考，当这群我们惯以称"优"的本科生的"优秀"更多地表现和停留在知识与技能发展，当促成这些优秀本科生的内/外心理发展的主要因素和动力源是外在的来自院校层面的规则性激励，并且其道德价值观的发展动力源主要来自学生个体的反思性监控，而非院校环境结构的影响时，我们就需要分析大学在对待学生的培养这个核心业务上采用的是什么预设和内在机制，并由此引发了一系列的疑问：大学究竟将本科生的培养当作何种性质的事务？大学期待培养出优秀生又是怎样的？大学对于本科生的学习收获与成长又应该担当怎样的责任？

三 学习收获的组合机理

（一）大学培养的性质与类型

当前，不论本科生的培养在整个大学事务中处于何种地位，只要大学或政府出台旨在针对学生的各种改革举措，一般都会赢得社会的满目期待和叫好。例如，鼓励开展各种创新创业项目、形式多样的大赛、混合式教学、翻转课堂等各种"时髦先进"的教学实践、提倡金课、抵制水课等，以期培养的学生不仅仅停留在"优秀"这一层次，而冠以"拔尖创新人才"或"卓越拔尖人才"。作为院校的管理者，为了方便管理与评价，绩效指标与量化评价便成为高校治理的常用手段：学生的出勤率、绩点分、参加了哪些大赛、是否获得某些荣誉称号、简历是否刷得漂亮等，借助这些外在可见的华丽包装，就此完成了"好学生"或者"优秀"甚至"卓越"的筛选和塑造过程。但是，我们最关心的问题是：给予优秀生或者卓越生的包括奖学金、荣誉奖项和升学深造在内的诸多发展机会是否能够带来我们期待中的优秀？又能够激励和影响普通的大多数吗？

为了使学生达到预期的学习成果或期待，无论采用规章制度、权威命令还是政策激励，其被检视的还是潜在的"大学之道"，即大学究竟将学生的培养当作何种性质的事务？为了创造和培养出更多的优秀生，应采取何种机制或逻辑来设定"投入"与"产出"之间的因果关系？这就涉及大学与学生建立的关系、学生的身份以及可能的结果，见表6-9。

表6-9　　　大学把学生的培养当作何种事务：类型与性质

培养逻辑	法律事务	经济事务	教育事务
典型措辞	"学习是学生的义务"	"奖励学业优秀、表现突出的学生"	学习是自我成长的需要
院校身份	契约中的义务主体	交易中的卖方	学术共同体

续表

培养逻辑	法律事务	经济事务	教育事务
学生身份	契约中的权利主体	交易中的买方	学习者
正反馈	学生权益的扩大	金钱以及奖项荣誉等	知识与技能、内/外社会心理发展、道德价值观的全面提高
可能的结果	学业成绩成为准入/出指标	可见的学习优秀，多数是平庸	走向优秀

如果把大学对学生的培养当作"法律事务"，那么毋庸置疑学习对于学生而言就是一项明确的"义务"。法律上要求义务主体必须履行一定的职责。典型的陈述就在《中华人民共和国教育法》中第四十四条有关学生必须履行的一系列学习义务。其中包括要遵守日常的行为规范和相应的法律法规，也包括对学校机构管理制度的遵守，在学习上也明确了刻苦学习是学生应履行的义务。但是法律义务中的行为并不等同于现实中的行为，而是依靠现实中人的意愿和实践。法律法规乃至校规的权威力量依靠惩罚和约束我们的能力。正如一位被访者论述"学习就是我们的义务啊，学生本来就是要学习的，不学习你完成不了任务，也无法顺利毕业，更何况以后如何谋生和找工作呢？"无法完成基本的学业考核，达不到毕业要求或被延迟毕业、结业等系列惩罚会对学生的学习行为起到一定的规制作用，但是无法激发学生内在的自主性。依靠这种单一逻辑的制度设定并期待学生取得理想的学习收获，显然是不足的，究其原因，大学与学生之间的纽带和连接不仅只有法律关系那样简单。

如果把大学对学生的培养看作"经济事务"，那么用金钱、荣誉徽章以及各种头衔奖项作为激励手段，这是高等教育最常见的从经济领域嫁接出的准市场逻辑。在套用了市场机制后，不仅大学与大学教师之间成了雇佣与被雇佣关系，大学与学生之间也变成了买卖关系，即消费者与供应商之间的关系。学生有学习的需求，大学就提供相应的资源供给；教师"卖课"，把知识兜售给学生。大学设置了各种竞赛、课题项目以及职业竞技等，以期能够通过学生的踊跃参与来激发准市场的活力。在评价学生时，基于成果导向的评价机制贯穿在培养的每一环节，以期能契合投入—产出的逻辑链。对于学业表现优秀或突出的学生，总是更能获得各种奖励、被更多的老师关注、获得更多的资源和机会。在高校，学生的一切总能被标尺所衡量，审计文化无处不在，工具性的经济主义已成为高校政策颁布的主宰逻辑。由于教育结果存在滞后性，这使得实践中的人们常常本末倒置，将教育目的异化。而学生作为院校产品的被动接收者，也是教育的最重要的利益相关人，他们的反馈与评价、内在的需求与渴望只起到准市场中的弱信号作用。正如威廉·德雷谢维奇所言："高校的商业运作导致学校为了满足学生的短期需求，而牺牲了学生的长远利益……学校要做的是，不断地向学生提问，而且问得最多的问题应该是他们到底追求什么。"[1]

总的看来，无论是将大学对本科生培养当作法律还是经济事务，其根本逻辑都是基于外部可见的"手段—目的"的因果机制，旨在将作为投入的自变量与作为结果的因变量之间建立固定而稳定的因果联系。如果能够大量生产出学校满意的、符合要求的本科生，那么就等同于认为投入—产出的逻辑链条是合理的且有所增益的。这两种类型本质都是行为主义的刺激—反应模式或控制者—受控者模式（见图6-2）。刺激物由控制者发出，而反应由被控者做出。控制者会在制造强化的过程中不断地控制、引导和规范着被控者，期望能够塑造期待中的理想行为。在控制者看来，刺激行为与反应存在着因果机制。这一刺激既包括院校的资源性投入，如一系列的精品课程、教学名师、丰富的图书馆资源和电子化设备等；也包括各种规则性激励，如荣誉奖项、保送名额、奖学金、优先的就业岗位推送等，而预设的反应就是优秀的学习成果或学习收获。但事实上，在这个刺激—反应链中，还存在受控者的"需求/动机"和"认知/能力"的中间变量或反应条件的约束。现实中院校的管理者也许了解在投入—产出或刺激—反应之间存在诸多可能的复杂的反应链，但在管理实践中，出于对时间以及人力、物力以及财力的考量，很容易被解读和操作成因果逻辑，于是行为主义的控制和培养机制便是最便捷的方式，这也意味着对学生学习收获或学习成果的衡量极易被简化为可视

---

[1] ［美］威廉·德雷谢维奇：《优秀的绵羊》，林杰译，九州出版社2016年版，第64页。

化特征——排名靠前的学业绩点、学生亮眼的简历、满满的荣誉奖项等。

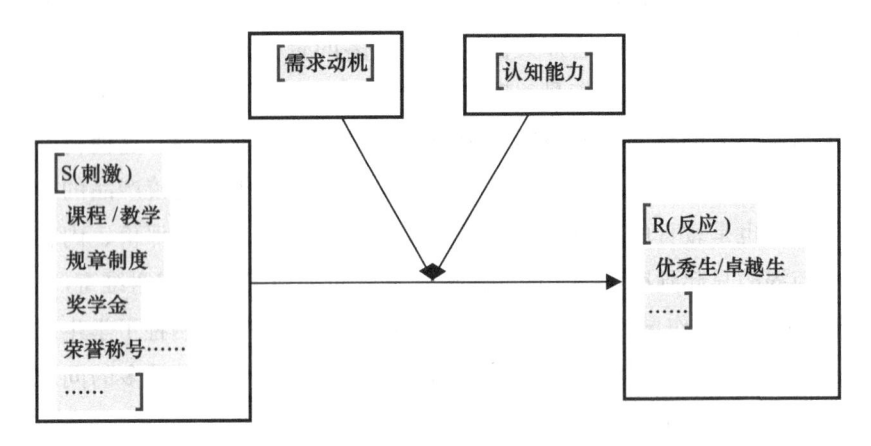

图 6-2 行为主义的刺激—反应模式/控制者—受控者模式

资料来源：根据斯金纳的"新行为主义"理论编制。参见斯金纳《科学与人类行为》，华夏出版社 1989 年版；并参考和借鉴林小英《促进大学教师的"卓越教学"：从行为主义走向反思性认可》，《北京大学教育评论》2014 年第 2 期。

以上无论将院校对学生的培养看作一项法律事务还是经济事务都不能完全符合人们的期待，因为院校的主要和核心任务是"育人"，对于学生的培养本质是一项"育人"事业。在图 6-2 所示的行为主义模式中，现实中所欠缺的解释就是学生的"需求"和"认知"。在把大学当作育人的学术共同体时，处于其中的大学生如何在实践同一性的基础上确认自我的需求和认知从而不断走向优秀，都是更为微观层面上的话题，当我们真诚且深刻地想要了解本科生的自我需求和认知层面时，便把大学对人的培养带入了教育维度。

（二）学习收获的组合机理

研究发现，这群本科生在同学和老师眼中都是优秀生的代表，但这并不意味着他们满足于现状，理想中的自我与现实中的自我总是存在着差距，理想中的自我总是以更强大、表现更加优秀，或者弥补过去的遗憾以及内心渴望的自我来呈现。结合笔者对这些优秀本科生的观察以及他们对于理想中的自己、对优秀看法的评价和期待，本书尝试将这些"优秀"的特点合成一张相片，姑且将相片主人公称为"小优"同学。小优的性别、学科以及所在院校都是随机的：小优可能是男的，也可能是女的，他（她）既可能是来自以985、双一流著称的顶尖研究型大学，又可能来自一所地方性的普通本科院校；他（她）也许是文史类专业出身，也可能是理工科专业等。为了强调合成案例中的主人公没有特定的性别、年龄、学科、院校层级等，案例中将轮流使用性别代词，或使用双重性别代称，并隐去主人公的相关的人口特征。①

　　小优同学是一名品学兼优的本科生，他（她）并不像很多的大学生那样迷茫。他（她）始终保持着理智的头脑和坚定的信念。他（她）学习认真并对周围一切保持着理智的好奇，这一切都源自自我成长的需要。他（她）不会基于功利的目的结交朋友或者与老师拉近关系，他（她）喜欢发自内心地、坦诚地与同学和老师交往。他（她）会花费很多的时间追问和探索自己不明白的知识点或问题，他（她）也会虚心向老师与同学请教、交流与分享。对于满目琳琅的比赛和项目，他（她）会根据自己的需求和能力，有选择地参加并全身心地投入，而不是为了拿到令人羡慕的头衔或精美的简历。他（她）曾经参加过校学生会，但因为与服务大家的时间冲突，他（她）便主动选择退出了在很多人看来令人羡慕的副主席职位，因为小优只想腾出时间，不计功利地帮助到大家。小优业余时间很喜欢读书，他（她）认为现在大学生很少沉下心来读书了，但能从读书中学到前人的宝贵经验和智慧，也让自己的心沉淀、安静下来。总之读书让小优学会更好地思考与前进。在搞好自己专业课的同时，他（她）经常参与各种义工实践，并曾为残疾和留守儿童支教，他（她）希望能够利用自己学到的知识和微薄的力量帮助到那些需要的人。小优说四年的大学生活让自己收获很大，这不仅表现在自己的专业知识与技能，在人际交往、自我认同、信念价值观上都有很大的改变。小优说大学仅仅是个开端，也是一个容错的机构，她给每

---

① 这种合成案例和论证手法参见恩的《如何成为卓越的大学教师》一书中关于"卓越的大学教师如何对待学术"一章的论述。也可参考林小英：《促进大学教师的"卓越教学"：从行为主义走向反思性认可》，载《北京大学教育评论》2014年第2期。

个人提供了培养自我反思能力的平台，让每个人在其中认识自己和不断地探索自己，认清自己的社会责任，寻找生命的价值和意义。

在这个合成案例中，小优对自己的大学生活有着较强的自主性和支配的自由。他/（她）有着较为清晰的学习目标和计划，面对外界的很多"诱惑"，他/（她）保持着客观与冷静，遵循内心的想法和坚持。他/（她）理性而有同理心，在"利他"中实现个人价值。总之，小优为我们呈现的是一幅较为理想的本科生素描。

一个优秀的大学生，到底应该是怎样的？这是一个规范性问题。而规范性的问题产生于规范性问题的立场，产生于希望施加给他的那些道德要求能够得到确证的那个行为者的第一人称立场。这就要再次诉诸行动者个体对于自我的认知以及如何实现理想自我的看法，即：我是谁？我应该怎么做？要引发期待的规范性行为，还必须满足"透明性"（transparency）的条件，才能构成一个合格性理论。某种关于道德是如何激发我们行动的理论解释，在根本上依赖这样的事实：要么动机的本性或来源对我们是隐蔽的，要么我们的行动常常是盲目的或者只是一种习惯，那么这种理论就缺乏透明性。[①] 在"我是谁"这个问题上，小优首先认为自己是一名大学生，但他（她）并没有将学习仅看作一项从外界强加的规范性义务，而是自我成长与发展的需要。这种内在的需要与将学习看作职责、义务等不同，它是内驱力的结果。学习是个人成长的内在需要，而只有"通过学习、会学习才使得我成为真正的大学生"。这样一个规范性陈述又带来一个通俗性的追问？何为大学生？这就又涉及自我同一性的概念：我是一名大学生，学习不仅是我的职责与义务，更多的是我个人成长的内在需要，只有学习，我才能保持自身的同一性，而不是他者——教师、老板、打工者、"卷王"等。作为大学生这一身份，其规范性或同一性来自何处？回答这一疑问，我们就要回到小优案例本身对自我的"反思性审查"中去探索。

理解反思性审查的可能性思路，就是将其视为在询问对某个准则（意图、原则、行动计划）的接受是不是自律的，或者说，是不是"自我

[①] Bernard W., *Ethics and the Limits of Philosophy*, New York: Routledge, 2006, pp. 100 – 101.

立法的"。"自我立法的原则不依赖于某个武断的权威（欲望或者传统，教会或者国家，等等），而'他人为我们立法'的原则却要诉诸这些可疑的权威。"① 对于本科生而言，这取决于他们面对来自院校的资源性支持和外在规则性激励时，其行动理性秉持的是偏向于价值理性还是工具理性，也直接影响到本科生的反思性监控能否达到为"自我立法"的层次。我们知道，在不同的案例中，由于本科生来自不同的院校，故其资源性支持和规则性激励的程度也是不同的。通过组态分析发现，学习收获表现在道德价值观层面时，其来自院校结构性因素尤其是院校资源性支持方面的影响较小。说明在实际的教育境况中，大学更多地成为本科生专业知识与技能提升，以及人际交往锻炼的主要场所。但倘若大学放弃了高深知识的价值与道德考量，那么学生在大学里选修的课程、参加的项目、获得的荣誉就显得如此单薄。没有坚定的价值信念、没有利他情怀与开阔的格局和视野、没有对社会与他人的担荷精神，那么培养出来的"优秀生"终将成为职业流水线上精湛的技工或者失去意义与价值感的"单向度"人。当然，正如威廉·德雷谢维奇所言："不论是讨论大学的目的、建立自我的重要性、独立精神的价值还是勇于面对风险的态度，我都无法忽略一个前提——现实。其中首要因素就是金钱"，这使得我们不能只考虑大学能够为个人带来的品质的成长，而不考虑将来的出路。但也正如其所言："金钱从表面上看是决定因素，但事实并非如此……这里的核心问题是一个人的内心自由度……我相信，大学不仅仅是发现你是谁的好机会，也是造就你是谁的好机会，当然发现和造就的程度因人而异。"② "发现你是谁"和"造就你是谁"都是发现和确认自我同一性的过程，这一过程的培养和创造既需要院校环境的培育，也需要个人内在的反思监控。

奇克林在埃里克森理论的基础上提出了个体在大学阶段的发展模型，认为个体在达成同一性的整合前，会受限于二元僵化的思维，无法觉察

---

① ［美］克里斯蒂娜·M. 科尔斯戈德：《规范性的来源》，杨顺利译，上海译文出版社2010年版，第4—5页。

② ［美］威廉·德雷谢维奇：《优秀的绵羊》，林杰译，九州出版社2016年版，第109页。

到自己的价值，或是所持有的价值观和行动难以保持一致。[①] 而同一性的整合就表明个体所持价值观与行动的一致性，整合的完成就表明个体由自我的同一性走向了实践的同一性。人的本性就是建构一个对他而言是规范性的实践共同体。他对他自身是一种法。如果某种行为方式威胁着他的实践同一性，而反思向她揭示了这个事实，这个人就会发现，他必须拒绝这种行动方式，而以另外的方式行动。[②] 实践的同一性决定了他是谁的同时也告知了他应该如何去做。结合小优这一案例，他（她）对自己的行为负责，在确认自己是认真学习了之后，便不会再刻意追求高绩点分来证明自己的实力；他（她）觉得需要参加课题项目锻炼自己，于是就有选择地参加；当个人利益与服务大家的群体利益冲突时，他（她）毅然选择放弃到手的个人利益，退出校学生会，腾出更多时间为大家服务，因为此时选择个人利益的这种行为会威胁个体实践的同一性。她所要做的就是保持思想的自我与行动自我的统一；他（她）会花费大量的时间去做义工，这是因为小优觉得是有意义和价值的，这种类似的行动理性都是以价值为导向的，即价值理性。"心灵的反思结构迫使我们形成一个自我观念"[③]，这个观念可以作为我们行为的标尺，起到作为我们的标准的功能。不仅如此，建立在利他行为上的道德信念和价值观能给自己一个描述，即通过他人反过来进一步认识和加深对自己价值的确认和了解。在这种描述之下，你赋予自身价值，你发现自己的行为值得去做，自己的生活值得去过，自己的行动也值得采纳，这便进一步加强了个体的反思性监控。

正如图 6-3 所示，通过小优的合成案例可以观察到，在刺激（S）—反应（R）的行为模式中，个体在"工具理性—行动理性"和"反思性监控水平低—高"这两组对立概念组成的连续统一体中进行自我定位。面对院校层面提供的资源支持和规则激励等外部刺激（S）的不同

---

① 王晓艳、周霞：《心理社会发展理论视角下大学生"自我"发展困境解析》，《北京化工大学学报》（社会科学版）2020 年第 2 期。

② ［美］克里斯蒂娜·M. 科尔斯戈德：《规范性的来源》，杨顺利译，上海译文出版社 2010 年版，第 172 页。

③ ［美］克里斯蒂娜·M. 科尔斯戈德：《规范性的来源》，杨顺利译，上海译文出版社 2010 年版，第 225 页。

强度,学生的行动理性和反思性监控水平各有差异,最终导致了不同的学习结果(R)。具体而言,当院校结构的资源支持和规则激励处于一定水平时,反思性监控水平越高的个体往往会更加频繁地对自身行为进行反思性审查,其行动理性也会从工具理性逐步向价值理性转变。这一转变反过来促进了个体反思能力的提升(双向作用),引导其逐渐走向"实践同一性",最终在学习成果方面展现出多样的收获(R),如道德价值观、社会心理发展和专业技能的提升。随着实践同一性的增强,学生更容易表现出较高水平的道德价值观。

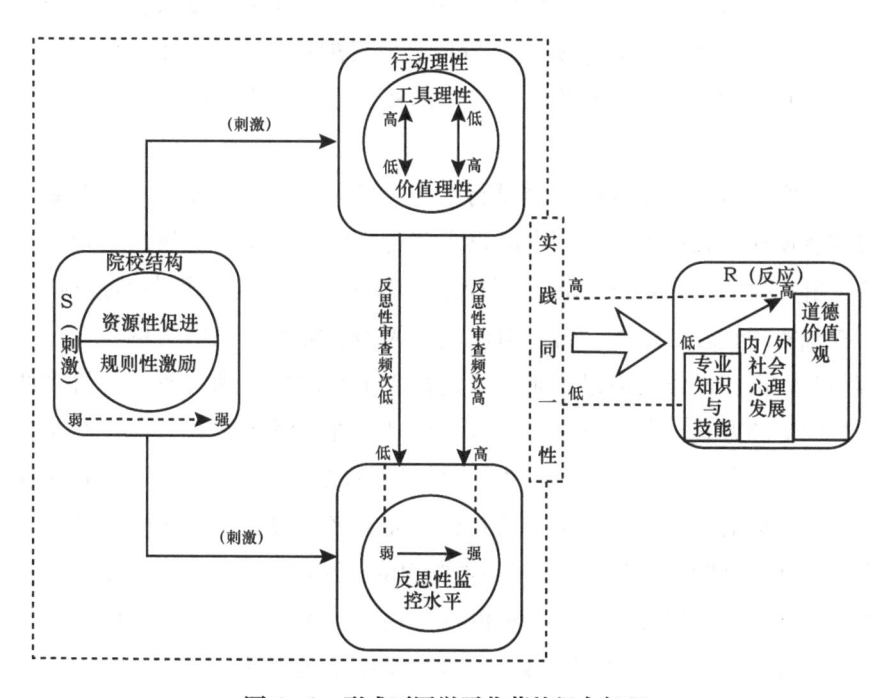

图6-3 形成不同学习收获的组合机理

当然,在现实中,一些学生会频繁地对自我进行反思性审查,其反思性水平较高,但是遵循的行动逻辑却是高度工具理性取向,这种类型的学生的所思与所行存在着较大的矛盾,明知不可为、不该为却为之,基于现实的复杂性,这种情况偶尔出现表明学生在现实情境下的妥协策略,但如果反复并且长期处于这种知行不一的情况,学生极易呈现心理病态。当然,本书对于目前高校中的"问题"学生并不做深入探究,只是承接以上的研究发现抛出一个假设和未来研究的可能。

本章小结

本章主要对优秀本科生的学习收获进行研究，并探究导致不同样态学习收获的情境组合条件和机理。研究发现，这些优秀本科生的学习收获主要表现在专业知识与技能、内/外社会心理发展以及道德价值观上，并且促成其不同样态学习收获的情境组合因素不同。通过跨组态的对比发现，行动理性化是促成本科生不同样态学习收获的恒要条件；规则性激励主要在促进本科生内/外心理发展上的贡献较大；而学生个体的反思性监控则成为本科生道德价值观发展的核心力量，来自院校环境结构方面的影响力却并不突出。

大学对本科生的培养本质是行为主义的刺激—反应模式或控制者—受控者模式，其目的通过相应的投入获得一定的产出。院校的管理者也许了解在投入—产出或刺激—反应之间存在诸多可能的复杂的反应链，但在现实的管理实践中，出于对时间、人力、物力以及财力的考量，很容易被解读和操作成因果逻辑，于是行为主义的控制和院校培养机制便是最便捷的方式。在刺激（S）—反应（R）的行为模式中，每一个学生个体在"工具理性——行动理性""反思性监控水平低——高"二重对立概念所组成的连续统一体中寻找定位。面对来自院校层面由资源性支持和规则性激励的外部刺激（S）的强弱程度，这群优秀本科生呈现出不同的行动理性和反思性水平。个体的反思性监控水平越高，相应的其个体的行动理性就会由工具理性偏向价值理性，促使个体达成实践同一性，最终形成不同样态的学习收获 R——专业知识与技能、内/外社会心理发展、道德价值观。

第七章

研究反思与启示

本科生在高等教育中的地位和作用不言而喻,他们在大学生涯中最重要的任务就是通过学习实现全面发展。本科生的学习经历直接关系到中国高等教育内涵式发展的水平与质量。本书以本科期间荣获国家奖学金的优秀生为主要研究对象,以学习经历为考察点,全面探究了其图景、特征、与院校环境的互动及其学习收获。本章对研究结果进行了概要总结,并在此基础上提出了研究反思和启示,以期能对中国本科院校管理及人才培养有所帮助。

第一节 研究反思

以事实和依据为基础的实证研究逐渐成为中国社会科学公认的研究范式,不管采用怎样的材料搜集形式和论证方法都是研究顺利开展的前提和保障。本书以案例研究法为核心,通过相关的理论模型借鉴,着重从优秀本科生的认知感、动机与情感、话语与行为等方面全方位地考察其学习经历,既关注优秀本科生学习经历的图景,也关注其学习结果。由于在研究过程中发现当前的优秀本科生普遍拥有高度的行动理性化,但其学习收获更多地体现在专业知识与技能的获得上,同时又发现影响本科生道德价值观发展的主要核心力量也并不源于院校环境,更多地依赖于个体的反思性监控。这激发和促使笔者继续对大学培养的本质逻辑以及影响本科生学习收获的组合机理进行深入探究,最终发现行为主义的控制和院校培养机制在很大程度上蔓延至各个高校。荷兰学者格特·比斯塔所言:"基于证据的教育的整个观念,是建立在铲除风险和对教育过程完全控制的欲望这一基础之上的"[1] 这个假定认为教育是可以被理解为一个由输入与输出完美匹配的因果律，所以我们总是试图控制影响输入与教育结果之间关联的所有因素。但我们需要意识到这种研究"至多给我们关于过去知识，也就是说它给我们的是以前什么可以起作用的知识"，这意味着这种知识"至多给我们行动的可能性，而不是准则"[2]。它们在某种程度上可以充实我们的判断，但绝不可以通过给处方的形式替代我们进行判断。由于研究无法摆脱个体的"情感偏见"和视角，本书无法为研究结果提供"灵丹妙药"，结尾之处则以研究启示而非严格意义上的政策建议进行陈述，企图能够为未来的教育行动开拓更多可能性。

一　关注优秀本身还是变得优秀？

研究发现，优秀本科生会对他们所处的环境做出积极的行动和反应。他们对于院校环境和信息较为敏感，能够从课程学习、人际交流、项目与实践机会等制度环境中普遍性地获益，会积极地抓取可利用的院校资源，实现在专业知识与技能、内/外社会心理等上的不断发展。这表明"优秀"本身就是一个过程性概念，是"事上磨炼"的结果，它同时是内外力、各种可控与不可控因素的集合。这一结论也较符合发展的人才语境范式，即"优秀"或"卓越"都不是人头脑里的静态品质（即能力），而是由内部和外部的几种力量在正确的时间、正确的地点汇集的结果。当然，从差异发展的角度来看，优秀表现或卓越的表现是人与环境相互作用的一种新兴的、不断变化的特性，随着时间的推移可能产生不同的分化。特恩伯格提出的"成为优秀"的中心思想这一观点同样挑战了"天赋"或"优秀"实际上是"真实和永久的东西"的旧假设。[3] 优秀或卓越都不能被概念化为在某个时期完成的，而是一个持续培养过程。这

---

[1]　［荷］格特·比斯塔：《教育的美丽风险》，赵康译，北京师范大学出版社2018年版，第187页。

[2]　［荷］格特·比斯塔：《教育的美丽风险》，赵康译，北京师范大学出版社2018年版，第187页。

[3]　Pfeiffer S. I., "Lessons Learned from Working with High-ability Students", *Gifted Education International*, Vol. 29, No. 1, Jan. 2013.

就是为什么我们总是赋予教育更多的期望，关注其可塑性及正向功能，尤其是学生在大学中的增值收益。

本书关注优秀本科生，并根据研究需要对"优秀"进行了概念以及操作性定义，但无论如何界定，在这里都需要阐明本书的立场："优秀"并不是为了甄别和评价而设置的一种"标签"，一种一成不变的标准，而是一种不断向上、完善自我的一种状态。本书以优秀本科生为研究对象，但其根本指向却是"普通的大多数"，这种价值立场也并不意味着淡化优秀生的教育需求，对于这样一个群体的细化研究是极为必要且迫切的。正如研究者[1]认为的，优秀生如果不给予充分、及时的学业支持就会沦为"平庸"。根据西蒙顿[2]提出的人才发展的突显模型同样预测出优秀人才或禀赋特异的人的发展不是一成不变的，这要取决于个人的发展时间、持续参与的机会以及相关的人口特征。这表明，优秀人才的培育和发展并非一朝一夕之功，而是需要关注持续的学习路径。大学教育是一个系统性、连续性的培养过程，它关注的并不是优秀本身，而是如何通过院校环境和资源的供给让学生变得更加优秀。它需要关注学生其学业生涯的每个时间点，必须有足够的且易获取的诸多内生和外部学习资源。[3] 这一切都对大学人才培养的目标与定位、院校管理以及学生学习成果的评估都提出了更高的要求，否则学生的发展就可能被延迟而导致失败。

二 优绩主义是否会反噬优秀？

在现代高等教育体系中，关键绩效指标的崇拜使得大学面临成为"绩效大学的风险"[4]。以"超越平庸"为口号，以优秀或卓越为基础的"优绩"越来越成为现代大学制度与评价设计的导向和标准。然而，这种优绩主义真的能促进优秀，还是会反噬可能的优秀？

---

[1] 张睦楚：《学优生何以沦为平庸？——以加拿大安大略省为例之理性探析》，《外国教育研究》2017 年第 2 期。

[2] Simonton D. K., "Giftedness and Genetics: The Emergenic-epigenetic Model and Its Implications", *Journal for the Education of the Gifted*, Vol. 28, No. 3, May. 2005.

[3] Ziegler A., Balestrini D. P., Stoeger H., *An International View on Gifted Education: Incorporating the Macro-systemic Perspective*, Handbook of Giftedness in Children, 2018, pp. 15 – 16.

[4] 王建华：《绩效大学的生成与变革之道》，《教育研究》2023 年第 10 期。

现代大学对关键绩效指标的重视，反映了对卓越和优秀的极度追求。这种追求体现在"绩点""排名"和"荣誉"上，这些指标实际上是一种评价话语的体现，嵌套其中的是"追求极致""努力至上""不容平庸"的规范性话语。绩点制度不仅仅是一个显性的计算公式，更深层地渗透在常规的课堂和学习生活之中，影响着本科生日常行为和心理状态。通过这些由评价话语构成的符号（如排名、奖项、资格等），学生个体被纳入到这些评价性符号对应的意义体系之中，在一种区分性的象征秩序中被再现。

"优绩主义并没有促成一种更公平的政治优绩主义和经济优绩主义，反而通过教育媒介的辐射和放大作用，使优绩主义本身成为一种更具垄断性的价值观和制度安排"[1]。当"优秀"或"卓越"等成为挑选学业精英的唯一标准时，其他因素都会叠加在"能力加努力"这一组合策略之上，那些获胜者会进一步强化这一策略组合的重要性，而忽视其他因素对竞争结果的显著影响。学生在这种环境中，往往会陷入一种自我监控和自我评判的循环中，不断审视和调整自己的行为，以符合外部评价标准。这种过度的自我监控不仅影响学生的心理健康，也削弱了他们的自主性和创造力。正如研究中的本科生在面对学业目标时会有"如果没成功，我会觉得自己好失败"这种心理。

不仅如此，以鉴别优秀、卓越和拔尖等为目的的学生评价，促使学习异化为一场追求分数、等级以及荣誉的最大化策略游戏。研究者[2]发现，学分绩点制下的学优生会在先后洞察大学场域游戏规则的基础上，在学习过程中实践"数字游戏""变轨游戏""关系游戏"等策略主义行动生成保研流动的默会规则。"由绩点评分制度和过程性评价构成的学生评价装置，导致了个体过度的自我监控，建构了一种'可算度的人'，从而一定程度上抑制了学生的学业能力"[3]。这样一种抑制是否是优绩主义对优秀的一种反噬？

---

[1] 王建华：《教育优绩主义及其超越》，《高等教育研究》2023年第1期。
[2] 黄亚苹、张洋磊等：《学分绩点制下学优生的策略主义行动及生成逻辑》，《江苏高教》2024年第6期。
[3] 林小英、杨芊芊：《过度的自我监控：评价制度对拔尖创新人才培养的影响》，《全球教育展望》2023年第4期。

教育的本质目标是培养全面发展的人，而不仅仅是具有高绩点和高排名的"成功者"。优绩主义虽然在一定程度上推动了学生追求卓越和创新，但如果不加以反思和调整，其负面效应将会反噬教育的初衷，损害学生的全面发展。我们需要重新思考教育的评价体系，平衡好激励与公平之间的关系，关注学生的多方面发展，避免将大学教育最终演化为一场分数、排名、荣誉体系的竞争。只有这样，才能真正实现教育的本质目标，为社会培养出具有全面素质和创新能力的优秀人才。

第二节　研究启示

探究优秀本科生的学习经历，一方面能够激发学生主体的自我反思和能动性，另一方面能为院校人才的培养提供反思的支点。结合本书发现，对于优秀本科生的学习经历，有如下思考。

一　关注本科生学习活动的时空概念，扩展其活动场域

第一，理解学习活动双重约束的意涵。现代性的教育制度培养了学生现代性的行为和观念，其中也包括了大学生的时间观念以及时间结构影响下的行为。在日常的学习和生活情境中，这些本科生时刻处于"能力性"与"综合性"的双重约束中，在这种境遇下，面对时间与空间这样一种竞争性的资源，学生通过"筹划"来使自己的行动效率和收益最大化，于是竞争成为促进学术生活加速的重要原因。而竞争是否激烈，取决于目标资源的短缺程度与竞争者数量。目标资源越短缺且竞争者越多时，竞争就越激烈，这包括大学内各种有限的荣誉头衔、访学项目、保研资格、奖学金等，甚至优质的教学、课程等都成为大学里最为珍贵的稀缺资源。用保罗·维利里奥的话来说，"地理上的本地化"（geographical localization）在当代社会中逐渐失去了战略价值，如今真正具有战略价值的是"载体的去在地化"（the delocalization of the vectors），即人和物已剥离掉空间属性，空间和地点也失去意义，真正重要的是移动速度。[1] 当代大学

---

[1] 李三达：《现实何以消失：论维利里奥的后人类主义视觉理论》，《文艺研究》2022年第3期。

生俨然已迈入学术生活的"快车道",在"快速度"主宰着"慢速度"的大学校园内,如何腾出一片静地,让大学依旧可以是喧嚣的"避难所",让学生偶尔地放慢脚步,塑造学生进行潜心阅读、深刻思考的"慢速区"已经成为大学难得的"奢侈"。

  学习活动面临着双重约束("能力性"与"综合性"约束)还意味着本科生被卷入到各种关系的时空结构中。伴随着时间嵌入的是空间嵌入,这也是一种关系性的嵌入,包括心理空间、物理空间等,体现着个体与作为"菱状区域"结构在内的微观互动。在这样一个被框定的"菱状区域"内,似乎每位大学生都过着"杂碎"而又"同一化"的学业生活,在每日"例行化"的行动外衣下,是各种时空嵌入。但当时空嵌入过于频繁时,学生的目标和计划进程就会随之被分解得支零破碎,这反而会消释学生行为的自主性,导致其不知如何更好地利用时间。

  虽然本科生会对个体行动进行差别化筹划,但仍会受到科层化的社会时间与空间的制约,时间与空间的安排权属于科层管理者而非学生自身,诸如学生会工作、社团活动、上课、项目比赛、考试安排等都时刻左右着大学生的活动与行动轨迹。这是个体被时间与空间捆绑的典型案例,也是学生学习活动的行动轨迹与院校结构和制度发生勾连的路径。他们被各种任务和事宜"塞满"的同时,也学会了权衡利弊、参与多任务的处理。总之,学生像钟摆的发条时刻保持着旋转的动力。故网络游戏、逛街等休闲娱乐活动不能被简单地认为是一种消极意义的存在,它还具有学生个人情感的积极性表达,成为对学生自由时间侵占的心理补偿,也成为创造更多自我时间的有效路径。为此,高校不仅需要思考如何使院校制度性时间设计得更加合理,继而保持学习活动的连续性,以防止频繁的时间嵌入造成学习中断,给学生带来社会乃至心理学意义上的诸多不适,还应加强对本科生时间利用的引导教育,扩宽学生创造自我时间的路径,使自我时间的创造真正充满教育意义和创造性。

  第二,注重多元学习空间场域的开辟。研究发现,在本科生的认识和行为模式里,图书馆、实验室、教学楼、宿舍楼等是最熟悉和常见的地理坐标,也是他们惯常的"停留点",并且学生的行动轨迹和学习生活就是由这些诸多的"停留点"串联起来的。大学校园就是一个典型的"停留点",在一天的学习和生活历程中,每一个个体会遵循不同的路径在各个"停留点"进行交汇。对于本科生而言，他们的停留点和行动轨迹往往成为一个"习以为常"的"黑箱"，国内研究者甚少给予关注，那些发生在大学里的"例行化"的学业生活和行动轨迹被"只道是寻常"。现代大学不再是一个封闭的"象牙塔"，虽然它的"菱状区域"会区别于校外的日常活动，但如今的大学生无论是在时间还是空间上，都与外界进行着物质、信息、资源等方面的频繁交换。现代信息技术迅猛发展，信息和知识的载体正经历着从印刷媒介到广播电视再到以互联网为主的现代传媒的变迁与融合过程。这个历程所展现出的一种共同的社会结构形态，被卡斯特（Manuel Castells）命名为"网络社会"，它冲破了大学的围墙，渗透到当代大学生学业和生活的方方面面。相对于其他社会组织实体，大学应对外在环境的变化总是相对较为"迟钝"，其创新与变革的步伐因教育属性的缘故并不"激进"。但倘若不能审时度势，在全球变革加速的时期，处于知识社会中的大学将无法更好地应对时代发展的潮流。当然，这样一种改革不仅要体现在教育教学方式、教育技术等方面，对于教育多元空间场域的不断开辟和探索同样重要。

　　对于当代本科生而言，场域的扩大不仅指的是物理面积的扩展和增加，而是现代信息技术以及新媒体主导下的网络空间。它在为人们构建更加自由、平等的交流空间的同时，也打开了本科生学习与生活的另一个空间向度。首先就表现在它大大扩宽了本科生的学习场域，尤其近年来慕课、微课以及人工智能的兴起，使得学习得以跨越时空的界限，校园内外、教室内外，实习场所等都成为本科生不同的学习场域。但大学对于空间场域的利用和开拓并不理想。有研究者[1]对大学生在校的时空行为特征进行研究发现，大学生对起居空间有较大的依赖性（喜欢宅在宿舍），闲暇空间则具有较强的分散性（集中宿舍与教室、其他闲暇空间则较分散），故优化大学生时空行为显得尤为必要。这就需要利用现代传媒信息与信息技术共建一个开放的学习平台，积极扩大其学习的"菱状区域"并尝试构建信息共享空间，为学生提供一个协作、共享的学习环境

---

[1]　刘澍：《"90 后"大学生日常行为的时空特征分析——基于行为地理学研究方法》，《教育研究》2015 年第 11 期。

和开放、一站式服务的信息环境。[1] 为了实现各个孤立空间的"零"跨越，可将信息传播中心、学术交流和研讨中心以及娱乐休闲中心集于一体，为大学生打造一个教室和宿舍之外的"第三空间"。

第三，要关注时空焦虑的集体性症候。时间焦虑已经成为学术界的集体性症候，其表现为人们不仅失去了对钟表时间的均匀流动感，也丧失了对带有周期性社会时间井然有序的节奏感。[2] 这种症候不仅体现在处于"学术锦标赛"中的教师群体，作为管理链条末端的学生也呈现出焦虑的集体性症候。目前学界多关注大学教师在行政逻辑主导的学术劳动力市场中面临的各种时间压力[3]、时间焦虑[4]乃至时间的紧张和冲突[5]，但是对本科生群体的时间乃至行动空间的关注远远不够。处于大学场域里的学生，他们如何分配给各项事务的时间长度，以及选择在什么地点做什么，都反映他们真实的行为模式和思维方式。而生活的目标和意义问题，绝大部分就蕴含在人类每天都在面对和处理的许多未被注意到的背景之中。在信息化、市场化以及消费主义观念盛行的时代，新管理主义成为现代大学治理的基本手段，处于高等教育场域中的学生也学会了如何应对。他们要与整个社会的步伐和节奏保持一致，变得更看重短期的利益和目标，其个人的长期目标也陷入了单一化，即毕业后有一份好工作或者保研（考研）升学，找到好工作。"不甘寂寞"以及时刻保持忙碌的状态成为个体价值得到彰显的最佳方式。但当多个任务接踵而来，组织的制度性时间与个体时间发生冲突时，个体就会面临着处理社会时间、个体时间共时性的压力，焦虑感就不言而喻。

此外，迅疾变迁的宏观社会环境使得个体的发展同样处于不确定的境遇，这同样是当代社会所特有的"中国体验"。正如埃德加·莫兰所言，我们面临的是随机性和偶然性、非线性、混沌等新特征，需要学会

---

[1] 刘澍：《"90后"大学生日常行为的时空特征分析——基于行为地理学研究方法》，《教育研究》2015年第11期。

[2] 阎光才：《大学教师的时间焦虑与学术治理》，《教育研究》2021年第8期。

[3] 任美娜、刘林平：《"在学术界失眠"：行政逻辑和高校青年教师的时间压力》，《中国青年研究》2021年第8期。

[4] 阎光才：《大学教师的时间焦虑与学术治理》，《教育研究》2021年第8期。

[5] 李琳琳：《时不我待：中国大学教师学术工作的时间观研究》，《北京大学教育评论》2017年第1期。

在"散布着确定性的岛屿与不确定性的海洋中航行"①。对于未来的不确定性,会让当代大学生经常陷入迷茫和焦虑之中。存在于本科生群体中的特征无异于英国诗人托马斯刻画的"空心人"(The Hollow Men),即精神生活迷茫、焦虑、空虚一类现代人,也体现了现代大学中存在的"空心本科生"现象。正如被访者所言:"我来不及思考,总把自己的时间计划表安排得满满的,因为一旦安静下来就会陷入莫名的焦虑。""感觉周围同学很多都很迷茫,他们看似很忙,却不明白忙的意义"。总之,个体对于自己未来的预期和感受,同样是时空感知的一种具体表现形式,他们的焦虑体现在他们不确定未来的自己在哪里,从事着什么,这俨然成为一种时空焦虑的集体性症候。这种焦虑容易使得大学生丧失对意义、精神性世界的追求,以至于看似忙忙碌碌,但鲜有内在的反思和自我意义的探寻。诚如内尔·诺丁斯所言:"当代公立学校教育最严重的缺陷可能是对人精神世界的忽视……对灵魂的探寻、对精神的求索不受重视,就像这种追求不存在一样。"② 关注当下本科生群体的时空焦虑感,加强其对自身行为活动筹划的目标和意义的引导,重视本科生的过程性反思和内在意义的探寻,这同样是高等教育的使命和价值所在。

二 了解本科生的学习特征,加强各级教育的过渡与衔接

本书中这些本科生之所以在学业上表现优秀,并不在于其智力高超或者天赋禀异,而是个体与院校环境因素共同作用的结果。其中个体呈现出的学习特征作为本科生直接可控的重要影响因素,它既包括先赋性因素,也包括获致性因素,并且由学习认知、学习动机以及学习品质组成。这些优秀本科生的学习特征多从中学时代养成并在大学得以"延续"。例如他们对待课程以及教师布置的任务一向地认真、专注;对于自己困惑的问题有着"打破砂锅问到底"的执着和坚持;在时间管理方面,会策略性地进行"调整"和"计划"。当然,相较于中学时代,他们也有

---

① [法]埃德加·莫兰:《复杂性理论与教育问题》,陈一壮译,北京大学出版社2004年版,第8页。

② [美]内尔·诺丁斯:《学会关心——教育的另一种模式》,于天龙译,教育科学出版社2003年版,第106—111页。

着诸多的突破与成长；在学习的策略和方法上由中学时代以理解掌握知识逐渐向习得建构知识、生产与创新知识过渡和转变；"深层学习"的特质被凸显；知识和学习信念系统的增强等。可见，中学时代的学习经历对于本科生的影响也不容忽视。

有研究者[①]发现学生高中教育经历的丰富程度对高等教育质量具有显著的影响，大学生参与高影响力教育活动的程度也与学生高中教育经历相关。这些都促使现研究者更加坚信：连贯稳定、有价值内涵和追求的教育可以对人的成长产生持久影响，各级教育如何更有效地过渡与衔接是教育系统改革必须认真思考的问题。[②] 对于本科生的培养不仅是大学教育的职责，横向需融合学校、家庭乃至社会力量、纵向要贯穿中学乃至小学等不同时段的教育体系进行全方位育人，形成教育合力。既要保护好学生的求知欲、摆正学习观、养成积极向上的学习态度和学习动机，也要避免"大学成为高中的延续"。

研究还发现，即使是这些学业表现优秀的本科生，他们在知识的生产与创新方面的意识仍旧薄弱，很多学生仍旧习惯教师"喂"知识，而非自己探索和寻找知识，这对于提高本科生的创新素养和能力提出了挑战。其中一个原因在于当今的大学课堂和教学仍存在过于注重知识灌输、理论传授的表层学习。对于那些含金量不高的"水课"，在自律性较高，有着较强学习认知的学优生看来都如此枯燥无味，更不难想象很多大学校园内盛行的"逃课"与"代课"行为。在这种形势下，学生的创新素养和能力的发展必然受限，这就需要考虑如何以本科生的专业为抓手，通过高质量的教学，改变传统的以知识讲授为主的教学模式，引导学生关注深层知识的学习，激发与培养学生批判性反思等高阶思维能力。总之，只有在深刻了解本科生的学习特征，深刻把握本科生学情的基础上，才能够有针对性地给出教育的"良方"，提升其学习质量。

---

① 赵琳、王文等：《大学前教育经历对高等教育质量的影响机制研究——兼议教育领域综合改革》，《清华大学教育研究》2014年第3期。

② 赵琳、王文等：《大学前教育经历对高等教育质量的影响机制研究——兼议教育领域综合改革》，《清华大学教育研究》2014年第3期。

三　构建"以学为中心"的学习经历，建立院校支持系统

"高等教育质量是由大学和学生在互动中共同建构的"①，一方面，大学通过配置资源、提供学习机会、营造支持性的教育环境，吸引学生参与到教育活动中来；另一方面，学生通过感知教育环境，投身教育活动，捕捉并充分利用学习机会，获得自身的成长与发展，这两方面缺一不可。长期以来，在注重考量和评估可见的学习成果的院校管理体制下，我们较少地将注意力放在本科生每天在大学是怎样度过的、他们是怎样学习的、他们内心的感受、想法和期待是什么等系列问题上。而只有真正意识到本科生学习经历的动态性、过程性以及发展性，关注到他们都是一个个鲜活并与众不同的个体，我们才能真正"看"到他们，才能真正做到"以学为中心"。

后大众化时代，高等教育的多元化的可持续发展需要倚靠院校内学生质量的提升，这就需要越来越关注学生的学习体验和发展，重视学生对院校的质量评价。院校环境中的一切安排和设置要蕴含教育元素，具备一定的教育意义。圣福特认为最能促进学生发展的院校环境应是"挑战＋支持"②，这就需要大学从资源性支持和规则性激励出发对本科生提供全方位的学习支持系统。20世纪60年代以来，美国高校逐步建立了学生支持系统——"目标循环"体系。第一阶段，需求评估，了解学生背景、学习方式与特征、特殊需求。第二阶段，预期学习成果的设计，表达对学生的期待，体现学生学习与发展的特点。第三阶段，设计教育方案，创造学习机会。第四阶段，进行格式化评估，优化学习机会以帮助学生无限抵近预期学习成果。对于中国高校来说，如何构建"以学为中心"的就读经历，建立院校支持系统？

一是要帮助学生构建自我期许，促进反思性水平的提升。自我期许是一个人对自我概念的知觉、经验、价值观等，进而形成对自我的认识，这种认识包含了"我是谁""我是怎样的一个人""我能做什么""我要

---

① 赵琳、王文等：《大学前教育经历对高等教育质量的影响机制究——兼议教育领域综合改革》，《清华大学教育研究》2014年第3期。

② Sanford N., "Self and Society: Social Change and Individual Development" (https://doi.org/10.4324/9781315129112).

做什么"以及"我如何做",是学生从"知"到"行",走向实践同一性的关键。自我期许的构建需要院校从管理和制度出发在不同阶段给予学生不同的条件支持。正如本研究者中,这些优秀本科生,他们从大一到大四分别经历了"摸索中的试水阶段""扩展学习域的发展阶段""十字路口的选择阶段"以及"自我主导的过渡阶段"。本科生在每一阶段自我期许的指向和目标不一,院校应及时给予针对性、个性化的学习支持。

二是对学生提出高期许,提升学业挑战度。1987 年,奇克林等人提出本科教育良好实践(影响学生发展的学校因素)七项原则。七项原则之一,就是对学生表达较高的期望:期望越大,获得的就越多。高校有必要对学生要求较重的学习任务,严格考核,并提升学业挑战度。1998年,由美国印第安纳大学主导的"全美大学生学习性投入调查"(NSSE)建构了五个跨院校可比指标,其中第一个便是学业挑战度。[1] 近年来,在全国和院校层面开展的大学生学情调查不断涌现。一些研究证实,学业挑战度作为测量高校人才培养标准、大学生学习发展状态的关键性指标,对本科生深度学习、学习收获有显著影响。[2]

三是编制课程地图。以预期的学习成果为导向,编制课程地图。审视学习成果与课程的关联度、课程体系的合理性、课程内在的逻辑性,让课程体系与学习成果能够匹配,形成课程地图。对于某一门课程来说,要鼓励教师进行以促进学生学习为核心的课程设计,把学习成果融入教学目标和教学过程,评估学生学习,引导学生获得预期的学习成果。

四是整合和开发课内外学习经历。高校有必要在学习成果框架下,挖掘课外活动的教育功能,整合课堂与课外的学习经验。大学里两大系统之间普遍存在较大的隔阂,这两个系统就是学术事务和学生事务,这在国内外高校中都普遍存在。学术事务和学生事务各自独立运行,经常冲突,缺乏合作,这在很大程度上限制了学生学习潜能的发挥。帕斯卡雷拉和特伦兹尼[3]认为

---

[1] Kuh G. D., "What We're Learning about Student Engagement from Nsse: Benchmarks for Effective Educational Practices", *Change*, Vol. 35, No. 2, Mar. 2003.

[2] 李雄鹰、秦晓晴:《"拔尖计划"学生学习性投入与学习收获的关系研究——兼论大学生深度学习的推进》,《江苏高教》2019 年第 12 期。

[3] Pascarella E. T. and Terenzini P. T., "Studying College Students in the 21st Century: Meeting New Challenges", *The Review of Higher Education*, Vol. 21, No. 2, Jan. 1998.

大学的生存取决于学术和课外教育经历关系的重构。在信息化的时代，两者之间的密切合作对于大学的生存与发展显得尤为重要。

四 反思大学的教育功能，形成多样态的学习收获

在本书中，鲜有本科生将自身的优秀归咎于"可见的学习"之外的某些因素，这虽然与当下大学受到传统的心智训练和市场经济实用需求的双重拉扯有关，但倘若真正地实现本科生发展的可持续性，本科生心理、人格乃至精神境界与格局的发展就需要得到同样的重视。这无疑对当下中国大学教育的目标、课程与教学、学习评估等都提出了严峻的反思与挑战。中国大学生更倾向于关注功利导向的学习目标，他们的学习也更多的是由经济激励、荣誉授予、资格参与等构成的外部刺激驱动的结果。而大学对于可见的学习收获或学习成果的关注也助长了基于工具理性的行动取向。在高等教育规模不断扩张的今天，高等教育赋予学生的优越地位已经大大降低，这种变化强化了教育的功能主义和学生的工具主义思想。正如威廉·德雷谢维奇提所言，"大学作为机构本身，并不引导学生如何更充分地利用自己的教育资源去创造更好的社会价值。学校默认了社会的价值趋向：物质的成功等同于人品、尊严和幸福"[1] 我们不禁要反思大学的教育功能：大学到底要培养怎样的人？经过四年的大学生活，我们期许本科生取得哪些收获？

随着市场体制被引入教育系统，问责制和相关的财务和管理审计文化应运而生，并在现如今的高校里逐渐盛行。新的运算体制看重大学执行培训和研究契约的情况，为此院校需要定期接受各种绩效评估。在这种情势下"对高等教育课程'充分性'（adequacy），即所谓的'目标适切性'（fitness for purpose）的审查制度，将学生简单地认同为教学活动的消费者"[2]。近年来，中国高等教育领域为了加快教育转型、提升本科生的学习质量，推出了系列教育教学改革的文件。不仅如此，如"双一流""双万计划""强基"等建设目标与口号层出不穷，"金课""金师"

---

[1] ［美］威廉·德雷谢维奇：《优秀的绵羊》，林杰译，九州出版社2016年版，第65页。
[2] ［英］安东尼·史密斯、弗兰克·韦伯斯特主编：《后现代大学来临？》，侯定凯等译，北京大学出版社2014年版，第93页。

等叫法屡见不鲜。不禁引人深思,这种自上而下执行的教育改革能够在多大程度上提高本科生的人才培养质量?一流大学、一流教育是一个能够按照主观意愿、口号达成的美丽期待,还是一个按照高等教育规律提出的活动指南?在"乱花渐欲迷人眼"的各种评价指标和绩效目标下,如何删繁就简地将各种改革举措落实到学生最朴素的教育观与教育实践中?

在反思大学教育功能的同时,我们还应进一步反思本科生所需的职业技能和综合素养,这就与其在大学期间的学习收获休戚相关。现代组织的发展导致高等教育与职业秩序之间的关系变得松散,教育与职业的衔接变得更加不确定。这对于当代大学生的团队合作能力、问题解决能力、创造力等都提出了挑战。本科生能否从大学四年的学习经历中获益,取得了怎样的学习收获,都是关乎其未来职业生涯和人生长远发展的关键。"大学教育存在风险,因为培养出来的大学生可能浑身浸透着'后……'理论的信息,却缺乏职业胜任力和竞争力"[1]。但毕竟类似的后现代相关的理论是一种思辨理论,还不是一种社会逻辑,因而缺乏对社会机构的现实意义。即使处于后现代社会中的大学,它也必须清楚意识到"高等教育机构必须有能力提供非功利性的教育、培训和研究"[2]。这就要求我们在反思大学教育功能的基础上,力求为本科生创造一个能够收获多样态学习结果的空间和机会,以期学生能在专业知识与技能、内/外社会心理发展以及道德价值观上同时得到发展与成长。

第三节 不足与展望

本书在研究视角、研究内容上具有一定创新的同时,有如下不足之处。

第一,虽然对于优秀本科生案例材料的收集工作是根据研究需要分不同阶段、不同时段进行的,但由于本人时间、精力以及研究手段等方面的限制,研究选取更多的是"横截面"的分析材料而非严格意义上的

---

[1] [英]安东尼·史密斯、弗兰克·韦伯斯特主编:《后现代大学来临?》,侯定凯等译,北京大学出版社2014年版,第96页。
[2] [英]安东尼·史密斯、弗兰克·韦伯斯特主编:《后现代大学来临?》,侯定凯等译,北京大学出版社2014年版,第98页。

"时间序列"材料。此外，截至今日，这群本科生也早已就业或在升学深造中，目前他们的发展情况又是如何？又该如何看待本科阶段的教育与学习经历对于个体影响的持续性？这都可以作为进一步关注的重点和研究方向。

第二，由于不同专业本科生的知识基础和学科范式的差异极大，案例中诸多概念是采用间接测量而非直接测量的方式。例如对于优秀本科生的学习收获——知识与技能、内/外社会心理发展以及道德价值观这三个重要概念的测量是基于本科生的自我表述和反思"话语"，尽管本书也极力地通过话语分析、概念赋值的校对标准分析等进行弥补，试图将现象与事实之间的误差尽量缩小，但仍然会有所疏漏。其数据的精确性也期待能在今后的研究中不断得到完善。

第三，本书试图将这群优秀本科生的学习经验"问题化"，但他们在校期间的学习经验也并非自然而然发生的，都是在一定的教育和时代背景下发生，有其历史来源和固有的局限。而将他们的学习经验问题化，并不意味着是将其负面处理，消除它的意义或者将它割除，而是更好更充分地去挖掘它、拥抱它并反思对于当下教育的意义，将原本以为只是背景的材料变成基础性的材料并进行探索。但由于其个体经历是无法精准捕捉和无缝衔接的，其经历本质上是不可逆的且一直处于流动状态，它与一切的理论概念、范畴、框架不同。所以将个体经验问题化就是一个尝试和起点，在某种意义上也是一个挑战，也成为本书目前无法逾越的鸿沟。

第四，本书尝试通过"理解的学问"[①] 去对优秀本科生这一群体的学习经历展开研究。理解是人本性的一部分，作为心理机制本身并不难，难的是作为研究者能否感同身受地把自己摆放在对方的位置，把被研究者所处的位置、把他们所处的关系、所处的小世界描述清楚。并将被研究者与研究者之间的理解差异降到最低的限度，即防止"过分理解"。这是一个技术性、理论性较高的难题。这种从"地"到"空"，又从"空"落"地"的学术素养和能力需要经过不断地学术锤炼。而这不仅是对本书，也对未来的自己提出了新的期许和要求。

---

① 项飙、吴琦：《把自己作为方法：与项飙谈话》，上海文艺出版社2020年版，第125页。

附　　录

一　知情同意书

尊敬的研究对象：

我们将告诉您以下信息，供您决定是否参加本研究。您需要知道，您可以自由地决定不参加，或随时退出研究。这不会影响您与本院系、教师以及本人的关系。

这个研究的目的是了解优秀本科生的学习经历以及背后的影响因素。我将从三个节点收集数据——入学前、入学阶段以及毕业后。数据收集包括个人的背景和履历，课堂或课外观察田野笔记、访谈等。

无论是在参与前还是在参与过程中，您都可以提出任何与研究有关的问题。我们也很乐意在研究完成之后，与您分享我们的发现。但是，您的名字不会与研究成果产生任何形式的联系，而且只有研究者知道您作为研究对象的身份。

参与这个研究没有已知的风险或不适。与您的参与相关的预期收益有：在分享和参与中更好地认识自己，以及与研究者建立研究上的合作关系。也请您相信，由于您的这一份的举动，今后可能会让很多的学弟学妹乃至周围人受益，个人的力量并不渺小，也并未微乎其微。

请在完全理解这一过程的实质和目的的情况下签署您的知情同意书。我将为您提供一份同意书的复印件以供保存。

研究对象签名

日期　年　月　日

××大学　博士研究生

二 访谈提纲

1. 前期访谈

认知感

（1）谈一谈你大学的经历和感想。

（2）四年的学业生涯经历了怎样的变化历程？

（3）如何评价和看待自己的大学历程？

动机与情感

（1）学习的动力源自哪？是外部动力还是内部动力？以及在不同的学习任务和情境中的感情表现是怎样的？

（2）哪些学习活动能够激发我的学习动力并能唤起积极的情感体验？哪些引起了消极、负面的情感体验？

（3）在不同的年级（大一到大四）阶段经历了哪些变化？

话语与行为

（1）你平日时如何与老师、同学们打交道的？

（2）是否在大学期间保持着较为稳定的话语与外在行为？有着哪些明显的变化和改变？

（3）当学习需求没有被及时满足时又是如何寻求帮助的？如父母、教师、辅导员、学校管理人员等，他们在个人的话语和行为中又扮演着怎样的角色？

学习参与

（1）大一到大四你参与了哪些活动？每个阶段有哪些不同？

（2）你是如何参与这些活动的？

院校环境

（1）你对大学校园中的哪些事情或人物影响比较深刻？

（2）你觉得大学为你提供了怎样的机会与资源？你是如何利用的？

（3）你平日是怎样安排个人的学习活动和生活的？

意义

（1）你如何看待你的大学生活？

（2）你觉得大学生为什么要努力学习？

（3）你认为自己接受大学教育的目的是什么？

2. 后续访谈（补充）

重要事件

（1）你觉得自己的大学经历受到哪方面的影响？如何影响的？

（2）在大学期间，有没有对你印象最深刻的事或人（导致你在认知、情感、行为）上发生转变的事情？

反思与评价

（1）心目中优秀的大学生是怎样的？

（2）对自我的认知与评价？

（3）在大学你收获了什么？怎样评价你的大学？

（4）如果再重新过一次大学生活，你还会做什么让自己变得更加优秀？

三　关键事件和行动路线表

1. 请回忆你过去的大学时光，填写一周内发生的典型事件。

- 以下是我最忙碌/最颓废/最常规/最有纪念意义/_____的一周

- 发生的时间：大一上/大一下/大二上/大二下/大三上/大三下/大四上/大四下

- 发生的地点：（以下可根据个人情况调整表格并自由填写）

时间	主要事件（上午）	主要事件（下午）	晚上（自定义）
周一			
周二			
周三			
周四			
周五			
周六			
周日			

2. 请草拟出日常在学校里的行动路线。(任何你喜欢的表达方式都可以)

3. 个人基本情况

姓名(或姓氏)_____ 性别_____ 年龄_____

家庭所在地_____ 籍贯_____

父亲职业_____ 母亲职业_____

高中毕业院校_____ 高考成绩(省份排名)_____

本科院校_____ 所在学院_____ 专业_____

年级_____

四 基于收集到的数据,运用QCA软件处理过程的呈现

与处理结果见表7-1、表7-2和表7-3。

表7-1　　　　　　专业知识与技能的真值表

资源性支持	规则性激励	行动理性化	反思性监控	number	raw consist.	PRI consist.	SYM consist
1	1	1	0	9	0.972431	0.958801	1
1	1	1	1	6	0.951359	0.936330	0.936330
0	0	1	0	4	0.931864	0.831683	0.831683
1	0	1	1	4	0.915000	0.855319	0.855319
1	0	1	0	3	0.921296	0.748148	0.748148
0	1	1	0	2	1	1	1
0	0	0	0	1	1	1	1
0	1	1	1	1	1	1	1

表7-2　　　　　　　　内/外社会心理发展的真值表

资源性支持	规则性激励	行动理性化	反思性监控	number	raw consist.	PRI consist.	SYM consist
1	1	1	0	9	0.776942	0.600897	0.748603
1	1	1	1	6	0.902718	0.815718	0.815718
0	0	1	0	4	0.797595	0.570213	0.570213
1	0	1	1	4	1	1	1
1	0	1	0	3	0.766204	0.568376	0.568376
0	1	1	0	2	0.887584	0.598803	0.598803
0	0	0	0	1	0.815934	0.330000	0.330000
0	1	1	1	1	1	1	1

表7-3　　　　　　　　道德价值观的真值表

资源性支持	规则性激励	行动理性化	反思性监控	number	raw consist.	PRI consist.	SYM consist
1	1	1	0	9	0.248120	0	0
1	1	1	1	6	0.904149	0.833333	0.833333
0	0	1	0	4	0.330661	0	0
1	0	1	1	4	1	1	1
1	0	1	0	3	0.305556	0	0
0	1	1	0	2	0.498322	0	0
0	0	0	0	1	0.362637	0	0
0	1	1	1	1	1	1	1

参考文献

中文专著

李福华:《高等学校学生主体性研究》,安徽人民出版社2004年版。

刘献君:《大学之思与大学之治》,华中科技大学出版社2000年版。

史秋衡、王芳:《国家大学生学习质量提升路径研究》,厦门大学出版社2019年版。

叶启政:《社会理论的本土化建构》,北京大学出版社2006年版。

张楚廷:《高等教育哲学通论》,高等教育出版社2010年版。

中文译著

[英]阿兰·德波顿:《身份的焦虑》,陈广兴等译,上海译文出版社2014年版.

[英]安东尼·吉登斯:《社会的构成:结构化理论纲要》,李康等译,中国人民大学出版社2016年版。

[英]安东尼·史密斯、弗兰克·韦伯斯特主编:《后现代大学来临?》,侯定凯等译,北京大学出版社2014年版。

[美]C.赖特·米尔斯:《社会学的想象力》,陈强等译,生活·读书·新知三联书店2002年版。

[英]大卫·休谟:《道德原则研究》,曾晓平等译,商务印书馆2001年版。

[美]德雷克·博克:《回归大学之道:对美国大学本科教育的反思与展望》,侯定凯等译,华东师范大学出版社2008年版。

[德]恩斯特·卡西尔:《人论》,唐译编译,吉林出版集团有限责任公司

2014年版。

［美］弗莱克斯纳：《现代大学论——美英德大学研究》，徐辉等译，浙江教育出版社2001年版。

［荷］格特·比斯塔：《教育的美丽风险》，赵康译，北京师范大学出版社2018年版。

［丹］克努兹·伊列雷斯：《我们如何学习：全视角学习理论》，孙玫璐译，教育科学出版社2014年版。

［美］肯尼斯·赫文、拖德·多纳：《社会科学研究的思维要素》，李涤非译，重庆大学出版社2008年版。

［美］内尔·诺丁斯：《学会关心——教育的另一种模式》，于天龙译，教育科学出版社2003年版。

［美］帕翠西亚·岗伯特主编：《高等教育社会学》，朱志勇、范晓慧译，北京大学出版社2013年版。

［美］乔纳森·特纳：《社会学理论的结构》，邱泽奇译，华夏出版社2006年版。

［美］威廉·德雷谢维奇：《优秀的绵羊》，林杰译，九州出版社2016年版。

［德］卡尔·雅斯贝尔斯：《什么是教育》，邹进译，生活·读书·新知三联书店1991年版。

［美］约翰·杜威：《确定性的寻求 关于知行关系的研究》，傅统先译，上海人民出版社2004年版。

［美］约翰·杜威：《我们怎样思维》，姜文闵译，人民教育出版社1993年版。

［英］约翰·哈萨德：《时间社会学》，朱红文、李捷译，北京师范大学出版社2009年版。

中文论文

鲍威：《未完成的转型——普及化阶段首都高等教育的人才培养与学生发展》，《北京大学教育评论》2010年第1期。

［德］拉尔夫·波萨克等：《图片阐释：作为一种质性研究的方法论》，《北京大学教育评论》2015年第1期。

陈鑫、吕林海：《大班课堂学生学习特征的实证研究》，《高教发展与评估》2019 年第 3 期。

程化琴、魏戈等：《他们何以如此优秀？——国家奖学金获得者能力素质结构研究》，《教育学术月刊》2016 年第 3 期。

高德胜：《教育如何回应图像时代的要求》，《中国教育学刊》2019 年第 12 期。

季小天、江育恒等：《大学社会声誉的形成机理初探：基于"身份—形象—声誉"分析框架》，《江苏高教》2019 年第 8 期。

李湘萍：《大学生科研参与与学生发展——来自中国案例高校的实证研究》，《北京大学教育评论》2015 年第 1 期。

李雄鹰、秦晓晴：《"拔尖计划"学生学习性投入与学习收获的关系研究——兼论大学生深度学习的推进》，《江苏高教》2019 年第 12 期。

林小英：《分析归纳法和连续比较法：质性研究的路径探析》，《北京大学教育评论》2015 年第 1 期。

林小英、杨芊芊：《过度的自我监控：评价制度对拔尖创新人才培养的影响》，《全球教育展望》2023 年第 4 期。

陆一、冷帝豪等：《从优胜到兼济：拔尖学生志趣形成中的价值倾向》，《教育研究》2024 年第 4 期。

罗燕、海蒂·罗斯等：《国际比较视野中的高等教育测量——NSSE-China 工具的开发：文化适应与信度、效度报告》，《复旦教育论坛》2009 年第 5 期。

吕林海：《"拔尖计划"本科生的深度学习及其影响机制研究——基于全国 12 所"拔尖计划"高校的问卷调查》，《中国高教研究》2020 年第 3 期。

[美] 帕特里克·T. 特伦兹尼、鲍威等：《只见树木，不见森林：什么在影响美国大学生的学习》，《北京大学教育评论》2018 年第 1 期。

屈廖健：《美国大学院校影响因素理论模型研究》，《比较教育研究》2015 年第 4 期。

史静寰、王文：《以学为本，提高质量，内涵发展：中国大学生学情研究的学术涵义与政策价值》，《华东师范大学学报》（教育科学版）2018 年第 4 期。

史静寰：《探索中国大学生学习的秘密》，《中国高教研究》2018 年第 12 期。

王建华：《绩效大学的生成与变革之道》，《教育研究》2023 年第 10 期。

文雯、史静寰等：《大四现象：一种学习方式的转型——清华大学本科教育学情调查报告 2013》，《清华大学教育研究》2014 年第 3 期。

吴永源、李硕豪：《"拔尖计划"学生学业成就及其影响因素的实证研究》，《复旦教育论坛》2019 年第 1 期。

谢爱磊：《优秀大学生的成长之路：一种社会资本的新视角》，《中国教育：研究与评论》2009 年第 9 期。

谢立中：《结构—制度分析，还是过程—事件分析？——从多元话语分析的视角看》，《中国农业大学学报》（社会科学版）2007 年第 4 期。

阎光才：《大学教师的时间焦虑与学术治理》，《教育研究》2021 年第 8 期。

阎光才：《文化、心智与教育——破解教育改革困境底层逻辑的文化社会学分析》，《华东师范大学学报》（教育科学版）2024 年第 3 期。

尹弘飚、史练等：《中国大学生学习与发展研究（2015—2019）：主题、方法与评论》，《华东师范大学学报》（教育科学版）2020 年第 9 期。

于海琴、代晓庆等：《拔尖大学生的学习特征与类型：与普通班的比较》，《复旦教育论坛》2016 年第 5 期。

张睦楚：《学优生何以沦为平庸？——以加拿大安大略省为例之理性探析》，《外国教育研究》2017 年第 2 期。

周廷勇、周作宇等：《大学生发展的影响因素模型：一个理论构想》，《教育学报》2016 第 5 期。

周作宇：《教育改革的逻辑：主体意图与行动路线》，《北京师范大学学报》（社会科学版）2020 年第 1 期。

外文论文

Abeysekera I., "Giftedness and Talent in University Education: A Review of Issues and Perspectives", *Gifted & Talented International*, Vol. 29, No. 1-2, Mar. 2014.

Albert Z. and Shane N. P., "Towards a Systematic Theory of Gifted Education", *High Ability Studies*, Vol. 23, No. 1, Jun. 2012.

Alexander W. and Astin, "What Matters in College: Four Critical Years Revisited", *The Journal of Higher Education*, Vol. 22, No. 8, Jan. 1993.

Astin A. W., "Student Involvement: A Developmental Theory for Higher Education", *Journal of College Student Development*, Vol. 40, No. 5, Jan. 1984.

Benjamin R., "The Environment of American Higher Education: A Constellation of Changes", *The Annals of The American Academy of Political and Social Science*, Vol. 585, No. 1, Jan. 2003.

Bowman N. A., Brandenberger J. W., Hill P. L., et al, "The Long-term Effects of College Diversity Experiences: Well-being and Social Concerns 13 Years after Graduation", *Journal of College Student Development*, Vol. 52, No. 6, Nov. 2011.

Bowman N. A., "Promoting Sustained Engagement with Diversity: The Reciprocal Relationships between Informal and Formal College Diversity Experiences", *Review of Higher Education*, Vol. 36, No. 1, Sept. 2012.

Fredricks J. A., Blumenfeld P. C. and Paris A. H., "School Engagement: Potential of the Concept, State of the Evidence", *Review of Educational Research*, Vol. 74, No. 1, Mar. 2004.

Friedkin N., "A Test of Structural Features of Granovetter's Strength of Weak Ties Theory", *Social Networks*, Vol. 2, No. 4, Jan. 1980.

Gagné F., "Transforming Gifts into Talents: The DMGT as a Developmental Theory", *High Ability Studies*, Vol. 15, No. 2, Dec. 2004.

Gagne R. M., "Learning Outcomes and Their Effects: Useful Categories of Human Performance", *American Psychologist*, Vol. 39, No. 4, Apr. 1984.

Heather D., Sara E. G. and Timothy W. C., "Factors Influencing Student Gains from Undergraduate Research Experiences at a Hispanic-serving Institution", *CBE Life Sciences Education*, Vol. 15, No. 3, Aug. 2016.

Heller K. A., "Identification of Gifted and Talented Students", *Psychological Science*, Vol. 46, No. 3, Jan. 2004.

Heller K. A., "The Munich Model of Giftedness and Its Impact on Identification and Programming", *Gifted and Talented International*, Vol. 20, No. 1,

Aug. 2005.

Hu S. and Kuh G. D. , "Maximizing What Students Get Out of College: Testing a Learning Productivity Model", *Journal of College Student Development*, Vol. 44, No2, Apr. 2003.

James P. B. , Patricia M. K. and Marcia B. B. M. , "Long Strides on the Journey toward Self-authorship: Substantial Development Shifts in College Students' Meaning Making", *The Journal of Higher Education*, Vol. 84, No. 6, Oct. 2013.

Jennifer A. F. , Phyllis C. B. and Alison H. P. , "School Engagement: Potential of the Concept, State of the Evidence", *Review of Educational Research*, Vol. 74, No. 1, Mar. 2004.

Jones C. , "Doing before Knowing: Concept Development in Political Research", *American Journal of Political Science*, Vol. 18, No. 1, Feb. 1974.

Jones G. A. , "Governing Quality: Positioning Student Learning as a Core Objective of Institutional and System-level Governance", *International Journal of Chinese Education*, Vol. 2, No. 2, Feb. 2014.

Kahu and Ella R. , "Framing Student Engagement in Higher Education", *Studies in Higher Education*, Vol. 38, No. 5, Aug. 2011.

Kuh G. D. , "What We're Learning about Student Engagement from Nsse: Benchmarks for Effective Educational Practices", *Change*, Vol. 35, No. 2, Mar. 2003.

Kuh P. G. D. , "A Typology of Student Engagement for American Colleges and Universities", *Research in Higher Education*, Vol. 46, No. 2, Mar. 2005.

Lenning O. T. , "Measuring Outcomes of College: Fifty Years of Findings and Recommendations for the Future", *Journal of Higher Education*, Vol. 53, No. 4, Jul. 1982.

Lind G. , "Favorable Learning Environments for Moral Competence Development. a Multiple Intervention Study with 3,000 Students in a Higher Education Context", *International Journal of University Teaching and Faculty Development*, Vol. 4, No. 4, Oct. 2013.

Locke E. A. , "Social Foundations of Thought and Action: A Social-cognitive

View", *Academy of Management Review*, Vol. 12, No. 1, Jan. 1987.

Magolda M. B. B. and Astin A. W., "What Matters in College: Four Critical Years Revisited", *Journal of Higher Education*, Vol. 22, No. 8, Jan. 1993.

Marcia B. B. M, "Epistemological Development in Graduate and Professional Education", *Review of Higher Education*, Vol. 19, No. 3, Jan. 1996.

Marton F. and Saljo R., "On Qualitative Differences in Learning, II—outcomes as a Function of the Learner's Conception of the Task", *The British Journal of Educational Psychology*, Vol. 46, No. 1, Jun. 1976.

Olivas M. A., "If You Build It, They Will Assess It (Or, an Open Letter to George Kuh, with Love and Respect)", *Review of Higher Education*, Vol. 35, No. 1, Sep. 2011.

Pascarella E. T. and Terenzini P. T., "How College Affects Students: A Third Decade of Research", *Journal of College Student Development*, Vol. 47, No. 5, Feb. 2005.

Pascarella E. T. and Terenzini P. T., "Studying College Students in the 21st Century: Meeting New Challenges", *The Review of Higher Education*, Vol. 21, No. 2, Jan. 1998.

Pascarella E., "Student-faculty Informal Contact and College Outcomes", *Review of Educational Research*, Vol. 50, No. 4, Dec. 1980.

Pfeiffer S. I., "Lessons Learned from Working with High-ability Students", *Gifted Education International*, Vol. 29, No. 1, Jan. 2013.

Pike G. R., Kuh G. D. and Gonyea R. M., "The Relationship between Institutional Mission and Students' Involvement and Educational Outcomes", *Research in Higher Education*, Vol. 44, No. 2, Apr. 2003.

Pike G. R., "The Convergent and Discriminant Validity of Nsse Scalelet Scores", *Journal of College Student Development*, Vol. 47, No. 5, Sep. 2006.

Schommer M., "Explaining the Epistemological Belief System: Introducingthe Embedded Systemic Model and Coordinated Research Approach", *Educational Psychologist*, Vol. 39, No. 1, Mar. 2004.

Simonton D. K., "Giftedness and Genetics: The Emergenic-epigenetic Model and Its Implications", *Journal for the Education of the Gifted*, Vol. 28,

No. 3, May. 2005.

电子文献

Abeysekera, "Researching Gifted and Talented in Tertiary Education: Issues and Directions" (https//www. aare. edu. au/08pap/abe08844. pdf).

ASHE Higher Education Report, "Piecing Together the Student Success Puzzle: Research, Propositions, and Recommendations" (https//onlinelibrary. wiley. com/doi/10. 1002/aehe. 3205).

Baum S. M., Cooper C. R., Neu T. W., "Dual Differentiation: An Approach for Meeting the Curricular Needs of Gifted Students with Learning Disabilities" (https//digitalcommons. sacredheart. edu/ced_fac/82).

Best E., "The Maori Division of Time" (https//www. berose. fr/IMG/pdf/maoridivisionoft00bestuoft. pdf).

Cen Y., "Student Learning and Development in Chinese Higher Education: College Students' Experience in China" (https//doi. org/10. 4324/9781315 695853).

Denzin N., "The Research Act a Theoretical Introduction to Sociological Methods. (2nd ed.)" (https//doi. org/10. 4324/9781315134543).

Edelman L., "The Effects of Parental Involvement on the College Student Transition: A Qualitative Study" (https//digitalcommons. unl. edu/cehsedaddiss/132/).

Ewell P. T., "Accreditation and Student Learning Outcomes: A Proposed Point of Departure" (https//files. eric. ed. gov/fulltext/ED469482. pdf).

Franklin M., "The Effects of Differential College Environments on Academic Learning and Student Perceptions of Cognitive Development" (https//doi. org/10. 1007/BF02207785).

Gagné F., "A Differentiated Model of Giftedness and Talent" (https//files. eric. ed. gov/fulltext/ED448544. pdf).

Gladwell M., "Outliers: The Story of Success" (https//course-notes. org/sites/www. course-notes. org/files/uploads/archive/other/gladwell_malcolm_outliers_the_story_of_success. pdf).

Glaser B. G. , "Doing Grounded Theory: Issues and Discussions" (https//www. researchgate. net/publication/279767641_Doing_Grounded_Theory).

Grace S. , "Differences in School Performance between Boys and Girls" (http//www. educationnews. org/k-12-schools/report-differences-in-school-performance-between-boys-girls/).

Higher Education Academy, "Strategic Plan 2005 – 2010. Higher Education Academy" (https//HEA website).

He D. , "Chinese Universities must Wake Up and Modernise or be Left Further Behind. South China Morning Post" (https//www. scmp. com/comment/insight-opinion/article/1623815/chinese universities must wake and modernise or be left).

后　　记

提笔落字，已不似当初写博士论文时的紧张与焦虑，而是多了一份沉淀、从容与省思。作为一名高校教师，我不断面对大学课堂中形形色色的学生，而其中一个问题始终萦绕在我的脑海里——本科生当前的生存样态与现实境遇。因为我在他们其中，学生在我"附近"。

在《我的二本学生》中，普通孩子的学习、生活、奋斗与出路，在黄灯的笔下得到了真实的呈现。林小英的《县中的孩子》让我看到了"以县为主"的基础教育管理体制下，县域教育所面临的重重挑战与困境，那些"不被期待"孩子的处境着实令人心痛。如果教育系统真如项飚所言，是通过上课、刷题、考试等时间和空间的安排，来"捕捉生命力"，以占据学生的体力、长期注意力及意义赋予能力。那么，大学则在通过课程设置、绩点分、项目比赛、论文专利等多重时空安排，打造出一个追求绝对公平的极端体系。在这个体系中，学生之间的零和博弈几乎成为常态，阻止着人与人之间真实情感的联结。在如今"优绩主义"与"审计文化"盛行的大学环境中，学生的焦虑、无休止的忙碌以及对未来的迷茫，成了高等教育亟须面对的一个重要议题。

本书以来自不同院校类型的优秀本科生的学习经历作为研究对象，通过呈现优秀本科生学习经历的图景、院校互动及其收获，最终探究出形成其优秀轨迹的组合机理。"优秀"的定义注定充满争议，本书中"优秀本科生"的选取标准却是当前教育评价系统内惯常的标准之一。而本书虽以优秀本科生的学习经历作为研究主体，但最终的指向却是"普通的大众"，亦是在当前教育系统内被作为"分母"的多数人。可见，优秀本科生学习经历的研究，不仅是对某些类型群体的关注，更是对教育系统中广泛存在问题的一种视角与反思。

在这片广袤的教育天地中，犹如德国哲学家雅斯贝尔斯所言，教育作为一种特殊行为，与训练、照料和控制等都不同，而是唤醒人性，培养"整全的人"，在这一项伟大的事业上，大学亦是任重道远。

我希望这本书能成为学生乃至教育工作者迷途中闪现的一道光，哪怕光影微弱，哪怕道阻且长。

陈晨
2024 年 11 月 29 日于安徽师范大学赭山校区